中国共产党第一次全国代表大会档案文献选编

中共中央党史研究室
中　央　档　案　馆　编

中共党史出版社

图书在版编目（CIP）数据

中国共产党第一次全国代表大会档案文献选编 / 中共中央党史研究室，中央档案馆编 . -- 北京：中共党史出版社，2022.7

ISBN 978-7-5098-5995-7

Ⅰ . ①中… Ⅱ . ①中… ②中… Ⅲ . ①中共一大（1921）—档案资料—汇编 Ⅳ . ① D220

中国版本图书馆 CIP 数据核字（2022）第 026325 号

出版发行：中共党史出版社
责任编辑：潘　鹏
责任校对：申　宁
责任印刷：段文超
社　　址：北京市海淀区芙蓉里南街 6 号院 1 号楼
邮　　编：100080
网　　址：www.dscbs.com
经　　销：新华书店
印　　刷：北京中科印刷有限公司
开　　本：170mm × 240mm　1/16
字　　数：320 千字
印　　张：21
印　　数：1—3000 册
版　　次：2022 年 7 月第 1 版
印　　次：2022 年 7 月第 1 次印刷

ISBN 978-7-5098-5995-7

定　　价：52.00 元

编纂说明

1. 本书档案文献，主要选自中央档案馆的馆藏、已公布的中共中央文件、俄罗斯档案馆公布的有关档案、国内外已公开的有关资料、当事人的回忆录等。

2. 本书选用中央档案馆馆藏档案文献或选用出版物内容，均注明出处。

3. 本书档案文献，均使用国家统一颁行的简化字排印，未明文废弃的异体字和在一定范围可以通用的字，均按原件照排。订正文字错漏等，一律用符号标出。错字改正用〔 〕号，漏字填补用〈 〉号，衍字改正用[ ]号，辨认不清的字以□号代，缺字以△号代。

4. 编入本书的档案文献标题，一般照原题刊印。原件无标题或标题不确切的，由编者代拟或修订标题，在此一并说明。已经公开发表、出版的档案文献，则采用公开发表、出版时的标题。

5. 编入本书的档案文献，若只选用原文的部分内容，一律在标题后注明“(节录)”。

6. 编入本书的档案文献的年代、月份的标注，有些不够规范，编辑时作了必要的处理。

7. 对个别档案文献的时间、作者以及原文意思不清楚之处，编辑时进行了初步考证，并加注说明。人名不全或容易引起歧义的，一般在文中第一次出现时加注说明。

8. 本书档案文献中的人名、地名，统一按现在通用的写法、译法排印。

编　者

2013 年 11 月

目　录

一、中共一大文件

二、中共一大相关文献

三、中共一大有关回忆资料

（一）一大代表回忆一大

（二）其他人物谈一大

四、国外有关一大资料

一、中共一大文件

中国共产党第一个纲领[1]

（一九二一年七月）

一、本党定名为“中国共产党”。

二、本党纲领如下：

（1）革命军队必须与无产阶级一起推翻资本家阶级的政权，必须支援工人阶级[2]，直到社会的阶级区分消除为止；

（2）承认无产阶级专政，直到阶级斗争结束，即直到消灭社会的阶级区分；

（3）消灭资本家私有制，没收机器、土地、厂房和半成品等生产资料，归社会公有；

（4）联合第三国际。

三、本党承认苏维埃管理制度，把工农劳动者和士兵组织起来[3]，并承认党的根本政治目的是实行社会革命；中国共产党彻底断绝同黄色知识分子阶层及其他类似党派的一切联系。

四、凡承认本党纲领和政策，并愿成为忠实党员的人，经党员一人介绍，不分性别、国籍，均可接收为党员，成为我们的同志。但在加入我们队伍之前，必须与企图反对本党纲领的党派和集团断绝一切联系。

五、接收新党员的手续如下：候补党员必须接受其所在地的委员会的考查，考查期限至少为两个月。考查期满后，经多数党员同意，始得被接收入党。如该地区设有执行委员会，应经执行委员会批准。

六、在党处于秘密状态时，党的重要主张和党员身份应保守秘密。

七、凡有党员五人以上的地方，应成立委员会。

八、委员会的成员经当地委员会书记介绍，可转到另一个地方的委员会。

九、凡是党员不超过十人的地方委员会，应设书记一人；超过十人的应设财务委员、组织委员和宣传委员各一人；超过三十人的，应从委员会的委员中选出一个执行委员会。执行委员会的章程另订。

十、工人、农民、士兵和学生的地方组织中党员人数多时，可派他们到其他地区去工作，但是一定要受地方执行委员会的严格监督[4]。

（十一、遗漏——译者）[5]

十二、地方委员会的财务、活动和政策，应受中央执行委员会的监督。

十三、委员会的党员人数超过五百，或同一地方设有五个委员会时，应由全国代表会议委派十人组成执行委员会。如上述要求不能实现，应成立临时中央执行委员会[6]。关于执行委员会的工作和组织细则另订。

十四、党员除非迫于法律，不经党的特许，不得担任政府官员或国会议员。士兵、警察和职员不受此限（这一条在一九二二年第二次代表大会上曾引起激烈争论）[7]。

十五、本纲领须经全国代表大会三分之二代表同意，始得修改。

注释：

[1] 本文译自中共驻共产国际代表团档案的俄文稿。

[2] 英文稿此句为“以无产阶级革命军队推翻资产阶级，由劳动阶级重建国家”。

[3] 英文稿在此句之后还有一句：“宣传共产主义。”

[4] 英文稿此条为：“十、各地在党员增加的情况下，应根据职业的不同，利用工人、农民、士兵和学生组织，在党外进行活动。”

[5] 此处为俄文稿原注。

[6] 英文稿此条为：“在党员人数超过五百，或已成立五个以上地方执行委员会时，应选择一适当地点成立由全国代表会议选出之十名委员组成之中央执行委员会。如果上述条件尚不具备，应组织临时中央执行委员会，以应需要。”

[7] 英文稿括号内文字为:“此条款引起激烈争论,最后留至一九二二年第二次会议再作决定。”

选自中共中央文献研究室、中央档案馆编:《建党以来重要文献选编》(一九二一—一九四九)(第一册),中央文献出版社 2011 年版

中国共产党的第一个纲领（英文译稿）[1]

（一九二一年）

一、我党定名为“中国共产党”。

二、我党纲领如下：

1. 以无产阶级革命军队推翻资产阶级，由劳动阶级重建国家，直至消灭阶级差别；

2. 采用无产阶级专政，以达到阶级斗争的目的——消灭阶级；

3. 废除资本私有制，没收一切生产资料，如机器、土地、厂房、半成品等，归社会所有；

4. 联合第三国际。

三、我党采取苏维埃[2]的形式，把工农劳动者和士兵组织起来，宣传共产主义，承认社会革命为我党的首要政策；坚决同黄色知识分子阶层及其他类似党派断绝一切联系。

四、凡接受我党的纲领和政策，愿意忠于党，不分性别、国籍，经过一名党员介绍，均可成为我们的同志；但在加入我党之前，必须断绝同反对我党党纲之任何党派的关系。

五、介绍党员的手续如下：被介绍人应由当地委员会审查；审查期限至多两个月。审查后经过半数以上党员同意，申请人即可取得党员资格。如该地区已成立执行委员会，应由该委员会批准。

六、在公开时机未成熟前，党的主张以至党员身份都应保守秘密。

七、有五名党员的地方可建立地方委员会。

八、一个地方的委员成员，经当地书记介绍，可转至另一个地方的委员会。

九、不到十人的地方委员会，只设书记一人管理事务；超过十人者，应设财务委员一人、组织委员一人、宣传委员一人；超过三十人者，应组织执行委员会。该委员会的章程另订。

十、各地在党员增加的情况下，应根据职业的不同，利用工人、农民、士兵和学生组织，在党外进行活动。这些组织必须受党的地方执行委员会指导。

十一、（英文版原注）[3]

十二、地方委员会的财政、出版和政策都应受中央执行委员会的监督和指导。

十三、在党员人数超过五百，或已成立五个以上地方执行委员会时，应选择一适当地点成立由全国代表会议选出之十名委员组成之中央执行委员会。如果上述条件尚不具备，应组织临时中央执行委员会，以应需要。有关中央执行委员会的详细规章另订。

十四、除为现行法律所迫或征得党的同意外，不得担任政府官员或国会议员，但士兵、警察、文职雇员不受此限[4]。

十五、本纲领需经全国代表大会三分之二的代表通过修正案时方可修改。

注释：

[1] 本文译自1924年陈公博用英文写的《中国的共产主义运动》论文的附录《中国共产党的第一个纲领》，美国哥伦比亚大学1962年英文版，C. M. 维尔巴编。

[2] 原文如此。

[3] 英文版原注：陈的稿本上没有第十一条，可能是他在打次页时遗漏了，也可能是由于他把第十条以后的号码排错了。

[4] 英文版原注：此条款引起激烈争论，最后留至1922年第二次会议再作决定。

选自中国社会科学院现代史研究室、中国革命博物馆党史研究室选编:《"一大"前后——中国共产党第一次全国代表大会前后资料选编》(一)，人民出版社1980年版

中国共产党第一个决议 [1]

（一九二一年七月）

一、工人组织

本党的基本任务是成立产业工会。凡有一个以上产业部门的地方，均应组织工会；在没有大工业而只有一两个工厂的地方，可成立比较适于当地条件的工厂工会。

党应在工会里灌输阶级斗争的精神。党应警惕，不要使工会成为其他党派的傀儡。为此，党应特别机警地注意，勿使工会执行其他的政治路线。对于手工业工会，应迅速派出党员，尽快进行改组工作。

拥有会员二百人以上方能成立工会，而且至少要派我党党员二人到该工会去工作。

二、宣　传

一切书籍、日报、标语和传单的出版工作，均应受中央执行委员会或临时中央执行委员会的监督。

每个地方组织均有权出版地方的通报、日报、周刊、传单和通告。不论中央或地方出版的一切出版物，其出版工作均应受党员的领导。

任何出版物，无论是中央的或地方的，均不得刊登违背党的原则、政策和决议的文章。

三、工人学校

因工人学校是组织产业工会过程中的一个阶段，所以在一切产业部门均应成立这种学校，例如，应成立“运输工人预备学校”和“纺织工人预备学校”等等。在这种学校里，除非常必要的情况外，不应教若干门不同的课程[2]。

学校管理处和校务委员会应完全由工人组成。党聘请的教员可以出席校务委员会的会议。

工人学校应逐渐变成工人政党的中心机构，否则，这种学校就无需存在，可予以解散或改组。

学校的基本方针是提高工人的觉悟，使他们认识到成立工会的必要。

四、工会组织的研究机构

这种机构应由各个产业部门的领导人、有觉悟的工人和党员组成，应研究产业工会组织的工作方法等问题。

成立这种机构的主要目的，是教育工人，使他们在实践中去实现共产党的思想。应特别注意组织工人工会，援助其他部门的工人运动，研究工人工会以及其他无产阶级组织的情况。

为了更适当地进行工作，这种机构的研究工作应分为以下几类：工人运动史，组织工厂工人的方法，卡尔·马克思的经济学说，各国工人运动的现状。研究的成果应定期发表，应特别注意中国本国的工人运动问题。

五、对现有政党的态度

对现有其他政党，应采取独立的攻击的政策[3]。在政治斗争中，在反对军阀主义和官僚制度的斗争中，在争取言论、出版、集会自由的斗争中，我们应始终站在完全独立的立场上，只维护无产阶级的利益，不同其他党派建立任何关系。

六、党与第三国际的联系

党中央委员会应每月向第三国际报告工作。

在必要时，应派一特命全权代表前往设在伊尔库次克的第三国际远东书记处。此外，应派代表赴远东各国，以便商讨发展和配合今后阶级斗争的进程。

注释：

［1］本文译自中共驻共产国际代表团档案的俄文稿，英文稿标题为《中国共产党关于（奋斗）目标的第一个决议》。

［2］英文稿此句为："任何教授数种不同工作的补习学校，除非不得已时不准成立。"

［3］英文稿此句为："对现有各政党，应采取独立、攻击、排他的态度。"

选自中共中央文献研究室、中央档案馆编：《建党以来重要文献选编》（一九二一——一九四九）（第一册），中央文献出版社2011年版

中国共产党关于（奋斗）目标的第一个决议（英文译稿）[1]

（一九二一年）

一、工人组织

我党主要的目的，在组织各种产业工会。任何地区之内，如该处有一种工业以上，即应组织一个产业工会；如某个地区没有巨大的工业，即应组织一个适合该地区情形之工厂工会。

党应以阶级斗争的精神灌输予各工会。如果各工会所发动的政治斗争与我党党纲不相符合时，我党应避免沦为其他政党之傀儡。

至于现存的同业公会及技术工会，我党得派遣党员参加该等组织，以作改组该等组织之第一步。

二、宣　传

一切杂志、日报、百科全书及小册子，均必须在中央执行委员会或临时中央执行委员会的管理之下。

每一地区，均可视其需要而发行一份工会杂志，一份日报或一份周报，以及小册子、临时传单等。

出版物，不论属于中央或地方，皆应由我党同志直接管理与编辑。

不论中央或地方任何出版物，不得登载任何违反我党主义、政策及决议的文章。

三、工人补习学校

因为工人补习学校是组织工会的一个准备步骤，因此各种产业部门都应建立这类学校，诸如“运输工人补习学校”、“纺织工人补习学校”等等。任何教授数种不同工作的补习学校，除非不得已时不准成立。

补习学校中，仅有工人才可担任学校管理委员会管理委员，以负责校务，教师统由党聘请，他们可以参加管理会。

工人补习学校应逐渐地变为工人组织的中心；否则，就失去意义，党即可根据情况予以停办或改组。

学校最重要的方针是唤醒工人们的觉悟，并启发他们组织工会的需要。

四、研究劳工组织的机构

这种机构应由各个产业部门的领导人，有阶级觉悟的工人及党员组成之，教给组织产业工会的适当方法。

此机构的目的在训练从事本党实际工作之工人，因此应特别注意工会组织，援助无产阶级的其余各项运动，并调查工会和其他无产阶级组织的情况等。

为了增进会员之能力，此种机构可分为几个研究小组，其项目如下：工人运动史、组织工厂工人的方法、卡尔·马克思的经济学说、各国工人运动之现状。研究之结果可陆续发表。（在讨论这些问题时，应特别注意到中国各地的情况。）

五、对现有各政党的态度

对现有各政党，应采取独立、攻击、排他的态度。在政治斗争中，在反对军阀主义及官僚主义中，在要求言论、出版及集会的自由中，当必须表明我们的态度时，我党应坚守无产阶级的立场，并不准与其他党派建立任何关系。

六、党与第三国际的关系

党中央机关每月应向第三国际提出报告。如有必要应派一正式代表前往第三国际设在伊尔库次克的远东书记处，并派代表赴远东各国商讨阶级斗争中互相配合的计划。

注释：

[1] 本稿译自1924年1月陈公博用英文写的《中国的共产主义运动》论文的附录文件。

选自中国社会科学院现代史研究室、中国革命博物馆党史研究室选编：《“一大”前后——中国共产党第一次全国代表大会前后资料选编》（一），人民出版社1980年版

北京共产主义组织的报告[1]

（一九二一年七月）

同志们，北京共产主义组织仅仅是在十个月以前才产生的。此外，加入这个年轻组织的，只是为数不多的知识分子，他们多半缺乏革命经验。由于时局本身的变化，我们的整个活动遇到阻碍，所以，我们的工作成果是微不足道的。我们感到非常遗憾，在此次代表大会上，不能向你们谈更多的经验。可是我们殷切地希望这次代表大会能极大地丰富我们的经验，并对我们今后的整个活动作出原则指示。

在报告之前，我尽量简略地向你们叙述一下北京社会生活的情况。

一、大家知道，北京是中国北方的政治中心，近五百年来，又是中国的首都。在清朝时，有许多满族人居住在那里，他们利用与帝王的关系，一直保持着不成体统的生活方式。现在还有将近二十万这样的居民，他们非常忠顺，他们仍然不从事任何固定的职业。除了这些懒汉以外，还要加上大大小小的文武官员，以及簇拥在他们周围的各种寄生虫，此外，还有他们的家属，再就是还有约三万干着各种各样可疑职业的人。北京的人口不超过九十三万，可以大胆地说，有一半以上是游手好闲的人。的确可以说，北京是世界上最奇怪的城市。

正如我们已经谈到的，北京是公认的所谓政治中心，因此，似乎当地居民应该关心一切政治问题，可是，实际上远远不是这样。当中国存在着君主政体时，人们把政治看作是帝王个人的事情。革命以后，则把政治看作是军人个人的事情，即高级将领和普通军官个人的事情，看作是那些在争夺各种特权的斗争中只追求个人目的的各种政客的事情。因此，政治问题仍然不被重视。

为什么北京的居民抱有这种消极态度呢？首先，北京人铭记古代哲学家所说的“搞政治不是下等人的事”，这种宿命思想深深地刻印在他们的脑海里。其次，几千年来，他们处于暴政压制之下，俯首听命和从属依附的情感深深地扎根在他们的心坎上。最后，工业尚处于初级发展阶段，工人中极端利己主义盛行，他们没有集体生活习惯，浸透了保守的传统精神。在茶馆或是饭馆里，常常碰到“莫谈国事”的告示。这种对国家政治问题的一切谈论都加以禁止的作法，好像是对下层阶级设置的社会监督。

在“文学”革命（推行白话文等等）之后，知识分子开始第一次感到需要新的理想、愿望和志向。与此同时，在瓜分战利品的会议上，中日之间因山东问题发生了冲突，这就引起了前所未闻的强大的学生的民族主义运动，即“五四运动”。当时，学生作了很大的努力，想唤起群众对政治事件的兴趣，可是，这种努力一直没有效果。得不到群众的支持，学生运动就逐渐削弱了。从这个例子中可以非常清楚地看出，在北京这个政治中心，知识分子阶层的爱国主义精神还没有在无产阶级中扎下根来。

知识分子的政治运动大体上可以分为三派：1.民主主义运动；2.基尔特社会主义；3.无政府主义运动。民主主义运动的拥护者没有任何固定的组织。而基尔特分子只有少数拥护者，因而，影响也小，为了宣传他们的混乱不堪的思想，他们随便地利用已出版的报纸和其他定期刊物，甚至无政府主义者也没有这帮家伙走得远。拿起任何一张报纸，即使是军阀们出版的报纸，都可以找到通篇是各种混乱思想同民主主义、基尔特社会主义和无政府主义等学说的大杂烩的文章。当然，这种运动所使用的手段是不会达到目的的。至于说无政府主义者，尽管他们大概已意识到他们向群众发出呼吁是怎样重要，但是他们除了散发他们的小册子和坐牢以外，也没有什么别的办法。例如，在去年[2]五四运动时，无政府主义者小组已集合了三十人，可他们没能在工人中亲自发起组织游行示威，只限于印刷一些周刊，可是又不能像样地组织散发，因此，散发得很不均匀。

知识界的人士认为，改造社会时必定会运用他们的知识，科学事业会使他们获得有影响的地位，因而往往渴望受到广泛的教育。他们把无产阶级看作是很无知的、贫穷而又软弱的阶级，因而可以利用他们来达到自己的目的。知识分子认为自己非常重要，而无产阶级则微不足道，他们的这种倾向极为明显，结果就成了工人革命运动的极大的障碍。

同志们，综上所述，我们面临着需要立即着手解决的两个重要问题：第一，怎样使工人和贫民阶级对政治感兴趣，怎样用暴动精神教育他们，怎样组织他们和促使群众从事革命工作；第二，怎样打消他们想成为学者并进入知识界的念头，促使他们参加无产阶级的革命运动，怎样使他们成为工人阶级的一员。

军阀和官僚的政权，一般说来很不稳固；他们的眼界局限于纯粹自私的目的；他们没有任何固定的政治路线。只要无产阶级努力，这个政权就很容易被推翻。

二、北京的经济状况很简单。北京是政治中心，而不是工业或商业城市，因此，实际上只有百万富翁才在银行里有存款，而企业家一般地说很少，大商业家也不多。某些较大的工厂和企业，如编辑部、出版社、地方的财政部、精密仪器厂、度量衡厂，还有铁路，所有这些都是政府的机关。因此，这里的厂主和雇主就是政府本身。为了加强上述企业和机关的职员的爱国主义精神，为了使他们不停歇地工作，政府向他们解释说："为了国家富强，应当这样做。"自然，在这种情况下，宣传工作很困难，无论如何要比同资本家厂主打交道困难得多。同志们，请你们注意这个需要解决的问题。

工人中有许多人力车夫，计有五万到六万人。他们虽没有给资本家做工，可是他们来自下层，就其工作来说，又与广大居民阶层有接触，必须寻求向他们积极进行宣传工作的实际措施。

三、欺压人是北京常见的事，外国人侮辱中国人，军官粗暴地对待老百姓，乘客用鞭子或手杖催赶人力车夫等等。我认为不论什么地方，只要一发生这样的事情，我们就应当抓住时机，激发工人阶级的革命精神。

政府官吏，军人，官僚和警察，他们在压迫平民百姓方面争相竞赛："重要人物"的汽车可以轧死行人，他们可以随意控制交通，他们唆使警察任意镇压平民。某位"重要人物"一出门，摆在首位的就是维护他的尊严。所有这些事例表明，有多少向群众宣传的好时机啊！

现在，再回过头来谈谈北京共产主义组织过去的活动和计划。我们应该看到，在去年十月这个组织成立时，有几个假共产主义者混进了组织，这些人实际上是无政府主义分子，给我们增添了不少麻烦，可是由于过分激烈的言论，他们使自己和整个组织脱离了。他们退出以后，事情进行得比较顺利了。我们人手还很少，因此，不能立即提出广泛的战斗任务。我们必须集中全副精力向知识分子和工人阶级进行宣传和组织工作。

在工人中的宣传工作

北京工业还不发达，没有可以把工人联合起来的大工厂。在这种情况下，我们决定把工作转到铁路员工方面来。可是我们都是知识分子出身，与工人阶级的距离很大，因此，首先应当同他们加强内部联系。为此，我们决定在长辛店创办劳动补习学校，训练两千名铁路工人。这所学校离北京不远，有三位教员——社会主义者在那里教课。

这所学校看来是我们接近工人的一个途径，我们和工人之间逐渐产生了亲密友好的感情；我们不止一次地向工人提出鼓舞他们的重要建议，结果，我们看到，认为必须提出各种阶级要求，像增加工资、缩短工时、成立工会等思想，在工人中间不断增长起来。后来，他们成立了拥有三百四十至三百五十人的铁路工人工会。

同志们，不应当只限于成立工会，工会成立以后，首先应当引导它与企业主交锋，只有这样，工人才会对自己的工会感兴趣，才相信工会的力量。工人群众没有知识，不认识字，十人当中只有一人能看报，因此，印刷宣传工作自然做得很差。可见，我们必须同这些困难做斗争，要不惜任何代价加以克服。

总之，我们在最初一个短时期内所取得的经验是：第一步，在忠实于工人运动的人与工人之间建立友好关系；第二，从工人当中选拔一些领袖；第三，提醒他们不要忘记我们组织的目的，并利用自己的工会同雇主进行斗争，从而使阶级仇恨激化；最后，第四，我们必需利用每一个机会，推动群众举行游行示威和罢工。

自然，开办劳动学校时，我们不能幻想马上提高工人的一般知识水平，因为我们的工作人员能力差，经费少，不可能做到这一点。我们建立学校，力求达到的不过是上述的前两个目的。学校的任务主要是教育工人，并使他们习惯于亲自从他们当中选出有觉悟而又积极的人来管理学校和工会的事情。学生会议能够给你们提供许多合适的宣传机会，而特别重要的是培养这种召开公开群众大会的习惯，这种大会最能使到会者养成共同利益感和严守纪律。

我们教工人什么呢？我们经常不断地向他们说，他们遭受他们的厂主资本家的掠夺，不得不过着牛马般的生活；其次，向他们介绍外国工人运动史。我们不断地向他们指出组织起来的意义和方法，时常给他们讲课，教他们识字，同时，还教他们习惯于用文字来表述自己的思想，让他们写出关于家庭生活和日常生活情况以及工厂里发生的一切不公平事件的书面报告。起初，他们感到有些为难，但后来从他们中间培养出了一些优秀的鼓动员。不过，要找到导师，找到工人阶级的真正领袖，那是极其困难的。

我认为，没有必要开办所有行业的工人学校，作为第一步，只在那些既没有工人组织又没有工人领袖的地方，才需要建立这样的学校。经验表明，我们不能建立一般的工人学校，应当只开办专门学校，如纺织工人学校和铁路工人学校等等；这种学校是建立产业工会的必要准备阶段。

在京汉铁路工会方面，我们积极进行活动，以便使这些工人同我们建立密切的联系。我们还特别注意各地所发生的罢工事件。一听说哪个地区的采煤工人和其他工人举行罢工，我和罗同志就立即乘火车奔赴那里，想给罢工者以帮助，可是他们不但不相信能够从外人那里得到援助，反而怀疑我们是奸细，害怕我们，因此，我们的尝试没有成功。

我们为工人阶级出版的宣传刊物，大部分篇幅不多。我们经常鼓励工人自己写简讯，并全部刊登在我们的刊物上或一般的报刊上。我们最初出版的是《劳动者》[3]周刊，但出到第六期以后，就被政府查禁了。遭到这次迫害以后，我们的刊物改名为《仁声》，但在第三期以后，由于缺乏经费，只得停刊。我们还出版了一些小册子，如《工人的胜利》和《五一节》，这些出版物传播得相当广泛。可是，我们的主要宣传工作集中在要求提高工资和缩短工时上，这些要求现在已成为最有效的战斗口号。

我想举个例子来证实工人举行公开示威游行的重要性。正像我已向你们说过的，我们在长辛店播下了宣传工作的第一批种子，去年五月一日，那里举行了示威游行。应该称赞同志们举行的这次示威游行，这一天召开了有千百个工人参加的群众大会，工人亲自在会上发表了鼓动性的演说，会议持续了三个多小时，可是仍有一些工人没有来得及发言。群众大会以后，开始游行，由一千五百名工人组成的游行队伍，高举着写有重要标语的旗帜，唱着革命歌曲，喊着“增加工资、缩短工时”的口号沿街行进。这个事件过后，在不到一个星期之内，工厂车间里发生了十起使管理人员感到极大不安的小型活动。同志们，请注意，我们不得不同尚且没有纪律的工人一起活动，而帮助他们的最好方法，据我看就是帮助他们组织罢工和游行。我们要积极采取一切能够加速这一运动的措施。

在知识分子中的宣传工作

我们曾试图在知识分子阶层中扩大我们的宣传工作，可是现在印刷所受到监视，因此，不能刊印我们的出版物。我们翻译了一些小册子，如《俄国革命和阶级斗争》和《共产党纲领》等等，但我们的译文尚未印出。我们只散发了上海印的《共产党宣言》和《经济学谈话》。《曙光》杂志虽由我们的一个同志负责出版，但不纯粹是我们的刊物，而是一个混合性的刊物。我们刊登了一些翻译文章和原著；当罗素教授在上海讲学，并宣传基尔特社会主义时，我们组织了公开辩论，并作为其论敌发表了意见。我们不得不时常公开与无政府主义者以及社会党人进行争论，但很少参加笔战，大部分争论是公开辩论或私人谈话。

近几年来，公共的普通教育学校在北京显著地增加了。从前，它们对学生进行了爱国主义教育，我们尽力促使这些学校进行共产主义的宣传，并且在这方面获得了部分成绩。

我的报告就要完了，我还有几句话要说一说。虽然我们现在把精力都用在组织和教育群众的工作上，但同时还应当注意对知识分子的宣传工作。同志们，黑暗的政治局势和包围着我们的腐败的社会，许多令人难以容忍的社会不公平以及悲惨的经济生活状况，所有这一切都是易于引起革命爆发的因素。我们能否利用易于激发起来的无产阶级的革命精神，能否把民主主义的政治革命引上工人阶级社会革命的轨道，所有这一切都将取决于我们高举红旗进行斗争的努力程度。这次成立大会应当具体地解决摆在我们面前的一切任务，并制定实际工作计划。大会的责任看来是不轻的。

注释：

[1] 本文译自中共驻共产国际代表团档案的俄文稿。原文没有署名。根据内容判断，报告者为张国焘。

[2] 此处俄文稿有误，应为“前年”。

[3] 此处俄文稿有误，应为《劳动音》。

选自中共中央文献研究室、中央档案馆编：《建党以来重要文献选编（一九二一—一九四九）》（第一册），中央文献出版社 2011 年版

广州共产党的报告[1]

（一九二一年七月）

一、去　年

去年，这里没有任何组织，也不可能找到能在广州做组织工作的人。我们回到广州的时候，创办了《社会主义者》[2]日报，但不能说《社会主义者》就是某种组织，它是一个宣传机构。当时广州是在广西人的统治下，他们残暴地镇压各种运动，而这时我们又有财政上的困难，因此，不可能有任何进展。

去年年底，B 和佩斯林[3]来到广州，建立了俄国通讯社，对组织工会采取了措施，并在《劳动界》[4]周刊上发表了文章。黄凌霜同志把他们引荐给广州革命界，这样一来，他们就被无政府主义者包围了。尽管组织了共产党，但是与其称作共产党，不如称作无政府主义的共产党。党执行委员会的九个委员当中，七个是无政府主义者，只有米诺尔和佩斯林同志是共产主义者。由于观点不一致，谭平山、谭植棠和我拒绝加入这个小组。他们出版的报纸叫《劳动界》，印数为三千份。这时，广州产生了两个工人组织：一个是机械工人俱乐部；另一个是宽山[5]工人俱乐部，宽山是离广州五十哩的一个小地方。这两个组织各有四十至五十名工人。因为我们不是该党党员,不能提出关于该党的详细报告。

一月，陈独秀同志来到广州，与他同时来的还有 B[6]同志。他们进行过非常热烈的争论，认为必须摆脱无政府主义者，也就在这时，无政府主义者退出了党。于是，我们开始成立真正的共产党，并宣布《社会主义者》日报为从事党的宣传工作的正式机关报。党员共有九人，包括陈独秀，米诺尔和佩斯林在内。

最遗憾的是我们非常需要钱。《劳动界》已停刊，两个工人工会也得停办。因为：第一，经费困难；第二，无政府主义思想在工会里已广泛传播。

二、现　状

目前，我们的宣传机关报是《社会主义者》日报，该报每月需要七百元，很难维持下去。此外，我们还有一个马克思主义研究会，共有八十余人，其中百分之二十是法律系的学生，百分之二十是高等、中等院校的学生，其余的人是各种政治小组和编辑小组的成员。这些小组里没有工人，因为我们很难与他们建立联系。而与士兵群众建立联系，就更加困难。每月从党员的收入中抽出百分之十来维持《共产党》月刊和负担工人夜校的费用。

在上海[7]，我们成立了机械工人学校，我们在该校七个校务委员的帮助下，宣传了我们的原则，并且希望增加学校的数量。此外，成立了由宣传委员会直接领导的宣传员养成所，并委派我为该所所长。这个养成所是广东省进行社会教育的主要机构，该校很多教员都是我们的好同志。我们希望养成所附设工人夜校和工人组织工作学校。但是这个养成所的存在取决于政治关系，我们只能暂时利用这种关系。

三、今后意见

1. 吸收新党员

广州的党员人数不多，这就使得我们要更多地注意这方面的工作。但是在工作开始时，我们不愿意轻率地吸收新党员。广州的情况与其他地方大不相同。暂且不谈士兵和工人群众，可以说，大学生都是同情神秘的无政府主义的，或是受国民党所操纵的。因为有这些困难，我们要特别坚定。将来，我们打算从一些马克思主义小组中、从机械工人学校和宣传员养成所中吸收新党员。其他人也希望加入我们党，那是计划之外的事，现在还谈不上。

2. 成立工会

这个问题更是困难，因为去年一年之中，工会已增加到一百多个，但是这些工会都受到无政府主义的熏染，或者为国民党所操纵。关于无政府主义者，用不着多谈，因为他们在广州一共才有五六个人，其中有三个人很快就要去法国。还应指出，一般来说，无政府主义者也没有任何组织。我们与国民党人的斗争要困难得多。因为工人与国民党人的联系已有很长的历史，早在十年以前，他们就设法向工人和士兵群众传播他们的思想和影响，而在去年又鼓动工人罢工，援助陈将军。这个党的许多党员都自认为是社会主义者。国民党中央委员会设有宣传部，专门做联络工人的工作，特别是做联络五金工人和机械工人的工作。

我们在组织工人方面的首要任务是建立机械工人工会和铁路工人俱乐部。现在，我们正在采取措施组织教师工会。

我们在表面上虽然与国民党人有联系，但仍在极力设法单独组织工会。现时，我们与某些工会，如理发工人工会等有联系；我们在采取一些有效措施，以便在机械工人工会中产生影响，看来我们的尝试是会成功的。

3. 成立工人学校

①工会学校

成立这类学校的计划是：要求所有的工会各派两名代表，每周到学校来两三次。学校教授的课程有：工会组织法、工人运动史和欧美工人运动的现状，等等。我们认为，经过二三个月以后，这个学校定会取得很大的成绩，许多工会对我们的工作会感到满意。

②工人夜校

目前，只有一所学校是由我们的同志直接领导的，而很多学校是由一些与我们有联系的工人自己筹办的，但是这些学校并不十分出色。在广州影响最大的是机械工人工会，该工会里有许多拥护我们的人。我们在这个学校取得完全成功以后，就会着手去做其他学校的工作。

4. 对农民的宣传工作

马克思主义小组组员褚诺晨[8]同志，为了实现实共产主义思想，创办了《新村》，我们要千方百计地帮助他扩大影响，扩大宣传。

5. 与士兵的联系

我们特意把这一段放在最后，因为广州没有真正的士兵，而我们军队里的士兵，不是坏蛋就是土匪。他们是危险的，对待他们要特别谨慎。许多军官在我们当中受到尊敬，不久，我们就要把他们吸引到我们这边来。

注释：

[1] 本文译自中共驻共产国际代表团档案的俄文稿。原文没有署名。根据内容判断，报告者为陈公博。

[2] 俄文为"Социалист"，应为《广东群报》。

[3] B是何人，不详。佩斯林（Песлин），即佩尔林（Перлин）。

[4] 俄文为"МирТруда"，应为《劳动界》。

[5] 音译，俄文为"КванШан"，可能是佛山。

[6] 即维经斯基。

[7] 音译，俄文为"Шанхай"上海，可能是广州之误。

[8] 音译，俄文为"Ну-Но-Нен"。

选自中共中央文献研究室、中央档案馆编:《建党以来重要文献选编》（一九二一—一九四九）（第一册），中央文献出版社2011年版

二、中共一大相关文献

中国共产党宣言[1]

（一九二〇年十一月）

亲爱的同志们！这个宣言是中国共产党在去年十一月间决定的。这宣言的内容不过是关于共产主义原则的一部分，因此没有向外发表，不过以此为收纳党员之标准。这宣言之中文原稿不能在此地找到，所以兄弟把他从英文稿翻译出来。决定这宣言之时期既然有一年多了，当然到现在须要有修改和添补的地方。我很希望诸位同志把这个宣言仔细研究一番，因为每一个共产主义者都得要注意这种重要的文件——共产党宣言。并且会提出远东人民会议中国代表团中之共产主义者组讨论。讨论的结果，将要供中国共产党的参考和采纳。

Chang

一九二一年十二月十日

1. 共产主义者的理想

A. 对于经济方面的见解　共产主义者主张将生产工具——机器工厂，原料，土地，交通机关等——收归社会共有，社会共用。要是生产工具收归共有共用了，私有财产和赁银制度就自然跟着消灭。社会上个人剥夺个人的现状也会绝对没有，因为造成剥夺的根源的东西——剩余价值——再也没有地方可以取得了。

B. 对于政治方面的见解　共产主义者主张废除政权，如同现在所有的国家机关和政府，是当然不能存在的。因为政权、军队和法庭是保护少数人的利益，压迫多数劳动群众的；在生产工具为少数人私有的时候，这是很必要的。要是私有财产和赁银制度都废除了，政权、军队和法庭当然就用不着了。

C. 对于社会方面的见解　共产主义者要使社会上只有一个阶级（就是没有阶级）——就是劳动群众的阶级。私有财产是现社会中一切特殊势力的根源，要是没有人能够聚集他的财产了，那就没有特殊阶级了。

2. 共产主义者的目的

共产主义者的目的是要按照共产主义者的理想，创造一个新的社会。但是要使我们的理想社会有实现之可能，第一步就得铲除现在的资本制度。要铲除资本制度，只有用强力打倒资本家的国家。劳动群众——无产阶级——的势力正在那里发展和团聚起来，这个势力是会使资本主义寿终正寝的。这种势力是在那里继续增长，这正是资本家的国家内部阶级冲突的结果。这个势力表现出来的方式，就是阶级争斗。

所以阶级争斗就是打倒资本主义的工具。阶级争斗从来就存在人类社会中间，不过已经改变了几次状态，因为这是以生产工具的发达为转移的。在封建国家的时候，阶级争斗也是一样的存在；但是与在资本家的国家下面的阶级争斗是有分别的，因为资本家的国家下面阶级争斗是格外紧迫，其势足以动摇全世界。这种势力的增长，日见坚实，终归会把资本主义铲除了去。这种争斗的增长，是历史的法则。

共产党的任务是要组织和集中这阶级争斗的势力，使那攻打资本主义的势力日增雄厚。

这一定要向工人、农人、兵士、水手和学生宣传，才成功的；目的是要组织一些大的产业组合，并联合成一个产业组合的总联合会，又要组织一个革命的无产阶级的政党——共产党。共产党将要引导革命的无产阶级去向资本家争斗，并要从资本家手里获得政权——这政权是维持资本家的国家的；并要将这政权放在工人和农人的手里，正如一九一七年俄国共产党所做的一样。

革命的无产阶级的产业组合定要用大罢工的方法，不断的扰乱资本家的国家，使劳动群众的敌人日趋软弱。要是到了可以从资本家手中夺得政权的最后争斗的时机，由共产党的号召，宣布总同盟罢工，这就是给资本制度一个致命的打击。

并且当资本家被打倒了之后，这些产业组合就变成了共产主义的社会中主管经济生命的机关。

资本家政府的被推翻，和政权之转移于革命的无产阶级之手；这不过是共产党的目的之一部分，已告成功；但是共产党的任务是还没有完成，因为阶级争斗还是继续的，不过改换了一个方式罢了——这方式就是无产阶级专政。

3.阶级争斗的最近状态

照现在看来，全世界可视为一个资本家的机关，所以一国的阶级争斗可使其他国家受同一的影响。一九一七年十一月俄罗斯无产阶级革命胜利的结果，使俄罗斯的阶级争斗变作劳农专政的方式。所以在其他国家内的阶级争斗也日见紧迫，他的趋向是向着与俄罗斯的阶级争斗一样的方式——就是无产阶级专政。

俄罗斯的阶级争斗变成无产阶级专政的方式，并不是一种偶然的状态，这是人类社会发展中的自然状态。当着资本家正被打倒，开始创造一个共产主义的社会的时候，这种状态是自然的。在一定的时期，这种俄罗斯的政况是必然的，所以这种政况在各国也是会必然的。因为我们从生产和分配的方法上看起来，这些国家都是一样的——都是资本主义式的。

俄罗斯的无产阶级的专政仅仅表明全世界的无产阶级的势力和全世界的资本主义的势力争斗，现在在世界上有一部分已经战胜了。当着各国的无产阶级还在和资本主义争斗，还没有得到胜利的时候，我们设想俄罗斯在她领土之内，单独可以造成一个共产主义的国家，这是大错而特错的。俄罗斯的无产阶级既即时不能建立一个共产主义的国家，资本主义又已经推翻了，她便不得不保卫自己，抵抗国内外的仇敌，这是很显明的。所以只有实行无产阶级专政，才能达到抵抗国内外的仇敌的目的。这就是说要用一个阶级的力量来创造共产主义的社会，而这个阶级是要造成将来的世界，并受历史的使命，要成就这件事业。

再说罢，这并不〈仅〉是俄罗斯历史发展的特征，也是全世界历史发展的特征，而且这种阶级争斗的状态，世界上任何国家都得要经过的。

无产阶级专政的意义不过是说政权已经被革命的无产阶级获得了，但是决不是说，资本主义势力的余迹，如反对革命的势力，都已消灭了；也不是说推翻资本主义政权的结果，共产主义就很容易很简单的实现了。完全不是这么一回事。无产阶级专政的任务是一面继续用强力与资本主义的剩余势力作战，一面要用革命的办法造出许多共产主义的建设法。这种建设法是由无产阶级选出来的代表——最有阶级觉悟和革命精神的无产阶级中之一部分——所制定的。

一直等到全世界的资本家的势力都消灭了，生产事业也根据共产主义的原则开始活动了，那时候的无产阶级专政还要造出一条到共产主义的道路。

注释：

[1] 本文是1921年根据英文稿转译成中文的，保存在中共驻共产国际代表团的档案里，译者是参加远东劳动人民代表大会中国共产党代表团的张国焘。

选自中共中央文献研究室、中央档案馆编：《建党以来重要文献选编》（一九一二—一九四九）（第一册），中央文献出版社 2011 年版

中国的共产主义运动 [1]

（一九二一年六月十日）

张太雷

中国第一批共产主义小组是一九二〇年五月在上海和北京成立的。从那时起，中国其他地方也出现了许多小组。在一九二一年三月以前，中国还没有一个统一的共产主义组织。在许多地方我们不得不同无政府主义者一起共事，但是在这些共同组织中我们有自己的同志进行监督和领导，我们曾作过努力，要使这些组织变成纯粹的共产主义组织。然而后来我们确信，要继续同这些无政府主义分子一起合作是不可能的，因为他们已开始以共产主义组织的名义发表宣言，宣扬他们自己的宗旨和原则，而他们的宗旨和原则则与我们对共产主义的基本概念相矛盾。

为了阐明我们的宗旨、原则和策略，为了把无政府主义分子从组织中清除出去，我们认为有必要在一九二一年三月召开各组织的代表会议，这次会议发表了关于我们的宗旨和原则的宣言，并制定了临时性的纲领。这个纲领确定了我们组织的工作机构和工作计划，表明了我们对社会主义青年团、同业公会、行会、文化教育团体和军队的态度，也表明了共产党对工会的态度。

迄今为止，我们所做的还只是准备性质的工作，我们的通讯部向中国报刊提供关于苏维埃俄国和工人运动的消息，以及揭露日本帝国主义和美国“民主”实质的一般材料。组织部在许多大城市建立了社会主义青年团，在北京、上海和广州建立了工人学校和工人俱乐部。这个部还在各工业部门建立了许多工人工会，并把它所建立的上海五金工会的代表派往各城市去建立当地的五金工会。组织部还竭力打入同业公会和行会的组织中去瓦解它们，并由这些组织中的无产阶级分子建立像印刷工会那样的新的纯粹的阶级工会。几乎所有的罢工都是我们的党员同志组织或领导的。

我们的出版部为工人群众出版了一系列周刊，如上海的《劳动界》、广东的《劳动者》、北京的《劳动音》周刊，还有《来报》周报。这个部还为工人印行了许多小册子和传单，如《一个士兵的故事》、《工人的对话》、《工会》、《共产党人是什么样的人》等。中国共产党还把《苏维埃俄国》、布哈林的《共产党纲领》以及一套《社会主义者袖珍丛书》译成了中文。这套丛书中首先译成中文的是马克思和恩格斯的《共产党宣言》和马克思的《经济学研究导言》。

我们还出版了一些杂志，如中国共产党的中央机关刊物《共产党》，青年的杂志《曙光》、《新青年》以及日报《社会活动家》。中国共产党还着手把马克思的《资本论》译成中文。

截至今年五月一日，中国共产党已经有七个省级地方党组织，它们是：

1.北京组织，其主要成员最初是青年学生，近来已开始大量吸收京汉铁路修配厂的铁路工人。这个组织现在有一所工人模范学校，学员一百五十名，教师是两名工人共产党员和两名来自中国社会主义青年团的党员。

2.天津组织及其唐山站分部，该分部的成员是这个津浦铁路最大车站的铁路修配厂的工人。党特别重视唐山地区，因为它是中国最大的一个工业中心。这里有：（1）二千五百工人的京奉铁路修理厂；（2）两千工人的启新洋灰公司；（3）一万四千工人的开滦矿务总局。我党在这个地区正竭力通过开办工人学校、工人俱乐部以及建立各产业工会发起小组的办法来巩固自己。我们在这里除了共产主义组织外，还有两个小组，一个是五金工人小组，另一个是铁路员工小组。在它们周围，我们团结了一批相应的工会。

3.汉口组织，它同城市工人，特别是同印刷工人保持着牢固的联系。

4.上海组织，它有三个分部，它在工作中不仅像初期那样依靠青年学生，而且还依靠不久前建立的工会。在去年广州召开的五金工会代表大会开幕式上，中国最有威望的共产党员之一，当地工人好德说得好："我们在这里建立了第一个不依赖于资本主义社会并公开敌视这个社会的、按生产原则组织工人的工会，现在，为中国人民的自由和独立进行斗争的日子已经不远了。"目前这个工会已有近五百名会员。

5. 广东组织，它依靠当地的社会主义青年团和一些工会。

6. 香港组织，它不仅依靠香港三十个工会组织中的十二个，而且还同汕头、福州、澳门等市的工人建立了联系。

7. 南京组织，它虽是最年轻的组织，但已经同周围工人建立了牢固的联系。在我们党的队伍里有一批具有理论素养的著名的工作人员，我们党在精神方面是足以使中国所有的资产阶级集团艳羡的。

我们中国共产党人并不夸大个人在无产阶级群众斗争中的作用，但是我们认为，在我们队伍中还有卓越的革命马克思主义理论家，这会给我们的事业带来很大的好处，党必须利用这一点，以争取共产主义思想在我们这个远东最大国家的领土上获得胜利。

注释：

[1] 本文是中国共产党代表张太雷向共产国际第三次代表大会提交的书面报告的第八节。

选自中共中央文献研究室、中央档案馆编：《建党以来重要文献选编》（一九二一—一九四九）（第一册），中央文献出版社 2011 年版

中国共产党第一次代表大会[1]

（一九二一年）

中国的共产主义组织是从去年年中成立的。起初，在上海该组织一共只有五个人。领导人是享有威望的《新青年》的主编陈[2]同志。这个组织逐渐扩大其活动范围，现在已有六个小组，有五十三个成员。代表大会定于六月二十日召开，可是来自北京、汉口、广州、长沙、济南和日本的代表，直到七月二十三日才到达上海，于是代表大会开幕了。参加大会的有十二名代表，他们来自七个地方（包括上海），两个地方各有一名代表，五个地方各有两名代表。

主席张[3]同志在第一次会议上说明了这次代表大会的意义。大会必须制定纲领[4]和实际工作计划。会议拟定议事日程，听取各地小组活动及其总情况的报告。这用了两天时间。这些报告都强调了以下三点：党员极少必须增加，组织工人的方法和进行宣传工作的方法。我们在这里非常高兴地指出，希夫廖特[5]同志和尼柯尔斯基[6]同志出席了第一次代表大会，并给我们做了宝贵的指示。希夫廖特同志在其发言中谈到了他在爪哇的活动，并向我们建议，要特别注意建立工人的组织。

尼柯尔斯基同志把成立远东局的消息告诉了我们，并向我们讲述了他对俄国的印象。在这个报告以后，根据尼柯尔斯基同志的建议，我们决定打电报给伊尔库次克，向他们报告代表大会的进程。根据希夫廖特同志的建议，决定选出一个起草纲领和工作计划的委员会。该委员会用了两天时间起草计划和纲领，这个期间没有开会。

代表大会的第三、四、五次会议专门研究了纲领，有些问题经过长时间辩论以后，做出了最后的决定，只有引起热烈争论的一点除外。这一点就是党员经执行委员会许可能否做官和当国会议员。对这个问题有两种意见，一方坚持认为，我们的党员做官没有任何危险，并建议挑选党员做国会议员，但他们必须在党的领导下进行工作。另一方则不同意这种意见。在第三次会议上，代表们没有得出任何结论，在第四次会议上，辩论更加激烈。一方坚持认为，采纳国会制就会把我们的党变成黄色的党，他们以德国社会民主党为例子说明如下事实：人们进入国会，就会逐渐放弃自己的原则，成为资本家阶级的一部分，变成叛徒，并把国会制看成是斗争和工作的唯一方式。为了不允许同资产阶级采取任何联合行动，为了集中我们的进攻力量，我们应当在国会外进行斗争。况且，利用国会也不可能争得任何改善，而进入国会，就会使人民有可能认为，利用国会，只有利用国会，我们才能改善自己的状况和发展社会革命事业。另一方坚持主张，我们应当把公开工作和秘密工作结合起来，如果我们不相信在二十四小时内可以把国家消灭掉，或者说，如果我们不相信总罢工会被资本家镇压下去，那么，政治活动就是必要的。起义的机会不会常有，只是在极少数时候才会到来，但在和平时期，我们就应做好起义的准备。我们应该改善工人的状况，应该开扩他们的眼界，应该引导他们参加革命斗争和争取出版自由、集会自由的斗争，因为公开宣传我们的理论，是取得成就的绝对必要条件。而利用同其他被压迫党派在国会中的联合行动，也可以部分地取得成就。但是，我们要向人民指出：想在旧制度范围内建立新社会的企图是无益的，即使我们试图这样做也是徒劳的。工人阶级必须自己解放自己，因为不能强迫他们进行革命。否则，他们就会对国会抱有错误的看法，采取和平时期的方式，而不采取急进的手段。

这个问题我们还是不能作出结论。只好留到下次代表大会去解决。至于谈到我们是否应该做官的问题，这个问题有意识地回避了，但是，我们一致认为不应该当部长、省长，一般说不应当担任重要行政职务。在中国，“官”这个词普遍应用在所有这些职务上，不过，我们允许我们的同志当类似厂长这样的官。

代表大会的第六次会议是深夜里在一个同志家召开的。会议刚开始，就有一个侦探闯进屋里，他道歉说走错了，可是终究使我们不能再继续开会。这个侦探的到来，没有使党受到损失，尽管在他来过之后，很快警察就突然前来进行了搜查。在这以后，我们提高了警惕，为了继续开会，只好到附近一个小城市去。我们在那里研究了委员会起草的实际工作计划。在我们对其他政党的态度问题上，产生了短时间的争论。有些人坚决主张，我们应坚持这种意见：无产阶级不论在理论上和实践上都应该始终与其他政党作斗争。同其他政党联合行动，并不违背我们党的原则，我们应当团结所有的人，竭尽全力与共同的敌人作斗争，因为我国的军阀是社会上一切其他阶级的敌人。另一些人主张，在行动上与其他政党合作反对共同的敌人，同时又在我们的报纸上批评他们，这并不违背我们的原则。我们自己即使不能立即夺得政权，至少可以加强自己，以利于今后的行动，因为我们的力量会因这个进展而强大起来，而代替当前统治者的那个统治阶级或许不会像封建老爷那样进行压迫。这样，我们就可以集中自己的革命力量，扩大自己的革命活动。这样，即使无产阶级现在不能取得政权，我们也应该联合其他阶级打倒共同的敌人，加强自己，使我们能够领导以后的斗争，推翻那个将要夺得政权的阶级。这样，我们联合其他阶级，仅仅是为了进行破坏性的斗争。但是，会议接受了第一种意见，即实际工作计划起草委员会的提案。

因为党员少，组织农民和军队的问题成了悬案，决定集中我们的全部精力组织工厂工人。为了把好的可靠的同志吸收进来，决定接受党员要特别谨慎，严格审查。鉴于我们的党至今几乎完全由知识分子组成，所以代表大会决定要特别注意组织工人，以共产主义精神教育他们。委托党中央局起草党章。选举三位同志组成书记处，并选出组织部和宣传委员会，代表大会在闭会时高呼“共产党万岁、第三国际万岁、共产主义——人类的解放者万岁！”等口号。

注释：

[1] 本文译自中共驻共产国际代表团档案的俄文稿。原文没有署名，也没有标明时间。根据内容判断，作者为参加中共一大的代表，成文时间当在 1921 年下半年。

[2] 即陈独秀。

[3] 即张国焘。

[4] 此处俄文是"Конституция"。

[5] 即共产国际代表马林。

[6] 赤色职工国际代表。

选自中共中央文献研究室、中央档案馆编:《建党以来重要文献选编》(一九二一— 一九四九)(第一册),中央文献出版社 2011 年版

四川省重庆共产主义组织的报告

四川省与中国其他先进省份相比，由于交通工具很差，共产主义尚很幼稚。可是由于共产主义运动的巨大影响，该省的共产主义情况也值得一谈。为了说明问题，首先必须谈谈四川的最近历史，然后再谈谈重庆共产主义组织的打算。

一、四川的最近历史

近些年来，四川为战争所笼罩，从推翻满清王朝起，战争一直连绵不断。战争的破坏给全国带来了无数灾难和极端贫困，带来了不幸和恐怖。在研究战争的性质时，将会有趣地看到，正如马克思所说，战争是符合世界历史趋势的自然斗争。我们研究马克思的学说，因而懂得封建主义必然被共产主义所代替。如果说这是对的，那么，四川的战争就是由封建主义到资本主义这两个时期的斗争。从满清政府垮台时起，四川一向同中国的中央政府闹独立。在这时期，各派军队的首领在四川各霸一方，不仅不受中央政府管辖，而且彼此之间也不能相互控制。在他们的统治之下，人民过着悲惨而艰难的生活。正像在地主统治下的欧洲附属国一样，在和平时期，四川的农民必须向其统治者交纳重税，而在战争时期，则被迫拿起武器去打仗。显然，除大多数农民外，人民都生活在战争和政治的苦难中，而资本家们，由于商业、工业贸易陷于无政府状态，只是勉勉强强地生存下来。滇军以护法为借口，向四川宣战，并占领了四川的一大片土地。四川的富饶土地，使他们产生了在这里建立自己的地盘的念头。这位滇军将领的军队开始发展工商业。建立了一些工厂，如丝加工厂和毛加工厂。由于经营这些工厂，这位滇军将领的势力得到加强。

可是，这些举动引起了四川的资产阶级和军阀对滇军的仇视，于是爆发了两军之间的战争。在这次战争中，四川的军队主要是由被压迫的农民和雇佣工人组成的，比滇军力量弱得多，可是由于得到四川资产阶级的帮助，使其获得了决定性的胜利。这次胜利，不仅使军阀有可能从敌人手中解放自己的领土，而且使他们变成资本家。然而，他们在战后面临着一个问题，即如何摆脱在战时招募的过多的士兵的问题。这个问题不解决，他们就特别担心丧失他们从战争中掠夺来的财产。自从滇军被驱逐出四川时起，要求军队复员的呼声愈来愈强烈。为了解决这个问题以及其他问题，他们就创办工业，从而把资本主义引进四川。军队首领熊克武和刘湘的两个声明就可以证明这一点，他们在声明中宣告迫切需要创办工业和实行民主主义。为了证实自己的言论，他们开办了一些工厂，并设立了某些银行。

他们这样做是试图解决三个问题：

1. 把他们军队里的多余人员安置在工厂里；

2. 联合资产阶级，并用其资本剥削工厂和工人；

3. 依靠占有工厂和银行来巩固自己的地位。我们了解到这一点，因而可以说四川已从封建主义进入资本主义时期，随着一些资本家手中资本的集中，今后贫富之间的鸿沟定会不断地加深。

二、我们组织的任务

共产主义是现在和未来与邪恶进行斗争的手段。我们的敌人已建立了民主政体。但我们应当用共产主义思想对抗民主制思想。我们知道，军阀所宣布的民主制，尽管好象是真正的、合理的，但它毕竟是维护一些资本家的权利的原则和手段，有害于多数人民，有害于无产阶级。

四川的民主派认为必须发展工业，而我们共产主义者也认为应当发展工业。可是，前后二者的主张完全不同。前者坚持认为，生产系统或工厂应当属于一些帝国主义者和资本家；而后者坚决主张，工厂应当属于工人和农民。为了改善人民的处境，民主派祈求军队首脑解除士兵的兵役；而我们共产主义者不仅希望改善士兵的状况，而且希望取消那些专门保护帝国主义者和资本家的现有军队，建立一支红军队伍，以便取而代之。我们懂得，执行这两项计划，并不是完全的共产主义，然而，这两项计划的实现，定会使我们摆脱糟糕透顶的民主制。

三、我们组织的历史

我们稍微回顾和考察一下我们共产主义组织的历史。近些年来，四川出现了名目繁多的组织。其中大多数由政客所组成，他们企图利用这些组织来实现资本家和军阀的愿望。但是，重庆的共产主义组织情况却不同，因为我们的组织是由一些拥护马克思主义的教师所建立的。他们起初成立了一个研究会，在这里聚集了一些研究马克思主义的大学生。我们小组的组员一直与其他地方的大学生通信，因而又影响了某些大学生，他们也请求加入我们的研究会。由于这种情况，再加上丝厂和毛加工作坊的罢工，使得一些工人加入了我们的队伍，有必要把我们的研究会改组为更有权威的组织。于是，在一九二〇年三月十二日，我们的组织在重庆正式成立了。

四、我们组织的机构

我们的组织分为四部分：1. 书记处，2. 宣传部，3. 财务部，4. 出版部（我们用三千六百元在上海购买了印刷机和铅字，打算年底运到重庆，明年一月将创办自己的印刷所）。

五、成员人数

我们的组织现在有近四十个成员和六十多个候补成员。凡是愿意同我们组织建立联系并希望成为其成员者，至少须有我们组织的两个成员介绍，并经过五、六个月的候补期。候补期满，如果认为可以成为真正的共产党人者，应经全体大会议决，发给党证，只是在这时，他们才能成为组织的成员。

六、运　动

重庆是一个商埠，那里的大多数工人是在丝厂、毛加工作坊和造船厂做工。在成都市（四川省会），大部分工人是在缫丝、成衣和制鞋等作坊做工，这些地方的工人有很大的影响。四川的人口十分之六是农民[1]。因而很明显，他们对该省的生活有很大的影响。因此，我们的运动的方针是争取他们。士兵现在有两万多，他们多数是由于失业和谋生才去当兵的。因此，我们的运动也应极力在他们之中产生影响。我们组织的成员通过同大学生和工人谈话，以及向他们散发各种小册子，经常秘密地传播共产主义思想。不久以前，丝厂发生了罢工，随后，毛加工作坊的老板们也不得不向他们作坊的工人提出的要求让步。可以满怀信心地说，重庆的共产主义组织对未来充满着希望。

七、我们组织的发展

我们除了保存重庆的组织以外，还在川西、川西南、川东南、川北和川东，建立了分部。总起来说，四川共有五个组织，即成都、叙府、雅州、顺庆、重庆等地各有一个组织。重庆是总的组织，是人们知道的“正式组织”。所有这些组织，都在成功地进行着它们的工作。明年我们打算在西藏建立一个组织，为此，我们有两个同志正在学习藏文。因为英国的资本家注视着西藏，并向我国投资，四川的同志知道，这对我国西部是危险的，因此在制定防止令人痛恨的外国资本主义侵入的计划。我们希望你们对这个地方的工作提出意见。

四川位于长江上游，重庆是西南的中心，正因为如此，我们的组织才设在重庆。我们的宣传工作，由重庆往左可以扩大到云南，往右可以扩大到贵州。我们的组织还为东南三省[2]运动的发展准备采取措施。我们的组织肩负着如此重大的责任，因此其成员不能不力图把它建成为先进的组织。

我们四个人是四川选出的，肩负的委托如下：1.联合各省的一切共产主义组织，以取得他们的帮助；2.到俄国去，研究俄国共产党人建设他们社会的方法，获取中国没有的珍贵书籍，因为我们非常需要从俄国共产党人所著述的书籍中或者从同俄国富有学识的同志的谈话中，全面了解共产主义。尽管从四川到俄国，行程很长，令人疲惫不堪，但是，毕竟是值得冒险的，因为在同俄国同志接触中，我们可以了解到许多东西，并能着手执行我们的任务。将来我们回到四川，把在俄国获得的知识运用于我们的组织时，我们的组织就会变得好得多，毫无疑问，工作定会获得成功。

注释：

[1] 原文如此——译者。

[2] 原文如此——译者。

选自中央档案馆编：《中国共产党第一次代表大会档案资料》（增订本），人民出版社1984年版

中国劳动组合书记部宣言

（一九二一年八月）

资本主义在中国各大商埠发展的状态，和在世界上任何地方发展的状态是没有分别的，新式的生产制度一天一天的把旧的生产方法毁灭，一天一天的把劳动者集中到工厂里去，叫他们做机器的附属物。一班男女劳工在这种新式的生产制度下面的工作情况，简直是和牛马一样。

他们把劳动力卖给资本剥夺者，换到极少的工钱。他们血汗换来的工钱，多半不能维持自己生活，受饥受冻的劳工，随处都可以发现。还有千万的小孩子们，不分日夜，到纺织等工厂里去作工，工作时间多半是每天十二个钟头起码。他们的健康是牺牲在这剥夺制度之下，他们定不能得受教育的机会。他们从极年幼的时候，就变成了本国或外国资本家的富源开发者并变成了资本家的新式奴隶。这种痛苦的工作状况，加在这班男女工人和童工的身上，一定会迫着他们自己团结起来，向着他们的东家——剥夺者——为有力的奋斗，这是我们敢断言的。

但是劳动者没有组织，或是只有公所和无意义的工会组织，自然这种团结是不能够自卫，也自然是无反抗的能力。而且劳动者把他们自己分成什么宁波帮、广东帮、江北帮等等是不行的。这是把自己分裂的办法，怎样能拿着这种团体来和资本家奋斗呢？我们只有把一个产业底下的劳动者，不分地域，不分男女老少，都组织起来，做成一个产业组合。因为这样一个团体才能算是一个有力的团体，要这样的组织法，劳动者才能用他们的组织力，做奋斗事业，谋改良他们的地位呢。

中国劳动组合书记部是由上海——中国产业的中心——的一些劳动团体所发起的，是一个要把各个劳动组合都联合起来的总机关。他的事业是要发达劳动组合，向劳动者宣传组合之必要，要联合或改组已成的劳动团体，使劳动者有阶级的自觉，并要建立中国工人们与外国工人们的密切关系。但是这些事业是必要大家都来做的，所以我们请求那些已成立的劳动团体加入这个书记部与我们共同进行。

劳动界的伙伴们呀！我们拿外国经历过的事实做比例，知道我们的事业在起手的时候，一定要遇着非常之多的困难。特别是我们这个阶级的知识缺乏，是最大的困难。但是资本制度在中国日见发达，我们极相信劳动者的团体也会日见发达，日见有力；并且我们相信将来的世界一定是工人们的世界。中国的工人们呀！我们赶紧联合成劳动组织呀！

中国劳动组合书记部张特立[1]等二十六人宣言

注释：

[1] 即张国焘。

选自中共中央文献研究室、中央档案馆编：《建党以来重要文献选编》（一九二一——一九四九）（第一册），中央文献出版社2011年版

驻赤塔赤色职工国际代表 Ю.Д.斯穆尔吉斯的信件（节录）[1]

（一九二一年十月十三日）

……您大概已经知道，从七月二十三日到八月五日，在上海举行了中国共产党的代表大会，或者更确切地说是自称为中国共产主义者的代表大会。这次代表大会为中国共产党奠定了基础。会议的十二名参加者代表了总共五十个自命为共产主义者的人。

……我所以谈到这点，仅仅是因为代表大会的工作正与我代表赤色职工国际所做的工作有关。我们通过代表大会来使全中国的职工运动最终建立起统一的（中央）组织[2]。

共产主义者的代表大会在结束时选出了由四个人组成的中国共产党中央（临时）委员会。中国劳动组合书记部[3]的总部主任[4]就是其中之一。

除了上面提到的总部主任外，中国劳动组合书记部还有六位同志（共七人）[5]。这后几人，一个是工人，一个是在工厂做工的大学生，其余都是知识分子。

中国劳动组合书记部是在今年八月十一日建立的，并在八月十六日对中国工人发表了关于自己的组织、目的等等的特别宣言，这个宣言刊登在中国劳动组合书记部机关刊物《劳动者》的创刊号上[6]。

由于中国劳动组合书记部是由中国共产党中央委员会的一名委员主持，

所以党完全结合了自己的工作和领导了书记部。这正如上述的，中国共产主义者代表大会上所确定的劳动组合书记部在中国共产党中央委员会的监督之下工作，而在工作中又有充分的独立性[7]。

Ю. Д. 斯穆尔吉斯

一九二一年十月十三日

注释：

[1] 按照国际工会联合会（从1921年7月起称赤色职工国际）在1920年11月通过决议，责成工会驻赤塔代表Ю. Д. 斯穆尔吉斯在该城建立国际工会联合会远东书记处。

1921年1月，他派遣M. 弗罗姆贝格到中国。在此之前，M. 弗罗姆贝格在俄罗斯共产党（布）西伯利亚地区委员会东方民族部的情报局工作。M. 弗罗姆贝格执行了赤色职工国际委托给他的任务，主要是在上海和Г. Н. 维经斯基进行联络（见苏共中央马列主义研究院中央党务档案馆全宗534，目录4，案卷3，第5、10页；案卷15，第58页；全宗495，目录154，案卷15）。

[2] 这里所指的是中国劳动组合书记部（中国共产党组织和领导工会的合法机关），它的行动纲领和具体行动措施是在中国共产党第一次代表大会召开之前就已制定好了的。详见A. И. 卡尔图诺娃（Картунова）《赤色职工国际和中国的工会运动（他们相互之间关系的历史）》——《亚非人民》（苏）1927年第1期。

尼克尔斯基（Никомский）代表赤色职工国际在中国共产党第一次代表大会时进行工会和工人方面的工作。尼克尔斯基的身份目前还不能确定。按历史文献的习惯说法，他是参加中国共产党一大的赤色职工国际的代表。但是根据马林在1921年7月7日和9日从上海给共产国际的报告来看，尼克尔斯基是共产国际远东书记处的代表。共产国际远东书记处是根据共产国际执行委员会1921年1月的决议成立（苏共中央马列主义研究院中央党务档案馆全宗495，目录154，案卷23，第1页）并由共产国际委派舒米亚茨基（Шумияцкий）1921年2月末至3月初最终组织起来的。共产国际远东书记处设在伊尔库次克。

马林在一封信中也提到，他在1921年6月3日到达上海。过了几天，尼克尔斯基受共产国际远东书记处派遣，也来到上海。在那里他们一直共同工作到1921年12月初尼克尔斯基被召回伊尔库次克为止（同上，全宗495，目录154，案卷109、133、136）。

显然，尼克尔斯基是共产国际远东书记处的代表，这点也被马林的报告所证实。报告说，当他和尼克尔斯基在上海的时候，他仅限于执行书记处交给他的任务，而尼克尔斯基接受的也是同一任务。马林还报告说，根据共产国际书记处的指示，所有党的会议，尼克尔斯基都应该参加（同上，全宗495，目录154，案卷133，第6页）。显然，作为远东书记处的代表，尼克尔斯基在中国共产党第一次代表大会上同时执行了赤色职工国际的任务。这种情况在20年代初并不是罕见的。在某些时候，维经斯基和马林也是既负有共产国际的使命，同时又执行赤色职工国际的任务。可能尼克尔斯基的姓不是真实的，而是共产国际远东书记处某个工作人员的笔名。看来，苏联的历史学家经过对问题的查证，会在最近的将来弄清尼克尔斯基的真实身份。

［3］这个机关的正式名称是中国劳动书记部，在苏联的历史编纂学里称做中国劳动组合书记部。

［4］张国焘被选为中国劳动组合书记部总部主任。从1921年起他作为中国共产党党员在一大上被选为中共（临时）中央局成员，在二大和四大上，他被选为中共中央执行委员会委员，在五大和六大上，被选为中共中央委员会委员，在1938年被开除出党。

［5］我们知道的中国劳动组合书记部总部成员只有四位：张国焘、李启汉、李立三和邓中夏。其他人的名字已不能确定。

［6］中国劳动组合书记部发行了自己的机关刊物《劳动周刊》，创刊号于1921年8月20日出版。见《中国工运史料》，北京，1958年第2册，第83页。

［7］新生的中国工人工会运动从一开始就和赤色职工国际有联系。1925年5月在成立全国总工会的第二次全国劳动大会上，中国工会正式决定参加赤色职工国际。

[8] А.И. 卡尔图诺娃系苏联历史学副博士。文中注释皆为卡尔图诺娃所作。

选自中共中央党史研究室第一研究部译:《共产国际、联共(布)与中国革命文献资料选辑》(1917—1925),北京图书馆出版社 1997 年版

中国共产党中央局通告[1]

——关于建立与发展党团工会组织及宣传工作等

（一九二一年十一月）

同人公鉴：

中央局议决通告各区之事如左：

（一）依团体经济状况，议定最低限度必须办到下列四事：（A）上海、北京、广州、武汉、长沙五区早在本年内至迟亦须于明年七月开大会前，都能得同志三十人成立区执行委员会，以便开大会时能够依党纲成立正式中央执行委员会。（B）全国社会主义青年团必须在明年七月以前超过二千团员。（C）各区必须有直接管理的工会一个以上，其余的工会也须有切实的联络；在明年大会席上，各区代表关于该区劳动状况，必须有统计的报告。（D）中央局宣传部在明年七月以前，必须出书（关于纯粹的共产主义者）二十种以上。

（二）关于劳动运动，议决以全力组织全国铁道工会，上海、北京、武汉、长沙、广州、济南、唐山、南京、天津、郑州、杭州、长辛店诸同志，都要尽力于此计划。

（三）关于青年及妇女运动，请各区切实注意。“青年团”及“女界联合会”改造宣言及章程日内即寄上，望依新章从速进行。

中央局书记　T.S.Chen[2]

一九二一年十一月

注释：

[1] 这个文件是陈独秀起草的。

[2] 即陈独秀。

选自中共中央文献研究室、中央档案馆编:《建党以来重要文献选编》(一九二一—一九四九)(第一册)，中央文献出版社 2011 年版

上海、广州、武汉、长沙应进行之工作[1]

（一九二一年十一月）

上海方面

正在进行事件：

（一）设法组织印刷工会、电车工会、建筑工会。

（二）设法联络水手公所、沪宁铁路工会、电器工会。

（三）设法组织上海各业工会代表团，章程如下：

上海各业工会代表团简章

（1）宗旨　同人等鉴于世界潮流及中国工界状况，不得不有相当之组织，以应需要。上海为全国工业中心，兹特联合各业工会公推代表组织此团，以图树立上海总工会之基础。

（2）任务　本代表团之唯一任务，是在本团各代表自身研究及辅助各工会采取何种方法，从事劳动运动，方能得最良的效果。

（3）代表　已成立之分业工会各公推代表二人加入组织，但由一人负责表决。以后各分业工会成立时，均得照章推举代表加入代表团。

（4）职员　本代表团互选总务一人，对外代表本团；对内督理本团一切事务。文牍一人，办理书记事务。会计一人，办理本团会计事务。庶务一人，办理本团庶务。调查报告二人，办理团内团外一切调查报告事务。余负交际责任，并协助总务办理团内团外一切联络交涉之事。各职员皆义务职，任期半年，但得连举连任。各职员事务烦忙时，得请团内未任职员之代表相帮。再不足时，并得聘请或雇用团外人员。

（5）经费　由加入本团之各工会担任，或向外募捐。

（6）开会　本团每星期日，开常会一次。倘有重要事件发生，得由总务召集临时会议。凡开会议事均由总务主席，以出席代表多数意见决议赞否。人数相等时，则依总务意见决定。凡本团议决事件，加入本团之各工会均须执行。

（7）惩戒　加入本团之各分业工会代表，不得假借本团名义，在外招摇撞骗。一经查出，即行撤销，函请另选。

（8）地址　在上海某处。

（9）附则　本章程施行后，至有应修正时，得由代表团人数三分之一提议，经全体过半数通过修改。

（四）拟译之书如左表。

（五）女界联合会改组。

（六）社会主义青年团改组。

拟办之事：

（1）编纂劳工教科书。

（2）办劳动通信社。

（3）办劳动组织讲习所。

广州方面

（一）组织全省建筑工会（现有一万多会员）。

（二）改组机器工会（前由国民党人主持，今后拟运动使入吾党势力范围）有会员五千多人。

（三）办理劳动通信社。

（四）办理劳动组织讲习所。

（五）推广佛山、江门、汕头本党支部。

武汉方面（长沙方面同）

（一）办理粤汉铁路工人学校。

（二）组织粤汉铁路工会。

注释：

［1］这个文件似不完整。从内容判断，似乎是党中央局关于各地工会运动的一个大略计划。本文原稿第3页上有俄文“关于中国情况的报告”字样，标题是编者加的。

选自中央档案馆编：《中国共产党第一次代表大会档案资料》（增订本），人民出版社1984年版

中共中央执行委员会书记陈独秀给共产国际的报告

（一九二二年六月三十日）

（1）现在状况

A. 党员及党费

去年（一九二一）开常会时，只有党员五十余人，现在党员人数计上海五十人，长沙三十人，广东三十二人，湖北二十人，北京二十人，山东九人，郑州八人，四川三人，留俄国八人，留日本四人，留法国二人，留德国八人，留美国一人，共计一百九十五人；内有女子四人，工人二十一人。

党费，自一九二一年十月起至一九二二年六月止，由中央机关支出一万七千六百五十五元；收入计国际协款一万六千六百五十五元，自行募捐一千元。用途：各地方劳动运动约一万元，整顿印刷所一千六百元，印刷品三千元，劳动大会一千余元，其他约二千余元。

B. 政治宣传

1. 关于华盛顿太平洋会议之运动如左：

Ⅰ. 译印第三国际对于太平洋会议宣言（五千份）。

Ⅱ. 译印山川均及堺利彦批评太平洋会议论文（各五千份）。

Ⅲ. 印陈独秀论太平洋会议论文（五千份）。

Ⅳ. 印李汉俊批评太平洋会议小册子（五千份）。

Ⅴ. 在上海国民大会散布关于太平洋会议传单（五千张）。

Ⅵ. 在上海工人集会散布关于太平洋会议传单（五千张）。

（附注）论文及传单内容，都是解释侵略的帝国主义会议决无利于弱小〈民〉族。此外各地方都有此项运动，而长沙工人最猛烈，此为黄爱庞人铨被杀原因之一。

2. 一九二二年正月一日，上海共产党全部党员及中国朝鲜社会主义青年团团员一百余人，工人五十人，上午分散“贺年帖”（内载鼓吹共产主义的歌）六万张于上海市内，下午分散攻击国际帝国主义及本国军阀的传单二万张于“新世界”等群众聚会的游戏场。结果一朝鲜青年因散“贺年帖”在法租界被捕。

3. 正月十五日，全国共产党所在地都开 Karl Liebknecht[1] 纪念会，由全部党员出席演说，分散纪念册五千本；纪念册内载 Karl Liebknecht 及卢森堡女士传及“斯巴达卡司团”宣言。此次纪念会广州最盛，工人参加游行者二千余人。

4. 五月五日全国共产党所在地都开马克思纪念会，分散马克思纪念册二万本。

5. 奉直战争后，由中央机关发布《中国共产党对于时局之主张》的小册子五千份，主张联合全国民主派对于北洋军阀继续战争。

6. 中央机关设立之“人民出版社”所印行书如左：

马克思全书二种

Communist Manifesto,[2]

Lohn Arbeit und Kapital,[3]

列宁全书五种

Lenin's Life,[4]

Soviet at Work,[5]

讨论进行计划书，

Erfolge und Schwierigkeiten der Sowjetmacht,[6]

共产党礼拜六，
康民尼斯特[7]丛书五种
共产党计划（布哈林），
俄国共产党党纲，
国际劳动运动中之重要时事问题，
第三国际议案及宣言，
Trosky's From October to Brest Litovisk[8]
（附注）以上书十二种各印三千份。

C. 劳动运动

1. 上海方面

设立“中国劳动组合书记部”，作共产党合法的公开的劳动运动，设分部于北京汉口长沙广州；本年（一九二二）由书记部召集全国劳动大会于广州，各省工会代表到会者一百七十三人，由五月一日至五月六日开会六天，发表宣言反对国际资本帝国主义及本国军阀，议决明年（一九二三）五月一日由书记部在汉口召集第二次全国劳动大会，及实行八小时工作制，全国罢工援助等议案。

书记部在上海发行《劳动周刊》，至四十一期为会审公堂所封禁，发行最多时五千份，前后统计印行十六万五千张。

英美烟公司罢工，发布传单二种，各数百张；机器工会开会时，发布传单一种数百张；印刷工会开会时，发布传单二种，各数百张；“双十节”发布传单三千份，鼓吹工人革命思想；反对太平洋会议传单三千份；香港海员罢工时，发布传单五千张；浦东纺纱工人第一次罢工时，代其发宣言二万份，又代发传单六百张；邮差罢工时，代发工会章程三百份，又传单二种各四百张；本年（一九二二）“五一节”发传单二种，每种二千张；浦东纺纱工人第二次罢工时，共发传单九次，每次数百张；在杨树浦小沙渡（上海纺纱工人最多的地方，两处共有纺纱工十余万）向纺纱工人发传单三千张，劝他们都起来组织工会应援浦东纺纱工人，工人因散传单被捕者四人；黄庞追悼会发传单二种，每种一千张；发布《全国劳动大会宣言》五千份；《劳动周刊》被封禁发布传单三百份；发布《赤色国际工会告中国工友》二千张。

参加罢工六次：

英美烟公司二次

海员一次

邮差一次

浦东纺纱工人二次

有关系之工会五处：

烟草工会

机器工会

印刷工会

纺纱工会

邮务工会

参加工人群众运动五次：

反对太平洋会议

国民外交大会

本年“五一节”

澳门惨杀华工事件[9]

黄庞追悼会

因罢工运动受官场压迫三次：

因香港海员罢工书记部通知各省工界发起后援会并运动上海水手应援，李启汉同志及水手二人被捕拘留数日。

因为浦东纺纱工人罢工散传单，四人被捕拘留十余日。

因为参加邮差罢工，李启汉同志判罪监禁三个月，期满逐出租界，现在狱中。

2. 北京方面

《工人周刊》每期印二千份，大部分销行北方铁路工人，今犹继续刊行。

参加陇海铁路罢工。

参加京汉铁路及京绥铁路工会组织。

设立长辛店铁路工人学校及俱乐部，唐山铁路工人图书馆，天津工人补习学校。

3. 广东方面

参加建筑工人大罢工，组织广东建筑工会。

参加机器工会改造运动，设立工人学校三所。

香港海员罢工时，全部党员及青年团团员参加招待及演讲，以共产党名义散传单三千份。

设立劳动通信社。

援助盐业工人罢工。

4. 汉口方面

参加粤汉铁路罢工，组织粤汉铁路工人俱乐部及学校。

参加组织京汉铁路工人俱乐部。

参加人力车夫罢工及组织工会。

参加扬子江铁厂组织工会。

参加烟草工人罢工及组织工会。

5. 长沙方面

因反对太平洋会议鼓吹承认苏维埃俄罗斯的示威游行及参加纱厂罢工，青年团团员黄爱庞人铨二人被督军所杀。

组织粤汉铁路工人俱乐部及学校。

组织萍乡路矿工人俱乐部。

6. 浙江方面

组织八十个农村的农民协会反抗地主，被军警解散，死伤数人。

（2）将来计划

A. 党务

1.在全 国各都会增设支部。

2. 多收工人党员，务求居全数一半以上。

3. 厉行中央集权制。

4. 严查党员每星期工作成绩。

B. 政治宣传

1. 多印行对于农民工人兵士宣传的小册子。
2. 发行《共产党半月刊》，专讨论世界的及本国的政治经济问题。
3. 联络全国各革新党派，作普通选举制及集会结社出版自由的运动。
4. 联络各革新党派，作承认蒙古独立及承认苏维埃俄罗斯的运动。
5. 联络全国工商界，作改正协定关税制的运动。

C. 劳动运动

1. 准备全国第二次劳动大会的工作。
2. 集中力量组织全国五个大的产业组合：
Ⅰ. 全国铁路总工会
Ⅱ. 全国海员总工会
Ⅲ. 全国电气工人总工会
Ⅳ. 全国机器工人总会
Ⅴ. 全国纺纱工总工会
3. 组织三个地方总工会：
Ⅰ. 上海总工会
Ⅱ. 广东总工会
Ⅲ. 武汉总工会
4. 设立四个工会职员讲习所：
Ⅰ. 北京
Ⅱ. 上海
Ⅲ. 汉口
Ⅳ. 广州

中央执行委员会书记　T.S.Chen
一九二二年六月三十日

注释：

[1] 卡尔·李卜克内西。

[2]《共产党宣言》。

[3]《雇佣劳动与资本》，当时译为《工钱劳动与资本》，袁让译。

[4] 书名，当时译为《列宁传》。

[5] 书名，当时译为《劳农会之建设》，列宁著，李立译，1921年12月初版。

[6] 书名，当时译为《劳农政府之成功与困难》，列宁著，李墨耕译，1922年2月初版。

[7] 共产主义一词的音译。

[8] 书名，托洛茨基《从十月革命到布列斯特和约》，当时译为《俄国革命纪实》。

[9] 1922年5月28日澳门葡萄牙士兵当街调戏华人妇女，被群众痛殴，葡军逮捕华工三人。华人宣布罢工、罢市。29日，葡军开枪打死打伤华人百数十人。惨案发生后，全澳门工人大罢工，澳门政府强行解散六十多个工会。广州、上海等地群众团体和海外华侨组织纷纷集会抗议、声援、成立后援会。孙中山主持的广州政府也提出强烈抗议。

选自中央档案馆编：《中共中央文件选集》（第一册），中共中央党校出版社1989年版

向共产国际执行委员会的报告（节录）[1]

（一九二二年七月十一日）

马　林

……

从 6 月初到 12 月 10 日期间的工作

一、中国。在上海，我是在极为不利的条件下开始工作的。该城虽然是中国最大的工业中心之一，却没有我们所理解的那种工人运动。凡尔赛和约在知识分子中引起的强烈冲动，已经完全消逝，学生运动的领袖们从中国政府得到了出国深造的机会。因此，学生的组织从那时起也就变得没有价值了。除了唯一的北京附近的铁路工人组织外，只有广东省的工人建立了现代的工会组织。中国工人组织的旧形式，行会和秘密结社，如上海的红帮、青帮，倒不如说是开展正常的工人运动的障碍。现代产业工人的人数甚少。固然，现代工业，特别是外国办的工业，发展得相当迅速，可是产业工人仍然是中国人口中很少的一部分。到新加坡、科伦坡、荷属印度、菲律宾等地的移民，都是中国的大资本家，仍然没有人在中国投资。几乎没有统计资料。德国出版的一本关于中国的最新文集中，估计产业工人人数达 40 万。据上海和香港的判断，这一数字太小。尽管工业中心劳动条件十分恶劣，来自贫苦农民中的劳动力却为数众多。到目前，大部分工人同在农村的家庭保持着联系，而且过几年又回到农村。成群结队的妇女和 7 岁的儿童在工厂里做工糊口，在纱厂的童工月工资不超过 10 先令。每昼夜劳动时间达 12（18）小时。成年工人月薪不超过 2 英镑。工人绝大部分目不识丁。

中国人口的大部分是农民，他们虽然穷，但几乎都是小有产者。内地人同外界的资本主义几乎没有联系。对于中国农民来说，没有象俄国农民和印度农民那样的阶级斗争；也不象印度和朝鲜农民那样必须缴纳重税。因此，农民群众对政治完全漠不关心，也不会发挥任何政治作用。他们消极地忍受着频仍的军阀混战。内战已是年轻的中华民国司空见惯的事了。在中国享有利益的外国势力之间的矛盾，很大程度上助长了这些内战。整个生活从政治上看仍在外国势力控制下。还没有一个训练有素的阶级能在当前这个时代指出前进方向。

维经斯基同志在上海工作期间，在陈独秀同志领导下组成一个中国共产党人小组。陈几年来一直编辑《新青年》杂志。这个小组划分为 7—8 个中心，在全国的人数也不过 50—60 人。通过劳动学校［工人俱乐部］开展工作，维经斯基同志离去了，那里没有经费，学校不得不再度中途停办。陈同志在广州担任省里的行政工作，受委托主管教育。

1921 年 7 月，各地方小组代表齐集上海，并决定建立共产党，即共产国际的支部，虽然建立一个宣传性的小组会更好一些。党只能秘密地进行工作，党要求陈同志放弃广州的工作，担任政治领导。出版了一种共产主义的月刊，在上海、广州和北京重新开始了工会组织的有计划的宣传工作。另外，在工会国际代表的协助下出版了一份周报。在这两个城市和广州又办起了劳动学校，为工会运动培训骨干。一些共产主义小册子译成了中文。上海的七月会议，由于法国巡捕采取行动不得不急忙休会。陈同志应共产国际代表的邀请，在一个共产主义小组进行政治工作。此后，他于 8 月底来到上海。他在广州的教育工作经历了巨大的困难，特别是有些困难来自国民党人方面。在上海建立了劳动组合书记部，它出版了一种新的周报，并同一些工人小组建立了联系。与此同时，一些秘密会社立即就制造了麻烦。书记部在一些地方的罢工中得到罢工工人的支持，罢工的结果使劳动报酬提高了。但是，在上海本地区还没能建成一个有影响的现代组织。因为共产党只是秘密地工作，它没有取得显著的成果。它同华南的国民运动没有保持联系。我们同这个小组织经常保持紧密联系。尼柯尔斯基同志从伊尔库次克接到的指示中说，党的领导机关的会议必须有他参加。中国同志不同意这样做，他们不愿意有这种监护关系，而且也未出现过困难。在上海，一段时期中流行着一种看法，按照地方小组的意见，只有经过登记的党员才是坚定的共产党人。后来他们取消了这种组织上的人为的限制，入党更容易了。上海的青年组织，1920 年—1921 年达到 200 人，1921 年夏大为退步。知识分子中的工作有一段时间完全中断，可是自张太雷同志参加［共产国际］第三次世界代表大会回来以后，有计划地安排了对青年的宣传工作。特别是在华南，对青年的共产主义宣传取得显著的成就。

自从我们得知伊尔库次克下达的关于从中国、朝鲜和日本派出代表参加远东人民代表大会的任务后，当即同中国党的领导机关，就代表团的组成问题做出安排。派同志到广州和另一些城市去邀请那里的团体。共产国际的代表为此事亲自寻求同孙中山的国民党建立联系，这个党的中央委员会设在上海。会谈期间决定，我于 12 月离开此地到孙中山设于桂林的大本营去，并同国民党在广州的领袖建立进一步的联系。与此同时，该党派出一名代表赴伊尔库次克。张太雷同志被派往日本，邀请那里的同志参加伊尔库次克的会议[2]。

上海和北京的周报定期出版，以大部分篇幅刊载翻译文章的《共产党》月刊也定期出版。我们打算让青年［团］和共产党的两个月刊合并，因为这两种月刊的内容大体相合。在我离开以前，《共产党》[3]已停止出版。我同党的领导机构就出版一种政治周报[4]问题商量了数次，可是这一计划直到今年 4 月尚未实行。

关于华盛顿会议问题，翻译和发表了执行委员会的提纲。这次会议远不象凡尔赛会议那样，引起那么一场大规模的政治活动。在一些城市里组织了示威游行，我们党也参与了。但是并没有形成一场普遍的反对华盛顿会议的运动，如所周知，孙中山政府没有派代表到华盛顿去[5]。

共产主义文献的翻译和出版由党办理。例如列宁的《国家与革命》已由一个中国同志[6]翻译出版。

马林

1922 年 7 月 11 日，莫斯科

注释：

[1] 本文原件在拉夫斯坦档案中。格鲁勃在《莫斯科控制下的共产国际》1974年纽约版第324—375页曾部分予以公布，译文见我国人民出版社1980年出版的《马林在中国的有关资料》第11—21页。又据安东尼·塞奇教授书稿知在荷兰司法部档案中也收藏了这一文件，但没有附录。

[2] 这里指的仍然是远东人民代表大会。该会会址原为共产国际远东书记处驻地伊尔库次克，起初代表们也曾在此举行过预备会议（见台湾郑学稼《第三国际史》），后来为增大会议影响，又将会址移莫斯科，正式举行开幕式。闭幕式则在彼得格勒举行。

[3]《共产党》月刊于1921年7月停刊。

[4] 1922年9月《向导》周报出刊。

[5] 此处不确切，广州政府派出了一名代表（王正廷）去列席会议。

[6] 陈望道译的《国家与革命》是我国最早的译本。

选自中共中央党史研究室第一研究部译：《共产国际、联共（布）与中国革命文献资料选辑》（1917—1925），北京图书馆出版社1997年版

吾党产生的背景及其历史使命（节录）[1]

（一九二五年底——九二六年初）

蔡和森

（一）中国共产党产生的背景

我们都是马克思主义者，所以我们绝对不会把一个政党的产生当作是脑筋中幻想出来的或是几个学者塑造出来的。一个政党的发生，必有其阶级的、政治的、经济的背景的。近年来反对中国共产党的人们渐渐注意到中国共产党的行动了，并图谋反共产党的举动了。他们以为中国共产党不过是陈独秀几个野心家的意志所塑造的，或者以为被俄国收买的几个学生所鼓动的，这些军阀的走狗及帝国主义者所造的谣言和污蔑是值得我们注意的，我们每一个同志每一个党员对于党的产生的背景统统是应该有一个正确的观念，深刻的了解的。兹简单的分五项说明之：

1. 中国产业的发展。我们都知道什么是共产党，他是工人阶级的党，他主要组成分子是产业无产阶级，所以在我们一想到共产党产生的时候，就会想到无产阶级有了相当的发展。吾党何以不在一九一四年欧战中产生呢？而要在战后产生呢？原因是在帝国主义战争中，中国土著产业方面才有了相当的发展，而且这个发展是战前所没有的。大战以来各殖民地以及半殖民地的土著工业均有相当的发展，我们就单说纺织业及棉纱，在一九一四年以前不过两个工厂而已，据日本人统计报告说，在一九〇三年纺纱厂不过两个，锭子六千五百支，数目是何等小呢？到了一九一六年大战中有四十二个纱厂，锭子数目亦增至十七万以上，到现在一九二五年工厂的数目为八十三个，锭子的数目已增加至二百万支，并且还有一百万支预备开工的，由此可知，大战期中工业发展之速，我们无正确的统计，不能知道，在战前时全国到底有了若干工厂，但据日本人不正确的统计看来，战前工厂总数目为五百五十八个，而战后为一千四百个工厂。至于工人阶级之发展，亦无正确的统计，据日本人推测，战前为八十万—— 一百万左右，战后产业工人之数则为二百万——二百五十万左右，工人的数目差不多超过一倍半，至少在一倍以上。这些数目虽不是很正确的，但由此可知工业与无产阶级发展之大概。以前工人数目很少，现在却多起来了，若是与全国人口比较看来，仍是很少的，可是在工人发展史上，这个数目已是很大了。因为有了新的工人阶级的发展，于是就接着发生第二种的现象，即是有自然的罢工运动。

2. 自然的罢工运动。党的产生背景的第二种现象：自然的罢工运动。中国的罢工运动究竟开始于何时呢？自然（编者注：原件下缺七个字）但就记忆知道的，则为辛亥年间湖北曾有次大罢工，结果失败了。至一九一四年安源亦曾有一次大罢工，参加人数在一万以上，但是结果失败了，并且首领亦被枪毙了。在这个时期内罢工运动虽然有了，但多半是失败的，且亦未引起各阶级的注意。至于真正对于政治、经济有影响，并引起社会上出来注意的，则自一九一四年起。香港、广州、上海、湖北自动罢工的很多，有胜利的，亦有失败的。一九二〇年自动的罢工的范围更十分扩大了。据日本的统计：一九二〇——一九二一年罢工共四十七次，参加人数共七万六千人，到一九二一—— 一九二二年，罢工共三十七次，参加人数共四万四千人，但这些罢工即是自动的、普遍的。而在此自动罢工期中，工人阶级已形成工人初步的组织，一九一九年广东有二十六个工会，到一九二一年香港机器工人罢工胜利之后，使南部工人尤其是广州工人受了很大的刺激，由二十六个工会增加到一百个工会了，但不过是幼稚的职业组合罢了。由以上数目字及事实看来，可见本党未产生以前的工人状况，已由不觉悟到有觉悟，由不行动到了有行动，而且是很激烈、很勇敢的行动了。这个现象就是本党产生背景中主要的现象。

3. 五四运动与上海的罢工。五四运动在中国的革命史上、在政治的意义上是很重大的。反对帝国主义的运动，自有此运动以后，中国的革命的政治争斗遂开新纪元，故此次运动对于各方面是很有关系的，对于工人阶级的发展，统统是很有关系的。五四运动在普通人看来，说是当作学生的爱国运动，而对于去年的中国工人在此运动中所占的地位如何，他是否参加这个运动，是否是觉悟参加的，那就不注意了。五四运动为学生的反对帝国主义的运动，但是上海的码头工人和日本纱厂工人是参加了的，他们是做为政治罢工，为反对日本帝国主义的，是正式参加了反帝国主义运动的，不过此时参加因为没有自己的党的领导和指导，所以不象现时“五卅”运动有意义、有力量。工人此次的参加是一时的爱国热忱而罢工的。他们一方面憎恨压迫侵略；一方面又被学生、政客利用而被动的参加了，是“政客的青红帮或一小部分工人首领接近而造成的”，故在客观上这个罢工是有意义的。但在主观上是无阶级的意识和政党的指导。可以证明中国工人阶级已走到反帝国主义的政治争斗的路上来了，在中国工人阶级发展史上及对于党的产生是有很重大的意义的。因为工人阶级自动的走到政治的争斗即必须有政党的领导。此吾党产生的第三个现象。

4. 十月革命的影响与先进分子的形成。我们有了以上三个原因，可见此时不但有了二十万以上的产业工人阶级运动的普遍的行动，不但有经济的行动，又有政治的行动了。党的客观背景已有三个原因了，但此三个是否可以产生中国共产党呢？不能的！缺一主观条件。主观条件是什么呢？就是先进分子。同志们已研究过列宁论党，就明白了先进分子与党的产生及其阶级的关系了。故中国工人阶级虽有三个客观条件，但无主观条件，政党不会产生的。我们是马克思主义者，是列宁主义者，不是少数派、经济派或空想派，故坚决地承认要有主观条件。虽有主观条件，若再进一步研究，中国为农业经济社会，半殖民地，何以能产生共产党呢？天上掉下来的吗？不是，这是有其原因的，即十月革命的影响。兹看一看十月革命对于中国知识阶级的影响和他们受帝国主义、资本主义、资产阶级思想的影响是如何呢？十月革命未影响以前，帝国主义统治中国，思想界的势力完全为美国的势力，即美国资本主义势力所统治，换言之，为民主主义（德莫克拉西主义）、实验主义的势力所统治，此时为民众起来之前履，而代表人物则为胡适之。我们看一看当时的出版物、教科书的内容，学生的倾向，即可知民主主义、实验主义影响之大及对五四运动的关系了。五四运动虽不是绝对的完全受美国的影响，但成份是很多的。这个影响正有力的时候，全中国人民对美国的幻想都是很大的，是希望美国来帮助中国打倒日本帝国主义。可是 R tesoailben 和会中威尔逊的十四条完全是一种骗局，于是幻想才渐渐打破了，新的影响亦来了，即是十月革命的影响。但是一九一七年革命的影响何以到〔来〕这样迟呢？到一九一九一一九二〇年才有呢？因为以前远东为反革命的白党势力所占据，因此把十月革命的影响中断了。但是总是堵不住的，是要到中国的。当十月革命的影响来到中国时，小资产阶级是很害怕的，是受帝国主义者宣传毒的。但是不久对美国帝国主义以及其他帝国主义的幻想都打破了，于是才由嘲骂、害怕而相信了。初则不接受，现因他各方面之失望而渐接受了。故五四运动中即有大批倾向俄国、倾向社会主义的先进分子。形成的理由，固然是受十月革命的影响，但仅有此影响还是不够的，还受有内部的影响才能成的。内部的影响原因是如何呢？第一，知识阶级目睹中国的状况，觉着他们以前的方法都得不着出路了，尤其是对于以前的政党如进步党、研究系、国民党（以前知识阶级一部分倾向进步党的梁启超，一部分倾向国民党）都失望了。五四运动是与国民党无关系的，此时国民党只知养兵护法，令人失望了，进步党亦令人失望了，所以民主主义和实验主义亦令人失望了。结果都找不着出路了。第二，一般学生在五四运动中见了学生会的势力，于是又积极做学生会运动，如两湖的学生会，上海、广东及各地的学生会。并且起初的时候，他们都相信学生会的势力是很大的，对民主主义的希望亦很大的，但后来亦无结果。于是才渐渐觉得自己的力量是不够的了，于是便有一部分消极的青年不问政治，而却设法读书去了；另一部分积极分子想找到另一势力别一出路了。尤其是受十月革命影响的学生和知识分子，渐知工人阶级势力比学生力量大了，恰恰此时工人阶级又起来了势力。五四运动中，工人阶级力量表现给他们看了，故反映到先进分子方面都迅速地使他们倾向社会主义、共产主义和俄国了。有了以上的条件，知识分子由散漫的抽象的而渐渐办报纸，组织小团体，实行和工人阶级接触而作工人运动了。社会主义的倾向在中国知识分子思想上有地位了。胡适之代表美国思想而提出“研究问题，不谈主义”的口号，对学生界是有影响的，落后的群众是跟着他走的，由此可见美国思想的代表之一胡适的抵抗了。但是不久，学生青年偏偏不谈问题而谈主义，尤其是《星期评论》、《新青年》，大学青年学生的欢迎表现十分厉害。这也就是因为胡适之完全不明白中国没有马克思主义，中国问题是解决不了的。这就是中国先进分子形成之方式了。

5. 党的形成及其初步的工作。我们要看先进分子之形成，第一要谈青年社，每个同志都知道《新青年》主笔仲甫同志，但是这个刊物开始时的两个口号则为：民主和科学。而这两个口号又完全是代表美国的精神，故《新青年》以前也是美国思想宣传机关，但是到了仲甫同志倾向社会主义以后，就由美国思想变为俄国的思想了，宣传社会主义了。不过在过渡期间的文章，社会革命的思想是有了，杜威派的实验主义亦是有的。一直到一九二一年五一劳动节特刊问题二三百字才完全把美国思想派赶跑了（即《新青年》起分化，胡适之退出），新青年社变为五四运动中的先进分子的团结机关了。星期评论社，此社为戴季陶、沈玄庐、李汉俊所组织，他们以前都是我们的同志，但现在完全反对我们而成为国民党右派的首领或反革命派了。应工人阶级之兴起，社会主义思想传来，戴等受此影响而宣传社会主义，办了《星期评论》刊，在当时很受全国学生的欢迎，并结合了一部分先进分子，如李汉俊、沈玄庐、沈仲九（以前亦为我们的同志，但不久退出了）、施存统、吴明等。当时主要的为这两个组织，但后来即渐渐影响到一些小组织，如：

（1）少年中国学会，是一混合的组织（世炎、仁静、中夏等都在内），现在已起分化了，一部分有社会主义倾向，接近或走入新青年社或星期评论社方面来了。

（2）新民学会，一部分中等学生所组织，李启汉同志很努力宣传学生的结果，他们第一注重即以《新青年》为他们的经验，并努力社会运动，此会共二、三十人。

（3）天津觉悟社（如马骏、于方舟），受社会主义的影响而组织的这个觉悟社。

（4）新生社，新国魂的一部分先进分子均加入吾党了，如韩麟符、于方舟等。

（5）共存社，为代英同志所组织，团结了湖北、四川数十青年，现大部分都加入了我们的团体了。

（6）留法一部分积极分子到法国，及在三圣门组织工学业社[2]及和森在蒙达尼组织工学世界社，这些虽不都是纯粹共产主义的组织，但都是一步一步的倾向马克思主义的，此时尚无全国组织，但已在萌芽时代了。他们作些什么工作呢？他们对于宣传工作都很努力：

第一，继《新青年》、《星期评论》外，在上海、广东、北京又有劳动刊物，北京的《劳动音》，广州的《劳动者》，上海的《劳动界》，都是一九二〇年。中国第一个五一节宣传很大，《新青年》发行数目字达一万份，所以当时影响是很大的，并且已普遍全国了。其他先进分子所发行的传单、刊物亦很多。

第二，实际组织工作，不但宣传了，又进一步与工人接近了。第一步是北京数同志如张国焘、罗章龙到长辛店组织工人补习学校，开始实际工作，并找工人的先进分子加以马克思主义的教育（这个学校十分可以纪念的，在吾党历史上，在劳动运动史上都有很重要的意义的）。第二步陈独秀同志由北京到上海在小沙渡亦设立一个工人补习学校，宣传形式与长辛店大概相同，这就是吾党职工运动的开始——组织俱乐部。国焘同志之到长辛店非个人行动，在当时是有计划的。仲甫同志之到上海亦然。仲甫到申，原不一定到小沙渡，及至他看见了小沙渡及码头工人之罢工，已形成了工人的组织，如工业协会、中华总工会时，所以就注意去调查他们的内容。可是这两个组织到底如何呢？中华总工会为国民党右派陈家谋的骗局机关，工业协会虽有五千——万人但为大政客黄个民拉拢之工头以及其他活动的学生所鼓动，故日本纱厂工人与码头工人于六月三日罢工一次，情形亦尚好，并开过会，及到仲甫到时，在茶馆集会也只有百余人到会了。故到小沙渡办学校。究竟吾党何时成立呢？何时发起组织呢？仲甫到沪一九二〇年五一节后，即邀李汉俊、沈玄庐、沈仲九、施存统及一女人来发起组成，不久戴季陶、沈仲九退出了，于是于一九二〇年就正式成立了。总的说，吾党是一个什么产物呢？这小孩为什么会产生的呢？这个青年的中国共产党就是十月革命与中国工人阶级发展的一个产物。

（二）中国共产党的历史——政治的责任

同志们！我继续上次报告，上次的问题是中国共产党产生的背景及其历史的使命。这次报告共分做两段，第一他的产生背景与条件；第二他的政治责任。上次已把第一段报告完了，兹报告第二段中国共产党的政治责任，但未报告这段以前即先将中国的政治环境和阶级的势力分析一下：

1. 中国政治的环境。每个政党必有政治的责任，如世界的共产党的责任为推翻世界资本主义社会，建立新的共产主义社会，无论中、法、英、印的共产党都是一样的，共同的。但各个政治环境是不同的，如欧美资本主义的国家均已经过长期资本主义的发展，德莫克拉西的革命，在政治上经济上都是独立的而且成为资产阶级统治的国家，故在这些国家中的共产党即要领导工人阶级直接推翻资产阶级，建立无产阶级专政，而达到共产主义社会。但东方各国就不同了，这些国家仍停留在农业经济里面，而受帝国主义的侵略，旧的生产已经崩坏，政治独立日渐丧失，而完全附属帝国主义，土著资本主义不能发展而变帝国主义的市场或采取〔集〕原料的场所，但多半未经德莫克拉西的革命，新的军队或无产阶级尚未十分壮大，而旧的小手工业和农民又逐渐流为土匪了。由此可知中国共产党的政治责任是什么了。中国共产党的政治环境是资产阶级德莫克拉西尚未成功，而是半殖民地半封建的，中国共产党不仅负有解放无产阶级的责任，并且负有民族革命的责任。

2. 各阶级力量的分析。要明白中国共产党的责任，不仅明白其政治的环境还须知道各阶级的力量如何、关系如何，如此才能得到明确的观念。半封建半殖民地的国家的各阶级，在旧的社会中旧的统治阶级为地主与封建阶级，而农民则为被统治阶级。但在帝国主义侵入后，则旧阶级之上产生了新阶级，而新阶级之第一即为买办阶级，大都是在沿海商埠，对外贸易发达，故产生买办阶级，而为中国资产阶级的萌芽，由买办阶级渐渐形成商业资产阶级，到了最近产生工业资产阶级。这可说是帝国主义侵入中国后，中国发展资产阶级的三个阶段。帝国主义未侵入前是没有这阶级的，而现已成为中国经济一部的主人翁了。在另一方面，因为中国土著资产阶级的发展，尤其帝国主义在华开设工厂，故中国无产阶级亦产生了。帝国主义侵入后，中国阶级的变化是旧的阶级而外产生了资产阶级与无产阶级的变化而来的，而且对于政治上的影响是很大的。无新的阶级之发生，则中国政治的变化仍不过是中国过去历史上政治变动而已。因政治的动力不同了，旧的统治的阶级于帝国主义侵入后而渐成为革命的阶级了，经济破产，统治地位摇动了。

3. 帝国主义侵入中国后，中国旧的统治阶级的统治状况及一般的革命运动：

（1）旧的统治阶级的统治状况，鸦片战争以前，满清政府的信用权力是很大的，但自帝国主义侵入中国后、鸦片战争以后，尤其是甲午之战以后，则旧的统治阶级的政治信用已衰落无余了。在以前代表农民的小资产阶级的士大夫对清廷是何等的歌功颂德，以前的小手工业者及农民对统治阶级——自皇帝至秀才——的信用是何等的尊崇信服。秀才何以有如此的势力，因其可以步步高升而成为当权的人，亦就是统治阶级在野的代理人了。封建阶级统治的方法是何等的万能呢！——圣谕圣旨。可是到了鸦片战争后则就大不相同了，因信用完全丧失了。但是何以如此呢？

①自鸦片输入中国后，中国现银日渐减少，而中国感受现银之缺乏；

②因为鸦片战争以后，人民赋税增加了——帝国主义侵入后既渐渐破产而赋税则反而加重，故对清廷反感怀恨日重；

③自鸦片战争以后，清廷贿赂公行。以前官吏之所以有信用并被人民认为是清官的，即因其且有封建社会经济条件，所反映的道德观念，如不受贿，官规严等，如今广东的官吏无不纳贿，以包庇私售鸦片。由于子手[3]以至清廷大臣无不纳贿，于是官规变为奸规了，故人民对之鄙之、恨之，而清廷之信用以堕。另一方面，在政治的威权又如何呢？中国每一朝代的兴盛除对于农民必须先做些改良事业外，尚须在外交上得到胜利，以开拓版图或使其他民族朝贡称臣而附属于中国，如此方可以得到人民之称颂。即以清廷而论，在清初时亦曾在外交上得到相当的胜利，如尼布楚条约就是一个例子。

自从鸦片战争以后，清廷的外交无处不在失败，丧权割地几于无地无之，故使中国人民对清廷认为是一卖国政府，不能保国卫民的政府，故反对清廷的思想很大。总而言之，帝国主义侵入中国后，旧的统治阶级的政治威权日渐丧失了，农民经济逐渐破产了，故这两个阶级的激烈争斗遂起。

（2）旧阶段中之一般的革命运动：

①太平之役——这运动起于南京条约以后约十年，洪秀全就是太平军的一个首领。此次运动完全是破产的农民的革命运动，但此运动是失败了，因为帝国主义者是站在清廷方面的。

②义和团之役——此役之背景是破产的农民和旧统治阶级经过八年之后，中国革命运动更发展一新的阶段了。何以谓新的阶段呢？举例来说，在一九一九年新发生了五四运动，他的意义呢？至少有三个：第一，他是群众的反帝国主义运动；第二，他是由倾向于美国而转倾向于俄国的；第三，脱离了国民党。他是一新的表现。群众反帝国主义运动，并不是始于“五四”，在鸦片战争以前即有了（如广东的平英团）。义和团亦是一群众反帝国主义运动，但与“五四”是不相同的。前两次为广大的破产农民运动，而知识阶级是落后的。可是五四运动则为学生运动，而是代表农民、小资产阶级和新兴资产阶级的。故五四运动不仅得到一般民众的同情，即大资产阶级、纱厂资本家聂云台，南洋大烟草公司经理简照南亦表同情，因为这个运动对资产阶级是有利益的。他们“大资产阶级”不仅赞成，还在事后给以物质的帮助，如简照南之派送五四运动之活动学生赴美留学。此次运动的方法与以前亦已不相同了，以前为迷信式的，原始式的，现已开始采用宣传煽动组织群众的方法，以便各阶级反帝国主义了。五四运动的开始是倾向于美国的，但结果倾向于俄国了。五四运动的背后指挥力量，为北京美国公使以及各地的美国牧师，故此次运动的方式是美国式的，含有日、美冲突的缩影的。当时思想上、精神上的趋向亦为美国式的，如同 Democratism 民主主义与科学，实验主义。但是结果如何呢？威尔逊的十四条到凡尔赛和会而破产了。中国民众所希望要求的是美国帮助中国人取消二十一条与退还山东的主权，但结果在和会中帝国主义者反相互承认日本在华所得的利益是合法的，于是美国的幻术破了，中国数百万的学生，活动的知识分子无出路了。另一方面又看见俄国十月革命，一面推倒了沙皇专制，一面推翻了帝国主义干涉，建立了工人国家，以前认为是洪水猛兽的，现在转而倾向俄国了，故知识阶级中起了一个分化，已有一部分倾

向俄国，倾向社会主义了。五四运动的产生是无政党的指导，国民党站在以外不闻不问，而真正的指导人则为美国公使和牧师、留学生以及受美国思想毒的知识阶级分子。北京、上海学生虽然派代表见过国民党，而孙中山竟以无力为由拒绝参加。于是他们又找孙洪伊（即小孙，此时他们退出进步党而加入国民党），结果这个革命的高潮竟脱离了过去指导过革命的政党，这是何等的有意义啊！这个趋势很可以证明国民党又不能领导革命了，客观的革命势力发展已超过他的主观力量了，并超过其注意力了。中山此时注意的仅为护法，是使革命运动愈走愈狭隘，而只注意军事及广东了，对宣传组织民众往往是不注意的。一个革命的政党在革命的高潮中完全不能领导，可见他快要死亡了，故此次运动中的一般新领袖对于国民党均不满意，而有利于新的政党的产生，中国革命需要组织各派力量以反对帝国主义而引导革命的党了。

（三）中国共产党的历史使命

1. 国民党与俄国社会革命党的比较。这新党是什么呢？这就是我们的共产党。国民党与俄国社会革命党相似，在马克思主义未输入、工人阶级未发生以前，指导俄国革命的为民粹派，但到了十九世纪末期民粹派指导革命的方法就不行了，即采用的为恐怖手段，其团结的势力为个人主义的英雄（知识阶级），而不相信群众，所以在客观上已要求有新党用新方法（科学方法）以团结各种群众力量了，即是俄国共产党（社会民主工党）因此而产生了。换言之，就是要求无产阶级的政党以指导革命。中国在“五四”时亦然，国民党老了，快要死了，其方法、政纲与社会革命党差不多。而中山三民主义的内容为平均地权、节制资本，亦与社会革命党的相同。在客观上已需要无产阶级的政党来指导革命。当马克思主义开始输入俄国时，马克思主义与民粹派关于俄国是否要经过资本主义的过程的问题曾有很激烈的争辩，民粹派以为俄国已经很适合于实行俄国式的共产主义社会了——小资产阶级之理想。而马克思主义派则坚决的反对这种错误思想。中山亦是害怕资本主义的发展，所以想用平均地权的方法而阻止之，但这也是完全的空想。这两个口号——平均地权、节制资本完全是小资产阶级的政党首领拉拢工农手段，而在事实上完全是不可能的。这两个政党所采取的方法如何呢？俄国社会革命党为恐怖手段，而国民党亦然，中山虽已看清民众，而主张利用会党、土匪军队，但同时亦主张暗杀，对农民工人参加革命的力量以前是看不清的。汪精卫就是一个恐怖者，张继对中国问题亦主张青年去实行暗杀，对工农力量是丝毫不相信的。他们只知黄花冈之役，只称赞温生才一个刺客的行动（诚然他们有可以称颂的地方，但这种手段方法是不行的），而不知有群众。我们现在奸猾的敌人——帝国主义者与军阀，压迫的方法手段一天天的进步，我们如何能用旧的方法以应付他们呢？迫切要求有一明白历史的发展客观的环境和今后的倾向的党了——即中国共产党。

2. 中国共产党的历史使命。欲明白中国共产党的政治责任，不仅要明白八十余年前的客观环境各阶级势力的关系，并应明白“五四”以后的倾向——新的力量都起来了，如罢课运动、自治运动，湖南驱张（敬尧）、安徽驱马运动，各地农民的暴动，反对苛税以及小官僚部员的索薪运动，不仅和平要求，而且竟然罢工，简言之，这些群众的力量都革命化了。军队如何呢？差不多此时亦常常的发生兵变，而因生活困难都革命化了。土匪是无处不起事。连落后的女学生也参加运动了。不仅是大产业工人罢工，而小手工业者都起来了，这是些什么现象？这都是证明反对帝国主义、反对军阀的各种势力都革命化了，要求革命的政党的指导了。我们由此事实，由中国革命历史上的分析，客观主观都要求一强固的阶级做中国革命领导的势力，尤其是在“五四”以后，证明过去指导革命的党是不行了，要求有新的政党、新的方法来团结组织各种各派反帝国主义、反军阀的群众，以领导中国革命运动到底，并领导无产阶级得到解放，这即是中国共产党在历史上所应担负的使命，所应有的政治的责任。把上面所说的话总结可以得到下列的结论：

第一，资产阶级力量薄弱，只参加了革命，但不能指导革命；

第二，小资产阶级虽参加了革命，但领导的方法、策略是不对的，不知抓住群众，证明小资产阶级不能领导这个革命；

第三，农民未有起来；

第四，无产阶级尚未有占在领导地位，无产阶级应是各种势力之组织者、领导者，他应该领导中国革命到底，并去完成中国无产阶级解放的事业。

（四）党的政治生活与劳动运动之进展

1. 工作方面，整个的报告大致是偏重政治方面的，因为劳动运动李立三已报告过了，但是政治方面是不能离开经济事业的，故非说一说职工运动不可：

党的初期工作，因为党成立至二次大会时间约一年多，在此时间中无产阶级政党的责任是非常复杂的，同志们容易发生误会，以为无产阶级政党只应做无产阶级事情，其实这是不对的，是错误的。如果我们不想真正领导无产阶级得到解放，当然我们的工作是可以简单的，如其他各国社会党一样，只做经济改良争斗就够了（资产阶级的第三党），因为他们代表资产阶级利益而做工人运动，使无产阶级不推翻资本制度，不去取得解放。所以我们要看中国共产党是不是真正代表工人阶级的利益，是不是领导工人阶级到解放之路，就要看我们的工作范围如何。中国共产党不仅领导无产阶级组成工会作经济争斗，并且要组织小资产阶级、农民、小商人而领导他们革命。中国共产党开始的工作范围就是无限的，不仅领导工人运动，而且领导学生以及其他被压迫的民族为国民革命的争斗，这是非常对的。因为无产阶级的真正解放是应该夺取政权，建设无产阶级专政的国家，建设共产主义社会，方能够实现的，若仅仅要求改良待遇则奴隶地位永久是一样的。如欧美的贵族工人虽生活较好，但仍是帝国主义的奴隶，而且工人一时罢工所得的胜利，只保障资产阶级对于无产阶级不断的进攻。故无产阶级之解放则即是革命，但如何革命？革命靠本身的力量，但这是不够的，因为除本身力量而外，必须准备一统治的势力，而且要想革命仅仅靠无产阶级孤军作战是不可能的，因为我们的敌人（资产阶级）之压迫，我们不仅是本身而且常常要抓住利用其他势力，如国家机关、社会阶级的势力。如：第一，广大农民，资产阶级的革命如无农民的参加是不会成功的。资产阶级压迫无产阶级，如无农民为同盟亦是不会成功的；第二，知识阶级；第三，小资产阶级小商人等；我们的敌人（资产阶级）的数目是很少的（全人口比较起来），但何以能统治大多数无产阶级呢？即是他能得到各种势力而可以维持。我们无产阶级唯有组织势力，由资产阶级底下把农民拉过来，方能推倒资产阶级建设共产主义而成为统治的势力。欧美各国工人运动的失败，即在没有抓住他的同盟军。“二七”失败亦然。五卅运动先所以胜利，即在各势力是集中在我们影响之下的，故中国共产党的工作范围是很复杂的（不过不是以量取胜）。兹先以初步工作述之于下：第一，成立劳动组合书记部；第二，成立青年团；第三，上海机器工会；第四，开始反对基督教运动；第五，发行《共产党》月刊、《工人周刊》等刊物；第六，人民出版社；第七，第一次全国劳动大会；第八，各地工作。

现分述之如下：

（1）劳动组合书记部，指挥全国劳动运动，总部设在上海，湖南、广东、湖北其他地方均有支部。自成立后，即发行《工人周刊》，在北京、上海、广东各地均有很大的影响，并实际指挥全国劳动运动，而为一中心机关，为我党职工运动中心机关，故此组织在中国共产党历史上、在中国职工运动历史上都算最有力量、最有意义的组织及主要组织，尤其是对中国职工运动发展的前途上有很大的关系。国民党在辛亥革命曾在长辛店、唐山各处组织工会，但工人完全是被他们利用了，他们亦没有教育训练工人阶级使其觉悟，广东工人尤其是海员工人，虽亦曾跟着中山跑过，但为中山所利用，而中山并没有给他们实际的利益，他们也没有阶级的觉悟，无政府党在广东亦曾组织工会，但他不仅没有使工人阶级觉悟，而且反对阶级争斗，他们不愿灌输工人以革命的理论，反提倡互助主义、克鲁泡特金主义，故劳动组合书记部是有很大的意义的。

（2）党的第一次大会后不久，上海、广东、湖南、湖北等地都成立了青年团，而成为本党青年运动的机关，亦在革命的学生群众中积极工作了。

（3）机器工会，当时在上海是有相当的影响的，但现在已不存在了。

（4）反基督教运动的开始，S.Y. 出版反基督教的刊物很多，并在上海、北京、广东各地开反基督教大会，这时基督教正在北京清华大学开大会，S.Y. 的机关报《先驱》出反基督教的特刊。反基督教的小册子，当时发行亦很多。

（5）党的出版物，除《新青年》外，还有《共产党》月刊及《工人周刊》等，销数很广，宣传亦很有力量。

（6）人民出版社，设在广东，为我党言论机关，出版了很多书籍，对思想上有很大的影响。

（7）第一次全国劳动大会，我党根据全国劳动运动情势而开第一次劳动大会，由劳动组合书记部召集，计有代表六十人，二百个工会代表三十万有组织的工人，议决政治的要求十七条，大会为全国工人阶级的组织形成的第一步，大会并委托劳动组合书记部为全国通讯机关。在此大会后作了不少的全国宣传和提出工人阶级的具体要求。吾党经验少，能力薄弱而作的工作这样多，是不是应该的呢？是应该的，如不这样即非真正的先进性的中国共产党了。此外在本时期中还领导了思想、文化的争斗，新思想在全国的影响是很大的，并使中国知识阶级起了一大分化。由它的工作看来完全证明中国共产党是代表无产阶级的利益和奋斗的党了。

2. 精神方面：

（1）思想理论方面。党在初期形成时其内部生活如何呢？状况如何呢？发生了一些什么现象呢？理论是否统一的呢？政治观点是否正确的呢？对主义的了解是不是深刻的呢？真正的革命党，如无革命的理论是不行的，故一个革命党不仅要有好的组织、好的政策，尤其要有革命的理论来把思想统一，然后才能领导革命到正确之路。但党的理论非从天上掉下来的，一短时期可以形成的。马克思主义列宁主义在世界各国共产党是一致的，但当应用到各国去，应用到实际上去才行的。要在自己的争斗中把列宁主义形成自己的理论武器，即以马克思主义列宁主义的精神来定出适合客观情形的策略和组织才行。中国共产党思想的形成与俄国社会民主工党一样，是要经过很长期的奋斗才能形成的。列宁主义的形成就是由于同投机主义、改良主义争斗中得来的，开始与修正派（伯恩斯坦），以后与俄国经济派、少数派、第二国际的投机派、考斯基派做政治的争斗，故形成了列宁主义。所以党的开始成立时，其思想趋向是不会一致的。故中国共产党此时虽已发起组织了，而我说它的内部思想趋向统一，是不对的，也是不可能的。俄国社会民主工党开始形成时，其内部精神状况如何呢？内部思想和趋向是不是一致的，如合法马克思主义派、经济派，对于政治的争斗是离开了的，以为无产阶级的政党目前的责任，即在领导无产阶级改善生活，至于对于推翻俄皇的革命，则以为是资产阶级的革命，应该由自由派去担负的，而与无产阶级无相关的，故他的口号是“给经济争斗的本身以政治性质”。换言之，即代表无产阶级的党可以向资本家请愿，改良工人生活和待遇，可以向政府提议劳动立法、工人保险等，而做些议会运动，口号好似很左，“工人只作工人本身事情”。其实是大错而特错的。同时他们这些投机改良的人们还限制党的工作范围，他们说工人阶级的党只应作工人阶级本身的工作，因此，他们对于革命集中的政党组织也是很反对的。他们以为党与工会是没有什么区别的，党尤其是不应该由革命的职业家所组成，以为党内应该是一些合法的马克思主义者出来宣传煽动，出版报纸，以使工人很狭隘的作经济争斗，作局部争斗。而列宁主义者首先就反对经济派主张的观点，以为他们是英国劳动组合的政治观点，而不是革命的马克思主义的观点。换言之，即非俄国当时社会民主工党的观点。由以上看来党的革命理论是要经过长期间的各种争斗才能形成的。

（2）党的内部精神状况。我党初形成时，内部有些什么倾向呢？团结一些什么分子呢？我们知道党开始形成时，分子当然不完全是无产阶级的先进分子，同质的先进分子，纯粹的为无产阶级的利益而奋斗。政党能够成为同质的先进分子，非有长时期的争斗以训练不可。马克思、恩格斯在初期组织第一国际时候是否就团结了一些纯粹的马克思主义派和新社会主义派呢？否，从开始是团结了蒲鲁东派、巴枯宁派、无政府主义派。在德国开始形成社会民主党的，不是纯粹的马克思主义派，同时尚有勒塞列派的。故一政党在开始时不会就团结了一些同质的先进分子。其他如法国社会党开始是五派组成的。俄国社会民主工党在一八九八年形成时亦非马克思一派所组成的，而有合法的马克思派（经济派）之存在，后来经济派以及少数派都渐渐走到反革命，走到资产阶级方面去了。这样看来政党的形成，即须要做政治争斗的，而在开始时须找政治的同盟者。我们可以说马克思组织第一国际时，无政府主义派即为同盟军，而德国之勒塞列派、俄国之经济派都为真正马克思派的同盟者，不过都是暂时的罢了。

中国共产党刚成立的时候，谁是他们的同盟者呢？有两派人是他的“暂时的”同盟者。

第一，无政府主义派。当时无政府主义者与我们同盟的如何呢？我党开始形成时，去哪里找许多真正马克思主义者呢？真正能够站在无产阶级利益上的人呢？且在马克思主义输入中国以前，无政府主义派在中国已有相当的宣传（在广东及各地都有组织且发行了许多小册子），并且在知识阶级中已有相当的影响了。当时曾有一部分激进分子相信了无政府主义，因此我们开始工作时，在上海、广东、北京均有与无政府主义者合作。我们开始工作时，在上海、广东、北京不与无政府主义者合作是不行的，故在上海仲甫同志发起组织党时，连沈仲九（沈玄庐、李汉俊等的朋友，与五四运动颇有关系）也拉进来，并且在当初有相当的作用和益处。马克思主义者在上海仍占多数；在北京开始组织党部时有五个人是无政府主义者，如黄凌霜等五人，而我们的同志则有李守常、罗章龙、张国焘三人；在广东的党部又为无政府党人占多数，尤其是青年团大部分为无政府主义者。他们想把共产党无政府主义化，并在共产党的机关组织他们的党团；在北京他们霸占宣传机关，叫守常做庶务，国焘去跑路。故在北京、广东组织上往往发生冲突，开会时他们总是暗自先开个会讨论问题，不是从共产主义 ABC 起，而是从无政府主义与共产主义的区别讨论起，阶级争斗对不对，集权制对不对？无产阶级专政应不应该？故党内此时既无一致的思想，且简直闹得不成样子。在上海无政府主义者的势力较弱，在吾党成立不久，沈仲九即以主义根本不同，不能合作，而不争斗的消极退出去了。在广东、北京每一次开会均有争论，并且有时甚至动武，组织上表现得十分冲突。但在北京我们同志既占少数，所以守常很为踌躇，而国焘则主张与之决裂，后来结果把他们赶出去了。广东 S.Y. 有二、三百人，但完全在无政府党人的手中，故我们将他们解散了，而从此由我们组织 S.Y.。广东无政府主义的首领区声白，比较是进步一点，在理论上后来对我们让步，承认阶级争斗，而始终不承认无产阶级专政，故结果亦退出了。此种争斗经过了相当的期间，在形式上是决裂了，其实一直到现在仍然还是在争斗的，尤其是在湖南和广东的理发工会，都是受了无政府主义的影响的（无政府主义输入城市的结果）。不过现在他无统一的组织和宣传物了（工人中组织很小的一部分斗争）。无政府主义党对我们直到现在还是仇视的。并且有无数个无政府主义者，成为我们的同志了，或者抛弃无政府主义了。至于他们的首领如区声白让步了，黄凌霜（现在美国）到俄国给仲甫信，承认无产阶级专政了。由这点看来，开始时是与他们合作了。这一短时期的合作有什么意义呢？这意义实在是很大的，无政府主义是小资产阶级的思想，但是急进分子是容易相信的，所以我们与之合作，并经过一时期的辩论后，他们这些先进分子都被马克思主义化了，而成为我们的同志了。

第二，李汉俊和戴季陶主义。当初才开始宣传马克思主义，我们以为他们是马克思主义派，但是不是真正马克思主义派，而是中国的合法的马克思主义派，中国的经济派、少数派。我们对于他们的争斗虽然没有很长的时间，他们的理论虽然没有怎样的有系统，但实际上是合法马克思主义派、经济派的背景。戴季陶宣传马克思主义，在他办《星期评论》时，其研究宣传的题目如何呢？他一面介绍了许多马克思主义的著作，一面也读过了许多马克思主义的书籍，可是他对马克思主义真正的了解，对阶级争斗与无产阶级专政，终是学生的态度与怀疑的。我曾记得有一篇论文，最后的言论对无产阶级专政是怀疑的。他们以马克思主义来反对旧礼教、旧制度、旧思想，作为攻击旧文化和提倡新文化的工具，是有相当意义的。他们对无产阶级专政和阶级争斗的观点是怀疑的。李汉俊对于马克思《资本论》研究的程度似乎高一些，他的著作多些。戴季陶对于经济学的了解是不很好的，多少是跟中山跑的，有许多是资产阶级思想观点。在党初形成时期中，李、戴有些什么不同的意见呢？党内大的倾向的不同，不是开始就有很大的倾向，而是由小的不清楚、不明显的渐渐的扩大了的。李汉俊在党内第一注意是宣传，尤其是学生中的宣传，当初我们认为也是错的。“五四”后学生起来革命化了，是需要新思想的，戴季陶、陈仲甫都是很重视的，但后来就不同了，李汉俊渐渐开始主张专门办学校，看书籍了，起初虽亦有相当的理，但他这种“专门”是错的倾向，因此他主张我党团结、组织先进分子（当然是知识阶级），先进分子是应该的，但当成“专门”就错了。他所以接着反对做劳动运动，而渐渐形成政治上的逻辑了。他认为我们应办学校，看书籍，宣传学生，而不应作组织工作。劳动组合书记部、工人俱乐部在汉俊看来都是多事了。他认为我们应当先组织学生，其次在政治上取得势力，然后组织工人就很容易了，所以我们归纳他的政治主张则有以下几点：第一，专门宣传学生；第二，反对作劳动运动；第三，认为学生是党的基本势力；第四，反对政治运动和宣传；第五，反对有政治机关报；第六，反对中央集权制；第七，怕工人入党；第八，反对加入国民党；第九，反对领薪水。

兹再解释之，因为他们政治观点错了，所以他主张先组织学生，反对团体的组织，他以为我们的势力很小，是不应该就作政治宣传的，这些政治工作让其他党去作好了。汉俊、望道都反对党的宣传和传单，他们是对于这种工作很害怕的，不高兴的，而且认为能够损害他们地位的。所以他们说我党势力小，如被捕就完了。并且他们以为宣传政治是很可笑的，因此他们只注意本身。他们对政治机关报是很漠视的，而他们对组织根本反对集权，他们以为我们第一，只作些文章去宣传学生，何必要中央集权呢？第二，他们是由旧观点出发，以为中央集权可流于个人专制，可以使一、二野心家利用作恶的。因此他们对列宁在俄国的行动也是很怀疑的。其实他们似是受了资产阶级的影响，他们有天然无政府的倾向，且在主要观点上亦有无政府主义的倾向。存统过去赞成汉俊，就是根据他的天然无政府主义和主要观点上的无政府主义。汉俊第三反对铁的纪律，以为这就是专政。在第二次党的大会时，这些意见大部分是汉俊的，望道、存统只赞成一部分。这是一九二二年七月第二次大会时，汉俊写一意见书，说明他对于马克思主义的见解，并说：我并非根本反对劳动运动，而是因种种缓急而主张先作学生运动。他反对加入国民党，是以为我们这样幼稚的组织而与别党合作完全是空话。对党的组织，他主张采用苏维埃联邦宪法为原则，合乎无政府主义的倾向，因中国经济不发达，交通不便利，故中国共产党无集权制的必要，且目前亦无集中组织之必要。例如，中国过去都是专制的，如中国共产党新中央集权制必流于覆辙。即要设中央也不要三、五委员，只有一人坐在中央。各地方政策不宜相同而应由各地方自己去决定，中央大会是不能定的，反对有一致。这意见书到后（他自己并没有来，这一本意见书是托振法同志从河甫带至大会），仲甫同志当时曾致电叫他，但他始终没有到会。由此可见，他已形成一致的思想了。他对党的工作限制，对一般的观点都错了，自成为汉俊主义了。他的主张是有他的背景的。而戴季陶在党内没有很长的时期（加入党不久就退出了），他退出的理由，是因为对不起中山（他以为与中山的关系太深了），从道德、心理都过不去，所以他不是因为不相信马克思主义，为避免国民党攻击起见，只站在党外帮忙来合作，他在党内至第二次大会时已不来了。好象有许多事实不可说。其实他在未入党以前已有合法马克思主义的表现了，而且退出的原因，是因为同孙中山的关系太深，同时他平时的主张又是反对阶级争斗的，而主张阶级合作的。他的具体主张是反对阶级争斗的，是根据民主主义来的，他以为如果搞阶级争斗是妨碍国民革命的，是会把国民革命阵线冲破的，因此他们反对中国共产党加入国民党，以为两党信仰既不相同（中国共产党信仰阶级争斗，而国民党则信仰三民主义），中国共产党加入国民党如信仰共产主义对国民革命是有妨害的，如信仰民主主义则为中国共产党的叛徒。但这不过是表面上的，而在实际上是完全想把劳动运动变成资产阶级民族运动之工具，使中国劳动运动隶属于资产阶级，这就是戴季陶主义真正的最后的精神。简单地说，我们是要把民族资产阶级的民族革命变为劳动运动的一种工具，也就是无产阶级要利用民族革命以达到阶级解放的一种工具的。这两种精神的背景如何呢？这完全是代表两个阶级的对抗。我们是代表无产阶级利益的，所以我们对戴季陶主义的争斗，不仅在中国如此，在俄国当时亦如此，在欧洲各国亦都如此。在革命潮流高潮时，在工人阶级势力膨大时，资产阶级的一部分看见资产阶级统治发生危险，于是在主观上或假意相信马克思主义，而在客观上完全代表资产阶级利益。何以把戴季陶列在一起呢？因为他怕工人（都是代表资产阶级的利益而加入我们团体的代表），在客观上都是代表资产阶级的利益了，戴季陶自觉地站在资产阶级方面，而李汉俊不主张我党作政治运动而将政治工作责任给国民党，给予资产阶级的党去了。近来戴季陶主义很明显的反对 C.P. 的存在，外面的宣传则说：我主张 C.P. 脱离国民党，是于中国共产党独立。其实他以为在中国急需要的就是国民革命，而三民主义适合各阶级的，故现在中国无须乎有共产党，而中国共产党对国民党有妨害的，所以他主张是要把工农运动抓在国民党手中，从根本上拆散中国共产党。变成独立派，想把中国共产主义青年团三民主义化，这种野心是何等大的啊！这并不是偶然的，他是自觉的代表资产阶级的利益的啊！他已是我们无产阶级的叛徒了。他是与我们对垒争斗的，一直到现在我们还是继续的与他争斗。另外李汉俊的主张也是代表资产阶级的利益的，他反对吃革命饭、领薪水（根本不了解职业革命家的意义，以为每个党员应另有职业）。他现在已开始反动了，俨然与人家共同组织新社会民主党，自以为是一半采法第二国际，一半是采法第三国际，而实际上他的主张反对苏俄联络日本，并办大学校以专门吸收我们党开除的同志，所以他现在完全成了中国共产党的敌人了。由不自觉的反动而趋于自觉的反动了。这些思想虽然在吾党的历史上是很短的，但对我党有很大关系，例如现在戴季陶主义在中国政治上已发生影响了，他们在我们党内存在的时间很短，他们的势力又小，我们对他们又没有很长的很激烈的争斗，也是因为这个倾向在党内没有大发现，所以没有与他大争斗，故在党内亦没有公开出来。他们现在虽没有打入工人群众，但现在国民党中或国民党外部积极的鼓动小资产阶级并从事劳动运动以破坏我们的劳动运动。故我们与他们的争斗是很激烈了。我们与戴季陶合作这一短时期是有利益的，马克思主义在中国宣传很快的，因为他们都有社会地位，现在我们与他们决裂了，互相争斗起来了，我们做民族运动，现在领导地位，而将来无产阶级革命的萌芽发展越厉害，他们也愈害怕，故渐渐形成他们的资产阶级思想而反对我们，并在组织上破坏我们。由争斗又看出我们是对的，是真正代表无产阶级利益的。总之，他们限制党的工作，使党成经济派、改良派，限制党的工作给予国民党去作，也就是告诉我们在中国共产党发展的短期中，虽有资产阶级急进代表加入，利用工人运动以代表资产阶级的利益，现在党已制胜他们了，他们已退出去了，与我们公开的争斗起来了。我们是应该继续同他们争斗的。中国、俄国经济主义者和俄国无产阶级叛徒与中国无产阶级叛徒是一样的，俄国经济派的口号是“走入工人群众中去，而不作政治工作”；李汉俊的口号是“走入学生中去，不作政治工作”，这些都是很笑话的。经济派口号出来时，列宁曾说，无产阶级政党不仅要走入工人阶级群众中去，而应走入社会各阶级中去，以利用他们的力量。故中国共产党不仅作职工运动，而且要作团结各阶级的民众工作，不仅领导工人阶级，还应领导各阶级的民众。只有如此才能证明我党制胜资产阶级的代表而得到完全的成功。

（五）党的第二次大会到第三次大会

第二次大会在一九二二年七月，第三次大会在一九二三年。在这一年中，中国工人运动的潮流兴起来了，广东、湖南、湖北及北方铁路工人运动均勃兴，广东、湖南各地都得到很大的胜利，只有上海的罢工是失败的，但也不能影响于全国。这些职工运动因“二七”的失败，各地均向工人阶级进攻，以致渐渐消沉下去了，我们现在分以下几个方面来说：第一，职工运动；第二，党的政治生活；第三，党的内部生活。

1. 职工运动。这时北方京汉路工人的组织发展起来了，同时唐山已早有工人罢工的发生，在长辛店已有张国焘等设立的工人补习学校，把我们的工人刊物《劳动音》普遍起来了，并举行了五一节，北京也举行了纪念日，都有很广大的群众参加，就引起了北京政府注意，被捕了许多工人，但不是我们的同志。这是五四运动以后渐渐起来的，不过在香港罢工胜利以后跟着扩大的。此时湖南组织了工团联合会，发生了人力车夫及纱厂大罢工；在安源三万多人的大罢工，结果得了胜利；在水口山也组织了很有力量的俱乐部；在湖北工人运动跟着扩大为人力车夫和汉阳铁厂的大罢工。它影响全国都组织起来了，湖北工团联合会并设立了“劳动书记部”，也设立了支部，于是引起了中部的工人运动。而在广东的影响下香港的罢工，他们也组织了一百多个工会，在五一节组织了大示威运动，参加者有八万多人。在我们指导之下，这时广东有两个指导机关；一个是总工会；一个是广东工团联合会。而在上海有一纱厂大罢工，也在我们指导下，也组织了一个工会，不久失败了。这时党的计划要把沪宁铁路组织起来做为上海工人运动之中心，结果也没有成功。

劳动立法运动，这时工人阶级发生了立法运动，我党有下列几个原因也来做立法运动。

第一，引导劳动运动到政治争斗上来；

第二，直系欺骗工人，我们于中揭破其面具；

第三，职工运动的本身，职工会是不能永久存于秘密的状况下，而事实上劳动运动这时已起来了，但政府常用法律来压制，所以为本身计，提出劳动立法；

第四，对付工贼，自职工运动发生，即有工贼发生，如交通系收买工贼，散布谣言，说共产党是使工人流血的，是利用工人残害工人，工人要同交通系合作，利益要大，这影响工人很大，为对付交通系工贼计，可以主张劳动立法；

第五，这时有投机政客（胡鄂公等）借立法运动来欺骗工人，所以我党应先发起这运动。自立法运动的提出后，全国工会互相赞同，虽未成功，但影响甚大。第一次全国劳动大会所提出十七条，使工人有深刻的印象，第二次劳动立法运动，就是共产党第一次引导工人阶级走向争自由的路上来，因此这时就决定在一九二三年五一节在汉口成立全国劳动总工会，后因“二七”失败未实现。这时职工运动的政策：第一是极力在北方组织工会；第二是引导劳动运动由经济争斗到政治争斗。这时期党的政治生活如何呢？

2. 党的政治生活

（1）各国政治状况：吴佩孚打倒日本的工具段祺瑞之后，新的军阀崛起的时候，在南方陈炯明作英帝国主义的工具，及全国民众反帝国主义运动完全被消灭，这时国际情况为华盛顿会议后，日美冲突最厉害的时候，结果日本失败美国胜利了。

（2）这时党的生活状况：在第一次大会（一九二一年）我们党没有决定什么政策，曾讨论过与国民党的关系问题，但无具体的决议。当时的意见分赞成与反对两派，赞成派的理由很简单，没有说明政治理由，而只主张合作。反对派的理由以为国民党已经消灭了，没有什么作用了，所以主张自已统一势力。这是从国民党本身来反对，而没有从政治上去了解和分析，所以第一次大会时对此问题没有决议，只有宣传和党纲的规定。这证明，只能说是宣传机关，而说不上政党，因为对政治问题没有政策的决议。到第二次大会时党已有政策，开始作政治的宣传，从前完全是鼓吹主义，这时是政治的主张了。

（六）党的第二次大会

在一九二二年七月开的，这时我党才开始分析中国社会的政治经济，结论是：

第一，辛亥革命未完成。我党分析的理由是：

①帝国主义帮助反革命来压迫革命。

②政权落于封建军阀手中，因此得出的结论是要继续的革命，所以提

出的口号是打倒帝国主义和军阀。所以当时共产党即发表对时局之主张，第一分析帝国主义侵略中国后的势力；第二分析北洋军阀之产生及其存在（是帝国主义帮助的）；第三分析辛亥革命失败之原因，是帝国主义帮助。因此，这次大会提出的口号是继续辛亥革命，联合各阶级起来打倒帝国主义和军阀。这次大会还讨论联邦制问题，因为这时一派主张武力统一，又有一派主张联省自治，还有一般大学教授主张立法（美国式的），孙中山主张护法。所以此次大会对于这几派的主张都加以分析，并具在宣言中指出其来源及谬点：武力统一是军阀专政，这对帝国主义与军阀都有利益的；联省自治是小军阀瓜分中国，使帝国主义在中国有固定的地盘和势力。胡适等主张立宪来解决中国一切问题，这完全不了解中国病源是由帝国主义和军阀的压迫。如说能用宪法解决中国问题，是不是帝国主义和军阀欺骗人民的口号呢？我们说宪法是革命的结果，没有革命决不能产生真正民意宪法。其次，反对孙中山护法的错误，我们说明现在是革命没有成功的问题，根本不是护法问题。现在的问题是怎样继续革命的问题，而不是讲法律的问题。所以我们主张联合全体人民反对帝国主义和军阀。这宣言是党第一次走上政治舞台的政治主张，贡献于全国人民之前。怎样实现我们的政治主张呢？所以党决定在北京办一《远东日报》（一九二二年八月决定），专是宣传国民革命，而国际代表马林反对，理由如下：第一，本党能力不足；第二，恐不久被封闭；第三，以为当时党不应该办这样大的机关报，只应办一周刊等。因此一九二二年九月我党机关报为《向导》，发行这报的纲领完全是根据第二次大会的政治宣言，口号是打倒帝国主义和军阀，实行民主革命。本报的影响及本报未出世以前的思想：

①封建的政治思想绝对不知道中国的政治乱源如何。复古尊孔，提倡道德，反对民主制，代表此思想的中坚人物为军阀。

②半封建半资本主义的思想代表人物为交通系、研究系，他们否认中国受帝国主义的压迫，认为国民革命弄糟了，以为中国主要问题是提高文化。

③买办阶级大商人的思想，一方面崇拜帝国主义和军阀；一方面反对国民党而无独立的政治主张，且禁止谈政治口号，如在商言商，即国民党党员亦变为军阀的走狗，或消极完全不谈政治了。一部分党员（张浦宗、

张继），反对驻防军，以为中国之乱是由于军阀，但认不清军阀是整个统治阶级，而仅仅反对的是那个人的问题。这就是当时的政治的最高主张。对帝国主义完全不清，尤其认不清帝国主义与中国的关系，且否认帝国主义与军阀的关系。自我党政治报出版后，很引起一般人的注意，当时称我们的主张是海外奇谈的研究系，对我们的言论，谓宣传共产主义是可以的，至于主张与俄联盟、反对帝国主义是不可能的，在第四期，帝国主义者完全将《向导》翻译在《字林西报》登载，四期以后，工部局即严禁出售。

④普通一般知识分子的思想。《向导》周报在最初出三千份报，而增至四千份，思想界起了大的变化，并对国民党丧失希望，《向导》在上海、长沙、北京都有出版。

⑤对于工人阶级的影响。以前工人运动的口号是打倒资本家，但工人能看报的说不上政治，他理解不了整个观念，而且还受军阀的影响，还没有共产党的政治观念，此报发出后，才把同志们的地方观念打破，非党观念改变过来，所以《向导》是统一我党的思想工具。总起来在第二次大会后党始有政治的策略，并且实际上做了许多成绩，在社会上有很大的影响，在思想界上亦有很大的影响。在党的本身说，不仅统一了思想，而且作了组织的工具。

第二，民权运动大同盟，是在“二七”以前发起的，两湖、上海、广东均有此组织，这时在政治上即有政治的主张，但怎样进行，在第二次大会还没有决定加入国民党的问题。原因是：

①本党只有抽象的理论；

②国民党未变换态度及孙中山态度不定；

③这时的政治情形，如吴佩孚胜利时，在广东虽然孙、陈得广东，但陈马上反孙；另方面英、美帝国主义的势力在中国正是兴盛起来的时候，孙中山这时主张四派势力联合，第一西南派，第二奉系张作霖，第三安福系段祺瑞，第四直系吴佩孚，这是孙中山的主张，同时他对外主张联德，代表是朱和中，到美国代表是马素，到日本是廖仲恺。这时我们看得出他有两个幻想，第一是希望军阀和平；第二是幻想帝国主义帮助。这时对我们敬而远之。这时我们当然不能与国民党发生具体关系。既然如此，我们用什么方法实行我们的主张及政策，因为我们的政策不是宣传的口号，而

是要组织民众，所以党决定组织民权运动大同盟，这时党内曾有讨论，如国民党不与我们合作的问题，C.P. 不能公开的问题。因此这时我们决定组织第三党，但在当时不能正式组织党，最初只能组织普通团体，所以我们开始在北京组织了，参加者非常踊跃。但在北京的知识阶级的政治观点很弱，如他们赞成精神很好，对实际上去做觉得害怕，并且不承认打倒帝国主义，结果后来北京教职员也参加了，甚至议员也参加。

第三，一九二二年九月[4]西湖会议。会议讨论加入国民党的问题。

①在此次会议以前曾讨论过此问题，一九二二年 C.P. 第二次全国大会时，国际代表主张马上加入国民党，而有一部分不赞成加入，有一部分在理论上赞成，但关于具体方法，会议的结果要中央解决之，所以我们决定用 C.P. 中央执行委员会写信致国民党，请求联席会议，但中国政治问题而实际上做不到，因为孙中山不承认有 C.P. 的党，故因此未作。

② C.P. 第二次大会议决了政治的纲领，内容是对于时局的宣言，号召各阶级与国民党合作，这是党未开西湖会议以前的两件事，这时候党员和团员对加入国民党非常不满意，但在另一方面又看不清革命的道路，这些人反对加入国民党的理由是：第一，在主义上与三民主义不合潮流；第二，组织的方法不能适合新的要求；第三，革命方法倾向于军事运动，所以不赞成加入国民党。

③西湖会议的经过，结果一方面两党联合；另一方面设法个人加入国民党，经过数月后才加入（和森、秀松）。此后我们才与国民党发生具体关系，但影响很少。但这时客观的要求不仅如此，我们的政治生活也不仅如此，简单举个例子来说，全国劳动群众和学生运动非常发达，因此这种的影响很大，反映到北洋军阀派内起分裂，吴佩孚反段、反日本，这是五四运动的影响，军阀的分化第一次不能不说吴是左派军阀，这事我党是什么态度呢？ C.P. 对于任何事变必须参加，决不应中立，放过机会，究竟在这时我们对吴态度是怎样呢？反对吴必须赞成国民党与段及张联合攻吴，其次就是作国民党与吴佩孚联合的政策，我们怎样决定政策呢？首先看国际的情势，其次看国内的形势。在国际方面是华盛顿会议，英美竭力要吴统治中国，但关系未固定，而日本与段、张关系比较巩固，同时吴佩孚对群众和国民党态度都比较张作霖好，所以我们赞成国民党与吴联合，如我们

赞成国民党与段、张联合就是右倾危险很大，结果使国民党成为日本帝国主义的工具，所以这时竭力破坏国民党与段、张联合，赞成国民党与吴联合。还有一点，孙是揭破吴佩孚的黑幕，如他真能赞成中山，于国民的利益是很大的，这种事实虽未做到，但有三大作用：一、使吴与英美帝国主义关系暂时不能密切；二、使国民党与张关系破裂；三、可以揭破吴佩孚的种种面具。

此时借吴佩孚的势力打倒交通系在京汉铁路的势力，所以此种政策在政治上收相当结果，在劳动运动中打倒交通系在工人中的势力。在另一方面对南方陈炯明的政策，自五四运动后，陈不但赞成民主革命，并且日益赞成社会革命，学列宁，因此我们曾与他在短期间发生了关系，但到他反动时，即与他脱离关系，而且坚决的反对，当那时与陈联合时曾办了《闽星》、《群报》，这是对于党有利益的。再其次就是联省自治的政策，原因是，第一是小军阀对付大军阀，第二是帝国主义利用中国之分裂，第三各省政客绅士想掺地方政权。自吴打倒北洋军阀段祺瑞，有武力统一的趋势，所以小军阀号召联省以抗吴武力统一的口号，这是社会的影响，因民众厌恶战争，希望和平，所以这时复辟的思想复兴起来，这不是偶然的，乃在历史上都是如此，所以表现出复辟思想，这是建筑在社会的背景上（落后的农民）。吴之武力统一是这个传统思想，是建筑在新兴资产阶级的利益上（纺纱业），所以武力统一的口号得长江流域大资产阶级的同情，尤其是庐山会议、制宪会议，上海资产阶级特别起来响应吴佩孚，赞成武力统一，尤其是赞成反对日本，所以小军阀不得不在政治上找一个口号，但如果中国分裂究竟对帝国主义有什么利益呢？第一不能使中国工业发展；第二可以加强他们对中国的财政的统治，帝国主义可以均衡在英国的势力下瓜分中国，使中国民族不能形成一个整个的民族以反对帝国主义的革命运动，那么联省自治就应做了。但这口号怎样号召呢？原因是第一，一乡一村农民可以自治；第二，知识阶级的投机，产生政客，因此我中央重新提出口号，各省小军阀的主张自治，这联省自治影响一般知识阶级是很大，这是辛亥革命后及五四运动以前的中国政治思想，到五四运动已由马克思和列宁主义的观点来分析，开始打破此种思想，中山自上次失败后发表宣言反对英国，所以日本主张亚细亚与条顿民族同盟，反对昂格鲁萨克逊（英、美），这且是战前的思想，这恰与世界的形势相同。自大战发生后，即发生中国参战问题，所以就主张参加协约国（这是段祺瑞的主张），但国民党主张参加同盟国，战后主张中、德、日、俄联盟，所以发生实业借款。

第四，党的内部生活。党内的生活都有什么问题呢？第一是李汉俊、沈玄庐、陈望道；第二是小资产阶级的理论与态度问题；第三是小组织的问题；第四是广东的党部问题。

李汉俊、沈玄庐、陈望道。在第一次大会仅汉俊到会，和森、独秀未到会。因他有许多的错误，及我们对他有许多的批评。这时他对国焘同志有很多不满意，同时对独秀也不满意。因编《向导》周报和组织问题说独秀是专制，这就是因为汉俊、望道他们的意见与独秀的意见根本不同，按党的影响来说，他们是争领袖，结果大会选举第一届委员为独秀、国焘、李达，因此汉俊非常消极而回家去当教员，所以第二次大会召集汉俊他未到，只写一封意见书，内容是反对集权制、铁的纪律及作劳动运动和领薪水等。玄庐比汉俊煽动能力高，而他与戴季陶关系很深，但他与汉俊的消极是一样的，因为在党内也是没有占着地位，所以也不满意独秀。他的生活非常奢侈，后来他到浙江作议员。最初他作过农民运动，而到做议员时，他就联合了一派议员，所以渐渐变成了浙江省宪派，因此他影响一般的群众，所以在政治上的势力日高，渐渐就表示脱离党，不久就请求退出党，理由如下：第一说党内有拆白党，第二说党不注意农民问题。同时反对青年团改组，反对集中制，因此他另组织青年团，势力比我们要大，并且他另出一种刊物，到第三次大会派人请他，结果他不到，而后来中山派蒋介石要到俄，这时他同蒋介石一起来俄到莫斯科，以后才稍稍变更，承认不出党。国民党改组时，我党派他作国民党中央执行委员会的候补委员及浙江省党部的预备员。后来中央减少他的预算案及与同志及生活问题而又引起他对中央不满意。到第四次大会时他发表意见：第一，主张国民党独立，不应由共产党去指导，尤其反对党、团在国民党中的组织；第二，反对共产党加入国民党；第三，共产党的组织在各地不要太发展了。他为什么主张国民党独立呢？这就是社会的背景使他只主张作民族革命，否认无产阶级是领导革命的力量，同时又反对阶级争斗，完全是受戴季陶的影响，所以在第四次大会后又渐渐消极下去，而到了第二次国民党扩大会议时，一九二五年五月戴季陶提出最高的原则，他说国民党唯一原则就是三民主义，就是要使共产党退出国民党，这时玄庐就取反叛党的态度特别明显，所以党决定开除玄庐。望道同志在主张上与汉俊、玄庐等全相同，因个性阴沉，反对集中制和批评，怀疑工人加入共产党，反对大罢工，主张党应秘密不应如此公开，同时在第二次大会时，旅莫同志回国，以为上海太消沉，多数主张积极活动，但望道非常消极，这时中央显然分两派，所以在第二次大会发生竞选问题，结果这次委员为独秀、国焘、君宇、和森、中夏等同志，因此望道对中央更加不满。在西湖会议时，马林不满意新委员完全系新分子，主张扩大加李汉俊、大钊为委员。望道一直消极下去。汉俊、玄庐、望道等退出党，对党的影响如何呢？大部分同志认为汉俊等退出党是独秀同志专擅，使汉俊等消极，直到第四次大会却对汉俊表示同情，到现在才明了。又有党内同志反对国焘同志批评的态度太严重，第一次大会时国焘批评汉俊等太严格，后来国焘同志由莫回国到上海、北京、广州等处严重批评，而引起全国同志不满意，国焘与佛海、平山、中夏、公博发生很大的冲突，这都是站在个人的观点上和小资产阶级的心理上去攻击同志。另一方面国焘太左，这个问题在第二次大会未解决，因国焘被选举为中央委员，所以又发生下面的问题，第二次大会后所发生的小组织问题。因为这两派的见解和行动都有分别，所以第二次大会活动分子被选，自然的党内分了派别的观念，反对“劳动组合书记部”与中央组织发生关系的问题，后来劳动组合书记部开会讨论怎样实行第二次大会决议，只有活动分子全到，这时太雷发觉后即报告中央，因此独秀辞职。不久仲甫同志被捕。以后我党又开西湖会议，此次会议讨论问题是：（1）小组织问题；（2）对国民党的态度。

在西湖会议上解释小组织是偶然在表面上表现，完全没有别的倾向，但这是错的，理由如下：第一，为什么中央执行委员会委员不在大会上对付消极分子；第二，不按照中央执行委员会的决议，去实行改组上海支部。以后我们再看会议的决议。

（1）因党最初组织理论和训练的基础都很幼稚，小资产阶级的心理很浓厚；

（2）因党中央都不满意国焘同志，所以借此夸大，以实行其攻击的野心；

（3）把组合书记部当中央执行委员会的变形，一切事情由组合书记部发命令找活动分子去工作，不用经党的通过；

（4）国焘不善分配工作——因为有以上这些原因，一时很难消灭这些意见，影响还是存在；

第五，广东党部问题及对陈炯明政策问题：第一，反对陈炯明——广东同志很奇怪；第二，认不清对陈的关系，所以有偏袒陈炯明的倾向，一时不容易转变态度——《群报》。陈公博他不赞成陈炯明，虽然反对陈炯明，但实际上帮助了陈炯明，因此中央去信严格责备公博、平山等，这时与陈有关系的等等同志并调回上海，公博反责独秀，不久独秀来俄后，公博等又在广州办《珠江评论》，主张联省自治，胡适之在北京主张作联省自治，独秀在上海反对联省自治，并说中国地大，交通又不便，主张联省自治是不对的，我们不反对割据，而怕的为割而不据，他又主张作劳动运动，因此中央看见广东党部已变为陈的工具了，所以派人去调查，所得的结果：第一，《珠江评论》是陈炯明出钱办的；第二，陈炯明办劳动局要公博当局长；第三，反对中央对陈炯明的政策，并拟离党而组织广东共产党。中国共产党中央根据这报告即将陈公博、谭植棠开除，马林亦赞成，并在《向导》上公开反对《珠江评论》。但广东团体仍非常混杂，直到陈炯明失败，始知道中央意见是对的，其原因是由广东同志相信公博太深，其次相信陈炯明反对中山是对的，再其次不相信国焘，以为中央此举为国焘所为。此时广东情形非常不好，他们以为应开除国焘，后来公博去美国，植棠被开除。以至“二七”后中央移广东，广东同志始觉悟他们之错误。以上四个问题，只有一个是态度问题，其余三个问题是根本的政治问题，这种倾向在幼稚的党中是影响很大的，同时他们在党中的地位很高，所以不得不与这种倾向奋斗，这种奋斗故是对的，这并不是什么小的问题，而是根本的政治问题。国焘问题在表面上是态度问题，实际上是党的纪律问题，不明白党员与党员的关系和上级机关与下级机关的关系，根本是反对纪律和集中制，至第四次大会始明了。

小组织问题，发生于第二次大会以后，动机是好的，但方法是错误的。应当不是另外组织活动分子，而要以中央执行委员会去推进全党进行，如这问题不解决必定发生派别，所以小组织的组织是不对的。因为在党中有两个方法，一是以活动的分子去推动消极的，一是将不革命的分子开除。这动机是对的，但方法是错的。此外，广东党部问题，起初他们是不自觉的，后来完全是自觉的作陈炯明的工具。中央解决这问题，广东党部同志不明了，因这问题完全是根本政策问题，故宁肯失掉广东党部，也必须严格向广东党部的叛逆行为争斗，而这时马林主张恢复陈公博的党籍，这是马林的错误。另外，在此时因上面种种原因，多数党员对党是消极的，但这种现象是必然的，因为社会的背景不同，所以反映到党中的政策不一致，发展到党中时，党中央就形成政策的不同，党的组织于是形成消极与积极，而影响到行动上来，但到现在我们的党能成为一个行动的党，真正的党，这就是由于不断的争斗而形成及得来的。

注释：

[1] 这是蔡和森同志在中共旅莫支部所作的报告，题目是《中国共产党的发展（提纲）》。原件为记录稿，这里节录了第二部分的前六个问题。

[2] 疑原记录有误，应为工学世界社。

[3] 原文如此。

[4] 应为1922年8月。

选自中央档案馆编：《中国共产党第一次代表大会档案资料》（增订本），人民出版社1984年版

董必武同志关于“一大”情况给何叔衡同志的复信

（一九二九年十二月三十一日）

叔衡同志：

廿六日的信，今日午后接到一张欠资的通知后，才往邮局去取来，照你所约“五日”之期已赶不及了，幸而有张同志之便，免得又经邮局周转，耽搁时日，不过关于第一次中共代表大会，我已记不甚清，只尽可能的写出来，供你们的参考。

1. 大会在一九二一年七月（？）在上海开会。

2. 参加会的有北京代表（张国焘、刘仁静[1]）、上海代表（李汉俊、李达[2]）、广州代表（陈公博[3]、包惠僧[4]）、湖南代表（何叔衡、毛泽东）、湖北代表（陈潭秋、董必武）、山东代表（姓名忘记了）、留日代表（周佛海[5]），此外有两个国际代表，其一是马林（荷兰人，听说也是反对派一分子），另一个人的姓名忘记了。

3. 议事日程中有职工运动、对别党的关系和在政府作事务官等问题，都有争论，职工运动有的主张职业组合，有的主张产业组合，决议是产业组合（谁是怎样的主张，记不清楚）。对别党的关系，有人主张共产党员必须与其他政党脱离关系，有人主张共产党员非得到党的许可，不得兼充其他政党的党员，决议是不准党员跨任何党籍。关于在政府作事务官的问题，有人主张绝对不允许，有的主张得党部允可，才可作事务官，决议是绝对不允许。后面两个问题大约是上海方面的代表和决议案的精神不甚一致。

4. 会场是借李汉俊的住宅，开到最后一次会的时候，忽被侦探所知，未及成会，李寓即被搜检。隔了一日，我们到嘉兴东湖船上，将会开完。

5. 大会没有宣言，只向国际作了一个中国情形的报告，报告是李汉俊和董必武起的草，经大会通过（这份材料不知国际还保存着没有？）。

以上是我所能记着的，国焘同志还能记得许多，请问问他，当更知道详细点。

此致

革命的敬礼！

弟必武

十二月卅一日

注释：

[1] 刘现为反对派。

[2] 二李早经开除出党。

[3] 早经开除。

[4] 1927 年脱党。

[5] 早经开除。

选自中央档案馆编：《中国共产党第一次代表大会档案资料》（增订本），人民出版社 1984 年版

中国共产党历史概论（节录）[1]

（一九二九年十二月——一九三〇年六月）

瞿秋白

第三讲 中国的经济发展和社会阶级

Ⅰ．引言——共产党以前的革命组织的结论

1. 孙中山主义——同盟会主义与国民党主义。大贫小贫论。
2. 陈独秀主义。

Ⅱ．中国问题与马克思主义——军阀制度、资本主义和帝国主义

3. 中国的封建关系问题

（一）租田制度——佃农的耕地等于地主所有的土地。

（二）田赋制度——小农的耕地类似军阀的封地。

（三）官田、祠田、学田、庙田的制度。

——旗地、官地是所谓纯粹封建式的土地所有制。

——祠族公有田地的幻象。

——孔教、佛教、国家教的土地所有制。

法林、岳尔克、马家儿的材料论

广东的土地分配如下：

官地

公地——10—13 百万亩

私地——28—30 百万亩

户数	百分数	各户所有亩数（平均）	总共所有亩数	百分数
最大地主 400—500 地主 70—75,000	2—3%	千亩以上 千亩以下	1—2,000,000 亩 7—7,500,000	
大农 80—100,000	2—3%	五十亩	4—4,500,000	
中农 480—600,000	12—15%	十五亩	7—8,000,000	
小农 3—2,000,000	80%	五亩	7—8,000,000	
4,000,000	100		26—30,000,000	
地主 亩 30 中—70 □ 10 小—75 □ 29%—48 □ 99.71%—52 □	总数 40,000,000 官地—— 公地 10,000,000 地主 9,500,000 } □ 富农 4,500,000 农民 16,000,000	百分 —— 25% 23.75% } 60% 11.25% 40%	4,000,000 地主—2% 富农—3% 农民—95%	

广东的例是农民占人口百分之九十五，而只有土地百分之四十，地主半地主（富农）只占人口百分之二十，却占有土地百分之六十。

佃农与半佃农的“百分比”为百分之六十六又五（照理讲来，上面所说的二三百万农户，只占农民总数百分之三十三又五）。故全省户数（不是有地的户数，而是耕地的农民户数）应当是九百万户了。无地的统计仍旧有模糊的地方——不可解释的地方。

（四）中国土地所有制的特点及土地使用制的特点。

私有制。第一，农民的土地所有制也是资本主义前期的（祠族公有而每代“分家的”——买卖是不自由的）。

第二，租田制度显然是一种特殊的封建式的私有制度（田底田面的买卖权）。

教租，折租，□租，押租等的制度及租税的日益增高。

第三，中国式的“教会”（祠堂、学田、公田、庙田等）所有田地，一般亦是经过租田制度剥削佃农。

第四，近代赋税制度的实质——是货币式的赋税和纯粹中世纪式的劳役以及物产税（杂捐等皆“国家教”——善堂等的附加捐有历史上的联系）。——取去农民余剩劳动的全部。

（*）江苏之例（见《前进》一·九）

		民国十一年	民国十六年
		石	石
谷租	（一）江宁	0.94（谷）	1.40
	（二）无锡	0.76	1.00米 0.30麦
	（三）江都	0.96	2.00
	（四）丹阳	0.96	0.40米
	（五）金坛（镇江）	1.20	0.96
	（六）江阴	0.89	1.20
	（七）松江	0.74	1.60
		元	元
折租	（一）南京	2.43	9.15
	（二）海门	3.31	5.81
	（三）无锡	4.86	12.40
	（四）句容	2.66	8.80
	（五）泰兴	4.30	11.70
	（六）丹阳	2.30	8.00
	（七）金坛	3.00	11.24
	（八）武进	3.76	12.52

（**）		民七	民八
	自耕	53%	49%
	半佃	21%	19%
	佃农	26%	32%
		十三	十四（昆山县）
	佃农	71.7%	77.6%

（民四昆山佃农占57%）

再则照英国人布克:《中国的农田所有制和租佃》[2]的指数(昆山、南通等五县)

	1905	1914	1924
折租	100	156	284
谷价	100	158.3	265.5
田价	100	146.2	252.5

使用制

第一,耕地面积 *** 是每户所占的亩数非常之少,资本以投入土地为主要的出路。

第二,土地的集中甚速,而耕地集中甚慢,及农村雇佣劳动的情形。

第三,自耕农的佃农化及军阀官僚收集土地的程度。

第四,“新式农业”的幻象和原料生产的夺取谷类生产的地位。

(***)“民主革命……”五,及《前锋》一期(五四页)

(****)1600—549,357,600

1685—607,843,000

1722—683,791,400

1766—747,449,500

1812—791,525,100

1833—842,000,000

1887—911,970,006

……

1914—1,578,347,925

1918—1,314,472,190

(五)原料生产的农业及土地关系

——基督教与帝国主义——

(1)山东的烟场,江苏的桑田及棉田(其它各省亦然)之租田,放利制度。湖北省的米是不够自己供给的,然而省内却每年收1,500,000担棉花,12,300,000担豆类,300,000担烟叶,75,000担茶,150,000担茧,其他蔗等。

(2)鸦片烟的种植,例如河南许昌1917至1927增加二倍以上——河南一〇八〈县〉中有百分之四六县种烟，豫西则规定百分之三十亩必须种烟，皖北种者十六县共有四十万亩。

（八）[3]中国的民族资产阶级

（a）绅商阶级之发展及华侨

（b）欧战后之非工业化

（九）中国的无产阶级

（a）工人与农村及手工业之关系

（b）中国的苦力——“游民无产阶级”

（c）数量及质量的问题

（苏兆征报告）：

工业工人 2，750，000

非工业工人（大城市）12，160，000

第四讲　中国共产党的形成

Ⅰ. 政治经济的状况

一、安福系政府与巴黎和会到直皖战争（1920）和华盛顿会议到直奉战争（1922）与新银行团。

二、五四运动中的学生组织和社会主义运动。

三、工人运动的发端。

Ⅱ. 党的组成

一、一九二一年六〔七〕月的第一次大会时有50余人。一九二二年六月时：上海50，长沙30，广州32，湖北20，北京20，山东9，浙江8，法国2，四川3，俄国8，日本4，德国8，美国1，〈共〉195人，其中妇女4人，工人21人。

二、一九二一年三月（据秋白的报告）的第一次大会是肃清无政府党的大会——通过第一决议。

1. 工人运动——二百人以上则组工会，改组行会，谨防外奸。

2. 宣传——中央监督出版物，党员不准出版违反共产党主义的东西。

3. 工人学校——“交通工人准备学校”、“纱厂工人准备学校”，管理归工人，教员可出席，应为党的中心。

4. 工人运动研究机关——组织国际及中国工人运动之研究及出版。

5. 对于其他政党之关系——完全独立，不与其他政党发生任何关系。

6. 加入第三国际——每月报告，有必要派人到伊尔库次克。

三、1921年（？）之党纲章程

1.2. 宗旨（定名）：A. 以革命军及无产阶级推翻资本主义阶级的政权——到无阶级的社会；B. 承认无产独裁；C. 消灭私产，没收生产工具、土地、机器等等。

3. 以社会革命为目的

4. 有一人介绍且承认党纲政策者不论男女国别皆得为党员，但须与其他政党脱离。

5. 候补视〔考〕察期二月，由地委通过或批准。

6. 严守秘密。

7. 五人以上之地方得举地委。

8. 移居须由书记派出。

9. 十人以下者有一书记，十人以上则四人为委员会（书记、会计、组织、宣传），三十人以上为执委。

10. 人数多数可派往别区作工，但受执委之指挥监督。

11. 条缺。

12. 财政问题。

13. 500以上或五组以上要开会而组织执委。

14. 不能做官做议员（须得党的许可），兵警职员不在此例。

15. 三分之二以上之大会代表同意得变更此党纲。

中国共产党的第二次大会宣言

（一九二二年五月）

Ⅰ.（一）帝国主义之互争及侵略殖民地。

（二）帝国主义之侵略中国。

（三）中国之两条帝国主义之下的道路。

1）“日本帝国主义者先后扶助安福部〔系〕、张作霖、新旧交通系等当权的北京政府，为的要利用北京政府为实现日本侵略计划的工具。英国便站在吴佩孚派的督军后面，为的要借此巩固他在长江一带的权利和势力范围的推广。”

2）“美国却勾结中国新兴的资产阶级和智识阶级分子，想用掩眼法来实现他国际托辣斯的经济侵略政策。但是这种步骤不一致的侵略方法，究不能即时发展美国帝国主义的侵略，而处于利益冲突日甚的地位。”

（四）华盛顿会议的英日同盟破裂。

（五）反对国际资本帝国主义。远东革命会议（1921 年十二月）萨福洛夫的演说

中国的资产阶级也没有想靠英、日、美资本主义的帮助跻到列强位置的心思。因为尤其是美国资本主义，他的利益所在，只是把中国利用作个劳动积蓄地和原料汲取场，所以这种希望是成立不起来的。

Ⅱ.（一）军阀与帝国主义。

1）“但是，美国并不愿意吴佩孚——是一个较进步的军阀——制造个统一的政府，因为吴佩孚所主张废督裁兵如果实现的统一，是与中国资产

阶级以极大的利益而易于发展，与外国资本帝国主义的侵略进行是极不利的。”

2）反对联省而主张联邦：“又因尊重边疆人民的自主，促成蒙古、西藏、回疆三自治邦。”

（二）军阀与资本主义——阻碍中国资产发展。

1）那些帝国主义者本来想完全毁灭中国旧有的经济构造，代以完全由他们掌管的新式资本主义的经济建筑，但是他们毕竟没有完全毁灭的本领。

2）“中国幼稚的资产阶级，已能结合全国的力量，反对……中国的智识阶级，商业和工业的资产阶级，要自己能够避免美国的愚弄，他们的民主运动才能依正轨进行。”

3）农民（贫苦农民）、手工工人、工人（海员）。

4）“而且工人们处在中外资本家的极端压迫之下，革命运动是为〔会〕发展无已的。发展无已的结果，将会变成推倒在中国的世界资本主义的革命领袖军。”

（三）联合战线。

“只有无产阶级的革命势力和民主主义的革命势力合同动作，才能使真正民主主义革命格外迅速成功。”

Ⅲ.（一）两次革命。

“民主革命成功了，无产阶级不过得着一些自由与权利，还是不能完全解放。而且民主主义成功，幼稚的资产阶级便会迅速发展，与无产阶级处于对抗地位。因此，无产阶级便须对付资产阶级，实行‘与贫苦农民联合的无产阶级专政’的第二步奋斗。”

（二）政纲。

1）只有选举权的要求，没有政权和土地。

2）“工人们时常要记得他们是一个独立的阶级。”

（三）口号中：

和平自由独立万岁。

远东革命会议（1921 年十二月）

萨福洛夫的演说

中国的资产阶级也没有想靠英、日、美资本主义的帮助跻到列强位置的心思。因为尤其是美国资本主义，它的利益所在，只是把中国利用作个劳动积蓄地和原料汲取场，所以这种希望是成立不起来的。

“在最近的将来，我们□□……资产阶级的民治份子决不会有若何激烈的冲突。”

“谁不帮助民族革命运动，是一个共产主义无产阶级革命的蟊贼，但是，同时，谁和无产阶级运动的觉醒为难的，也是一个民族革命运动的蟊贼，谁阻止中国无产阶级站在他自己的脚点上说他自己语言的，也是一个中华国民的蟊贼。”

中国共产党当前的第一件事便是把中国从外国的羁轭下解放出来，把督军打倒，土地收归国有，创立一个简单联邦式的民主主义共和国，采同一种单一的所得税。

一九二二年六月到一九二三年六月第二次大会：大会宣言

（中文）

（一）国际状况。

（二）中国共产党与国际帝国主义。

（三）联合战线：与民主派的联合战线……无产阶级倘若还不能够单独革命，则应当与国内的民主派联合起来反对封建主义。在这两个阶级没有联合起来以前，不会有出版、集会、言论的自由，并且其中任何一个阶级也不能发展。只有在……之后，无产阶级再组织起来推翻资产阶级。[4]（两重压迫）

（四）加入第三国际（承认二十一条）

（五）国会问题议决案，——奇特的议决案[5]，“建立革命的国会，故承认第三国际之决议案”。

（六）工会问题（19条）——须争劳工立法。无政府工团主义的倾向是不对的。认联合战线为机会主义亦不对的。须争集体契约。同工同酬。反对行会制（东家）。

（七）中国共产党问题——中国社会主义青年团独立的组织，但受党的指导。

（八）妇女问题——妇女部应当设立。

（九）章程问题——党员行动，不要进大学等等。

（十）章程。

一九二一年十二月至一九二二年五月的报告

党做了四件事：（一）是纪念李、卢，（二）是赞助香港罢工，（三）反基运动，（四）新年运动（拜年帖的运动）。

——当时亦有与国民党合作决议。

——提议迁中央于广州？

Ⅰ.季诺维也夫的信：（1）香港罢工之中何以没有公开行动。（2）应争得些民族运动有关之工人。（3）工会之重要是女工问题，青工及学生问题。（4）广东可公开，提议迁粤。一九二二年的七月

Ⅱ.马林的报告（一九二二年七月）：（1）国民党的关系——他与太雷入桂林见中山。（长沙、桂林、广州、海丰、马口与社会主义的学生开会。一九二一年十二月长沙纱厂罢工）一九二二年一月孙陈交恶方开始；陈炯明当时即提议用俄国军事顾问。香港罢工胜利（一月二月间），即陈炯明叛变之始。

（2）四月间陈孙破裂，而孙在粤——公博之《群报》[6]拥护陈氏。而孙与吴有联合之说。八月间独秀被捕。二次会期间，国焘组织小团体，独秀辞职。公博反动。太雷入粤因为不能与海员接头。杭州会议（八月二十九至三十日决议建立《向导》，即解散小组织……）此时与太雷、独秀商量改组国民党事。北京、汉口有5,000工人组织，上海则启汉被捕。

（3）越飞在华，蔡元培为之“子弟”。

Ⅲ.一九二二年八月的指令（系马林的）——国际认国民党为革命的政党。中国共产党当赞助国民党，将来阶级分化愈明，则其党愈大，现在只

有萌芽[7]。

Ⅳ.一九二二年九月二十二日的马林的信：——独秀的加入国民党（中山在沪）。

……

Ⅴ.政治——自孙离粤至返粤。

孙张联合，孙吴联合，□□革命□

Ⅵ.工运—— 一九二二年下半年之工人运动高潮。

Ⅶ.二七之妥协。

注释：

［1］这是瞿秋白在莫斯科写的讲话提纲。《瞿秋白年谱》中说明，提纲是为共产主义劳动大学和列宁学院宣讲中共党史准备的。讲稿共十二讲，这里节录了第三讲和第四讲。

［2］书名在手稿中为英文。

［3］据瞿秋白《中国共产党史第三讲大纲》另一单行文件，本题应为Ⅱ.4.（八）项，以前还应有：Ⅱ.3.（六）中国乡村的高利贷和所谓钱庄当铺资本；（七）帝国主义的银行和农民；（八）绅士和平民阶级——地主阶级的商业化和农民的贫民化；（九）地方商业市场的开展——从半自给经济到货币经济；（十）中国的所谓“自由竞争”——乡绅和商会的混合生长（地方商业资本的独占性）；（十一）以通商口岸为中心的地方市场之离心化的帝国主义的势力范围；（十二）军阀制度的形成和发展——所谓“绅商阶级”的统治。Ⅱ.4.中国的资本主义发展。Ⅱ.4、（一）“洋场”商业和华侨商业的发展——外货的输入后原料的吸取；（二）农民和手工业者的破产——商人和苦力，军官和兵士的离开本乡和到外省以至于外洋；（三）中国手工工场的发展过程；（四）中国工业的发展过程：（a）军事工业，（b）官僚资本，（c）官商合办时代，（d）欧战前后的私人资本；（五）中国的轻工业和外国资本；（六）中国重工业里外国资本的独占；（七）中国的买办资产阶级。

［4］此段手稿为俄文。

［5］这几个字手稿为俄文。

[6] 原文如此，应为《广东群报》。

[7] “萌芽” 原为俄文。

选自中央档案馆编:《中国共产党第一次代表大会档案资料》(增订本)，人民出版社 1984 年版

党史报告（节录）[1]

（一九三〇年二月一日）

李立三

我们的党已经从一九二一年到现在，可以说是九年的历史。历史虽然只有九年，可是中间经过几次很伟大的斗争，这些斗争当然不仅在党史上有伟大的意义，在中国革命历史上同样有伟大的意义。党的发展，党的进步，党的一天天布尔塞维克化，是从这些斗争中出来的，所以我们研究党史我不能详细的报告，只能说一些伟大的经过。

第二，党史对于目前政治路线和革命前途有绝大关系，我们必须有明确的认识，可是党并有党史的编辑，所以只能凭脑子所记的报告。党的第一次大会文件，现在是找不到了，我虽然是一九二一年就加入，但参加大会仅是从第四次大会起，所以在第四次大会前我不能十分清楚，所以这里的报告仅仅是一个纲要。我的报告是有一个大纲，经过中央审查，但在许多问题上还未经中央审查，还是我个人负责，不过报告的整个路线是中央负责的，我开始报告党史。

……

党的组织发生于一九二一年，即民国十年。一个无产阶级政党的发生决不是偶然的事，决不是几个人的关系，他的发生，一定有他的客观上社会经济基础，一定有阶级关系和阶级斗争到某一时期才发生共产党，决不是几个人的。中国党的发生是由六个人发起：陈独秀、戴季陶、沈玄庐……，但是如果没有这几个人，党一样会要产生，因为客观上有了新的阶级斗争，他必然要产生一个共产党，所以我们不要从人的方面着想，而要从社会经济基础去考察。

因此，我们看一九二一年为何产生共产党？他的客观社会基础是什么？这里最主要的原因，是苏联十月革命的成功。十月革命的胜利，使世界革命转变了一个阶段，在十月革命以前，世界革命主要是资产阶级的革命，而十月革命后已开始了无产阶级革命时代，即是殖民地半殖民地的资产阶级性革命，他也成为帮助无产阶级革命的部分。

我们知道，十月革命的产生是在世界第一次大战中，俄国在列宁领导之下获得胜利。在整个国际，因为社会民主党的叛变或者少数共产党力量的薄弱，所以都失败了，如德国、匈牙利等。只有苏联有了列宁主义的领导和一个布尔塞维克的党，所以创造了现在社会主义的苏联。

十月革命的影响到中国来是比较迟缓，因为帝国主义各方面的封锁，所以，苏联十月革命虽在一九一七年，而影响到中国是在一九二一年，然而这一影响到中国，就在中国思想界起了绝大的波动，发生一部分思想倾向于俄国，即社会主义思想，特别在五四运动的时候，当时还有一个思想上极大的斗争，即所谓美国思想和俄国思想的斗争。

十月革命的刺激我们不能否认他对于五四运动有极大的影响，中国民族革命运动的爆发是由十月革命的推动。第二，十月革命的影响使中国思想界起了极大的分化，发生了马克思主义的派别。第三,十月革命的影响到了中国工人阶级中间，增加了工人阶级的自觉，增加了工人斗争的勇气，使他们认识工人阶级的最后出路，更加推动阶级斗争尖锐化，这是党产生的三个客观条件，特别是第三，工人的自觉增高，更是党产生的基本原因，所以，十月革命的确是中国党产生的催生药，他使中国党更快诞生，更快形成。

……

但是，十月革命仅仅是中国党的催生药，决不能说中国党是由于十月革命所产生，中国党的产生是在于中国本身经济基础和阶级关系上。当然在进到世界革命时期，世界的经济是进到整个的，即使经济非常落后的国家也可以产生共产党，如目前的□□，他那里产业工人极少，但他也有共产党小组织。这是什么原因？这是整个世界经济的关系，但是我们一定要认识党的产生，一定由于本国有无产阶级之存在，那个国家没有广大的无产阶级，那就不会有强固的共产党，□□共产党的派别斗争非常厉害，正因为他没有广大的无产阶级，所以，我们固然不否认整个世界经济关系的影响，但是一定要了解，党必然要产生于本国经济基础和阶级关系之上。

中国为什么在一九二一年产生共产党？我们一定要去观察中国的经济关系和阶级关系。中国资本主义的产生，主要是外来的力量，因为帝国主义的侵入，破坏了农村自然经济，产生一些近代工业，如铁路、矿山之类，可是帝国主义极力维持封建势力破坏近代工业的发展，阻止中国工业的发展，因为帝国主义主要是获得商品的销路，如果中国工业发展，必然要排斥外来的商品，所以他要极力阻止中国工业的发展，这就说明，在欧战以前中国工业发展的微弱，可是在欧洲大战期间，中国工业有一个突然的发展，这是因为帝国主义需要殖民地军用品的供给，所以当时磷矿、锡矿非常发展，这是第一个原因。第二，帝国主义本国工场都变成制造军用品，同时轮船运输也困难起来，所以中国工业没有外来商品的竞争，也就使中国工业有一个发展，很明显的上海纺织厂的发展，最大速度是在民国九年十年十一年，不但在上海，外省也是如此。中国工业最大的产业是纱业，他就在欧战中发展起来的。不但中国，日本在欧战期间也极力侵略中国，不过对于中国工业发展的阻力，是微弱得多，因为只有一个帝国主义的竞争，所以在一九一四年以后中国工业有一个很大的发展。

近代工业的发展，因此就产生两个阶级的对立，随着工业“母亲”的发展，就有民族资产阶级和工业无产阶级的发展，所以中国无产阶级的确是从工业发展中强大起来。无产阶级的强大，这是党产生的主要基础，这两个阶级的同时产生，就在他产生第一天，就要发生阶级斗争。所以工业发展，新的阶级斗争也就一天天尖锐。在那个时候中国工人斗争的材料，我们找不到，无法说明当时工人斗争的形势，但是我们知道那时已经有原始的斗争发生，虽然是原始式的无组织的罢工，这里我们更可知道工人罢工是阶级斗争中自发的形式，决不是共产党所能创造的，这一阶级斗争的发展，也是产生中国共产党的一个条件，可是我们的确不能否认第一个原因是十月革命的影响，使中国党产生更快，所以伟大的十月革命，对于中国党的产生是有他伟大的意义，这是我主要说明中国党产生以前和产生时候的客观原因及其主要基础。

……

现在我再说到党产生以前和产生时候的共产主义思想运动。我们知道欧战给中国工业有一个发展，另一方面又造就了十月革命的胜利，这两件东西到中国来，就形成中国民族革命运动。中国工业发展，产生了民族资产阶级，他也是要求本身的发展，可是他遇到了敌人，第一是帝国主义，第二是国内封建势力，这两个敌人是联结在一块。那时候压迫中国最厉害的是日本帝国主义，在经济上日货已压倒英货，形成输入的第一位，同时政治上也就有二十一条件的提出。民族资产阶级向前发展的要求就形成中国第一次民族革命运动，就是五四运动。五四运动的思想上领导是属于资产阶级的，这是第一点。第二，正因为有了新的生产关系，即近代工业的产生，所以就发生和旧的生产关系的冲突，因此反映到思想上就发生了一个极伟大的新义化运动。新文化运动主要是反对孔夫子。新文化运动的刊物《新青年》特别受着青年界的欢迎，因为《新青年》内容主要是反对封建制度、宗法关系，反对旧礼教，主张婚姻自由等，同时还有白话运动，这是完全代表新的生产关系反对旧的生产关系的斗争，这里就可证明取消派的错误。陈独秀们说，商业资本发展封建关系就没有了。我们根据上面事实，帝国主义侵略是很久了，商业资本也发展很久了，为什么封建关系、宗法思想一点不动摇，新文化运动也不产生，这就可以告诉我们，一定要有一个新的生产关系，于是旧的社会关系和他不相容，所以新的生产关系就要建立一个新的社会关系。商业资本虽然可以破坏一些封建关系，但他不能创造一个新的生产关系，所以破坏不能彻底，只有到近代工业发生，有了工厂，有了新的生产关系，然后发生新旧生产关系的斗争，这是取消派所不了解的。商业资本不能产生一个新的生产方法，从这个历史上也可以证明他们的错误，所以新文化运动是资产阶级思想反对旧的封建思想的运动。

在这个民族革命斗争中，资产阶级的思想，虽然领导了新文化运动，但是因为有两个阶级的存在，无产阶级则要主张他更彻底的思想，所以在新文化运动中两个阶级思想的斗争也发展起来。那时新青年社已经成立，开始不久，胡适之和陈独秀的思想就渐渐发生不同，就是所谓美国思想和俄国思想的斗争。特别在五四运动以后，他们两人的思想走到明显的不同，胡适之的思想是实验主义，这是美国资产阶级的学说，陈独秀是一天天走向马克思主义，一天天倾向社会主义。前一期的《新青年》是笼统反对一切封建思想，但是渐渐发生实验主义和社会主义的思想，这就在《新青年》上表现两个阶级的思想，在这个时候，中国青年界上发生许多文化团体的组织，在全国不下十数，可是和党的产生最有关系的有几个：1.新青年社；2.星期评论社;3.新中国社；4.觉悟社；在湖南就有新民学会;在湖北就有共存社；还有少年中国学会，这是国家主义派的前身。这些文化团体以后并不是完全加入共产党，但是当时都是代表反抗帝国主义、反抗封建势力的思想，这中间最占势力的是新青年社和星期评论社。《星期评论》刊物的销路最广，销到十几万份。这些文化团体产生都是笼统的反对旧思想，但是到了十月革命胜利的影响到来，和有了阶级斗争的反映，在每个团体中都发生社会主义和实验主义的斗争。这一思想上分化，就有一部分青年到工人中去，发生五四运动，五四运动虽然主要城市罢课罢市，但是五四运动的结果只是打倒了陆宗舆，日本帝国主义一点没有损失，所以青年界就觉得要一个新的力量，恰好在五四运动中工人阶级已表现了他的力量。在北方长辛店、唐山已有铁路工人组织的救国十人团，加入者一千五百人。在上海小沙渡日本纱厂和日本码头工人罢工参加民族革命运动，使青年界在十月革命影响之下走到工人中去。当时就有许多工人学校：上海第一个工人学校就在小沙渡，北方是在长辛店。这些文化团体的分化，大部分走到工人中去，一部分堕落在实验主义之下，这一分化主要是分化到社会主义方面，只有新革〔潮〕社变成了实验主义的中心，少年中国学会变成国家主义派前身，直到“五卅”时代才从长期斗争中打落下去。

当时研究系梁启超等，为着顺应潮流，也主张社会主义，他们的刊物是《解放与改造》，并且翻译了一部马克思主义学说，他们完全代表落后的资产阶级思想。

文化团体的分化，就造成共产主义思想运动。一般青年都热望着到俄国去，但是当时交通非常困难，所以只有研究系《时事新报》馆出了资本送三十学生去，瞿秋白同志就是其中之一。他当时并未加入研究系，他是北京俄文班一个学生领袖，研究系想找到几个学生做工具，所以送了他去，他们当然不会想到这是培养敌人，当时交通的困难，秋白同志去以后，谈话中说到，走到莫斯科是走了六个月。以后还是有许多学生到了俄国去。

当时许多青年看见不能到俄国去，所以改为到法国去，就发生了留法勤工俭学运动，这一运动也与党的发展历史有极大的关系，党的许多干部都是从留法勤工学生中产生出来。许多青年当时去时也是混混沌沌只带着一腔反封建思想，到了法国大革命以后，大罢工也起来，所以一方面受着大革命影响，同时这些青年都是做工，做着很苦的工，渐渐接近社会主义。在勤工学生中也有许多团体，最有力量的有两个，一个是工学世界会；一个是劳动协会，再还有一个无政府思想的团体，这些团体都是研究社会主义，他们一样反映国内阶级斗争的思想，在思想上非常复杂。以后在里大运动中有一〇四人被送回国，里大运动主要是反对无政府思想，反对吴稚晖，在里大运动前已有劳动协会发起在法国成立共产主义研究会，和陈独秀发生关系，当一〇四人被送回国时，就成立少年共产党，以后大批留法学生都加入此党。

现在我说到国内情况，当时既有许多团体倾向社会主义，于是就有组党的思想。同时共产国际有一个通信社在天津，有个通讯员他也负着到中国来创造党的任务，可是他找不到陈独秀，遇着一个无政府主义者，这个人向他大吹一阵，恰好陈独秀受天津学生欢迎去讲演，这个人就找陈独秀说，有个俄国人要见你，以后因为当局压迫，陈讲学不成，就去见这个俄国人，就同他到上海来讨论组党。参加发起者只有六个人：陈独秀、戴季陶、杨明斋、李汉俊、沈玄庐，另外还有一个女的，这个女的始终不知姓名，只知道后来因为恋爱问题消极做尼姑去了。这六个发起人，除了陈独秀最近才开除出党，其余都很早就出党，这不是偶然的，这是阶级斗争剧烈化的结果，必然要使这批半途旅客叛变出党。这个发起会就在一九二一年五、六月不久召开第一次大会，召集各文化团体中倾向社会主义的分子周佛海、陈公博、施存统、李大钊[2]、张国焘、毛泽东都参加，这一次大会有什么决议和宣言，现在已找不到，不过有两件事很重要，第一决定出版一个月刊，名《共产党》，这个刊物有很大影响，出版到第六期，主要内容是共产主义思想运动。当时和张东荪坚决斗争，张东荪否认中国有无产阶级直接革命的可能，认为一定要经过资本主义的发展，党当时坚决反对这一思想，主张无产阶级直接革命，这当然还是错误，不过的确代表共产主义的思想。第二是决定成立劳动组合书记部，这一组织在中国职工运动上有极伟大的意义，我们都能够知道，二七以前他完全是职工运动的领导者。

在这一次大会后，共产主义思想运动，在组党的历史上有重大的意义。当然那时主张中国可以做直接无产阶级革命，以为不要经过民主革命的阶段，这在列宁主义上说来是错误的，可是在共产主义思想运动上有伟大的意义，这一思想运动使倾向于社会主义的分子，都走到党内来，这在组党历史上有重大的作用。

这个时期思想上有两个重要的斗争，一个是和《解放与改造》的斗争，“改造与解放派”他们起初主张中国不能有直接无产阶级的革命，必须经过资本主义的发展，以后他们走到基尔特社会主义，基尔特社会主义是主张劳资合作，所以党当时坚决和他斗争。在《共产党》上不仅有独秀的文章，并且有周佛海的文章，那时是做了许多解释马克思主义的工作，开始把共产主义思想介绍过来，并且使马克思主义通俗化，出版对工人的刊物《劳动者》。第二是反无政府主义的斗争，这一斗争不仅是党外，并且是党内的斗争。因为第一次大会决定组织社会主义青年团，作为党员预备学校。党经过他吸收党员，所以他比较是公开的发展，组织开始就有许多无政府主义者参加，于是无政府思想成为社会主义青年团内的思想。开始这一斗争是在上海，斗争的结果，很多无政府主义者都走到马克思主义方面，很快就解决了，但在北京则成为严重问题，北京社会主义青年团整个被无政府主义领导，这一斗争走到整个解散北京的社会主义青年团，重新组织，他的详细经过，我不十分记得清楚，不过我们可以知道在当时组党的历史上有很重大的意义。因为无政府思想的产生比共产党早得多，刘师复在广东很早就与江亢虎的社会主义斗争，他当时出版《伏虎集》，在青年中有很大的影响，所以在党的组织时期，也在党内发生无政府思想。我们知道无政府主义和马克思主义绝对不相容，他是小资产阶级的个人主义，我们只看第一国际的斗争主要是马克思和巴枯宁的斗争，因为无政府主义主张绝对自由、绝对平等，反对民主集中制，都与党有组织的能够行动的组织原则相反，所以这一斗争也有他重大意义。

在这个时期党开始劳动运动，组合书记部设在上海，北方、广州、长沙、武汉都有分部，不过工作很少，只有北方分部在铁路工人中有些工作，所以第一次大会到第二次大会中只有北方有些工人运动，当时工人同志很少很少。

……

在一九二二年一〔七〕月，就开第二次大会。在第二次大会时候，全国党员已有八十余人，北京和上海比较多。第二次大会决议宣言和大会情况我同样不知道，不过只知道有一个政治决议案，一个组织决议案，一个宣言，可以作为历史的材料。二次大会主要的精神，还是根据一次大会精神，所谓共产主义运动，同时开始了职工运动。当时党已稍有发展，工人斗争也渐渐起来，所以反映阶级斗争的发展，党内也同样发生斗争，许多隐藏在马克思主义旗帜下的小资产阶级分子，都要走出党去，戴季陶很早就无形的脱党。当时主要的斗争是与李汉俊思想的斗争，李汉俊的思想相当于俄国的经济派，他以为工人只能做经济斗争。党目前只可作学生运动，把这般学生抓在手里，然后送到军队中，以军队来革命，这是他政治上思想；在组织上主张地方分治，反对民主集中制，反对有集中权的中央。当时陈独秀反对他，他比较李汉俊是正确的，他主张党的基础应在无产阶级这一思想上斗争，当时没有人了解他的伟大意义，以为这是陈李两人争书记地位，而不了解如果党不把李汉俊思想打下去，则职工运动就不会发展，而党也要分裂起来。这一斗争大家赞成独秀的意见，李汉俊思想是失败了，以后他很快就消沉。

继续着就有劳动运动的发展，各铁路工会运动起来，工人斗争非常发展，同时发生海员大罢工，海员大罢工不仅在职工运动上有重大意义，同时在党的历史上也有重大意义。海员大罢工一方面受着职工运动的影响，同时显然受了劳动组合书记部的影响，不过当时党对于这一罢工意义是不了解，以为这是国民党所领导的还不去理他。当时罢工领袖苏兆征几次找党，均遭拒绝，因此他说党看不起工人，不愿入党，直到孙中山北上他才去北京加入。不过那个时候工人运动普遍发展，在湖南矿工斗争，在湖北人力车夫斗争，上海有英美日华斗争，这一工人斗争的发展，反映到党内就发生新的斗争，就是小组织问题。

小组织问题是中国党的专门名词，他不与普通小组织意义相同，他是有长远的历史。这一问题的发生是从二次大会时决定国焘同志为劳动组合书记部主要负责者，以后许白昊、刘少奇都加入这一工作，当时上海党的书记是陈望道，党是表现无组织的形式，总不开会，但是刘少奇等同志从莫斯科回来，懂得党要有组织，其次党虽然注意劳动运动，但成为一部分人的专门工作，不是所有同志都注意。所以劳动组合书记部同志有一次开会不满意党不开会，主张对于劳动运动他们以后要常常开会讨论。当时和森同志从法国回来，他也同意这一意见。以后又开第二次会，张春英同志也来了，他回去报告独秀，独秀就说这是小组织行动，这就是小组织名词的起源。当时党内充满小资产阶级意识，这是因为党的产生是从中国半封建经济基础上产生，因此发生无原则纠纷。党过去只注意到无原则的个人方面，而不注意政治上的意义。这个小组织问题有历史上一贯的重大意义，可是当时也没有人注意，只认识是张国焘反对陈独秀，并且谣言张国焘组织铁血团要暗杀陈独秀，以致陈独秀宣告辞职。实际这一问题起源，已如上面所说，一个是要党有组织，一个是要党注意劳动运动，这在政治上有伟大意义。

这一小组织问题，正当着全国职工运动广大发展时期，客观上更需要党的领导，也就是客观上证明陈独秀、陈望道等的错误，所以这一问题当时已不成什么严重问题，不过陈独秀和张国焘两人的争执依然存在。

当时职工运动爆发的结果是二七运动的发生。二七运动主要是争工会自由的斗争，当时京汉路已有十六个分会，要成立京汉铁路总工会，这是斗争的直接原因，而这一斗争的爆发更是由于汉冶萍总工会成立的影响。这一时期一般社会还非常轻视工人运动，中国军阀也存着希望利用或敷衍一下的心理，但是京汉路总工会成立期中，工人自动造花车欢迎各站代表，自动调度车辆，表现出工人管理整个生产的力量，这使中国军阀有一个认识，特别是帝国主义，当时英国顾问就警告吴佩孚非压迫不可，所以吴佩孚决定一个屠杀，在长辛店、郑州、汉口三处同时开始，这一屠杀也是党的牺牲开始，第一个牺牲者是施洋同志，他不仅是武汉工人的领袖，并且是全国有很大威信的领袖，他被吴佩孚枪毙了。这一运动使小组织问题政治上两个意义，已由客观事实给以回答，党是要有组织的，并且要注意职工运动。

党从第一次大会到“二七”运动是一个段落，这一时期中党的政治口号是社会革命万岁，主张直接无产阶级革命，这可以说是共产主义运动时期。虽然在斗争策略上是和列宁主义殖民地策略必须经过资产阶级民主革命的阶段的策略不相合的，但是在组党历史上，这一共产主义思想运动是组党的前提，他与俄国党的历史有些相同。俄国党有普列汉诺夫的马克思主义运动，不过俄国党在组党不久就有党的政纲，最高政纲和最低政纲；而中国党第一、二次大会都只有最高政纲，即社会革命政纲，但是在二七运动中党已经提出打倒军阀的口号，这一口号的意义是资产阶级反对封建势力的口号，二七运动的失败，给党一个大的转变。

列宁在共产国际第二次大会殖民地决议中指出，殖民地共产党可以和资产阶级暂时的合作，做民主革命，他不必经过资本主义发展，可以转变到社会主义道路，因为世界革命已经开始，并且有苏联的存在。当时中国党不了解这一策略，国际代表虽是了解，但不知道中国实际情况，因此要去找民主力量来合作，结果是找到吴佩孚，因为他在郑州反段祺瑞时是打出国民议会的口号，的确党当时和吴佩孚有些关系，并且国际代表还去找他。

“二七”以后，中央第二次扩大会议，即西湖会议，决定做民权运动，出版《向导》，当时主要是两个口号：1. 打倒帝国主义；2. 打倒军阀。对于打倒帝国主义的口号，一般社会莫名其妙，胡适之还专门作一篇文章，指为海外奇谈。党当时组织民权运动大同盟，的确有一个企图，准备把民权运动大同盟转变为民主革命的政党。

但是那个时候国际已派越飞来中国，他会见了孙中山共同发表一个宣言，提出打倒帝国主义口号，认为国民党可以做民主革命的工具，所以国际要中国党加入国民党。为什么要加入国民党？这是因为中国经济基础规定中国革命是一个资产阶级民主革命，他不仅有广大工农群众，并且有小资产阶级参加，并且当时资产阶级也要反对帝国主义，有民主的要求，党应当执行与资产阶级暂时协作的策略，所以必须有一个政党来容纳广大的民主分子，尤其是我们要了解中国革命对于世界革命是一个很大的助力。因此党要和资产阶级暂时协作，这一路线战术上的运用，就是加入国民党。

国民党的三民主义固然是一部改良政纲，但是他的阶级成分，从小资产阶级到华侨地主都有，可以将他改组成为各阶级联合的政党，尤其是他接受了反帝国主义反军阀的口号，所以西湖会议决定加入国民党。

可是西湖会议发生了很大的争论，就是小组织派和非小组织派的争执。当时小组织派张国焘等主张不应加入国民党，认为国民党是一个官僚的党，加入去只有使党腐化，他们在理论上承认现在是民主革命的阶段，可是党不仅作民主革命，并且要做第二次社会革命，如果加入国民党，是把工人送给了他。这是小组织派的意见。陈独秀、瞿秋白等主张加入国民党，他们的理论则最机会主义没有了，他们以为目前是民主革命，社会主义革命是将来的事，甚至陈独秀说党早生了五年。这两方面的争论，都有共同的出发点，就是二次革命论，在这理论基础上，因此就在策略上不了解争夺领导权的重要。陈独秀等不了解加入国民党决不是替资产阶级服务，而是要竭力扩大工人阶级的影响，加强工人的斗争，逐渐驱逐资产阶级，使革命领导权在工人阶级之手。陈独秀等是完全解释成为替资产阶级服务，这不是列宁主义的路线，而是孟什维克的路线。同时在国焘方面也一样是错误的，他认识工人还有自己革命的任务，但不知道不加入国民党如何去争夺革命领导权。在这一斗争后，国焘修改自己的主张，以为党可以加入，但工人群众不能加入，这一修正表面上是进步了些，但实际上是五十步与百步之别。这是西湖会议的争论。这一争论的两方面，理论基础都是错误的，都是机会主义的路线，二次革命论，都是不了解国际列宁主义路线。这一会议是陈独秀派胜利了，决定加入国民党，并召集第三次大会。

注释：

［1］这是李立三作的报告，全文约五万字，按照记录稿节录了前面的一部分。

［2］原文如此，李大钊、施存统没有参加党的第一次大会。

选自中央档案馆编：《中国共产党第一次代表大会档案资料》（增订本），人民出版社 1984 年版

邓中夏回忆中国共产党的成立及党领导的早期工人运动（节录）[1]

（一九三〇年六月）

中国共产党的成立

一九二〇年中国共产党成立。中国共产党的成立当然不是偶然的，它是俄国十月革命后中国工人运动的革命产儿。它产生的时期，在国际上，有资本制度崩溃过程中的世界革命；在国内，有资本主义工业相当发展中的原始自发的罢工运动。中国工人阶级确已开始趋向于形成一个独立的社会阶级，中国共产党就在这个阶段的基础上生长起来。中国共产党一成立，便能变现它在工人运动中伟大的作用。

中国共产党成立了，中国工人阶级从此有了他们自己的政治领袖，开始引导他们走向革命斗争的大道。

中国共产党做职工运动的起点

中国“现代式的”职工运动，无疑的是从中国共产党手里开始。有了共产党，然后才有“现代式的”工会，从此中国的工会才渐次的相当具有组织性、阶级性以至于国际性。我们这里来叙述中国共产党做职工运动的起点。

一九二〇年夏，中国共产党成立以后，即开始出版工人小报，上海出版的叫“劳动者”，北京出版的叫“劳动音”（后改名仁声），广州出版的叫“劳动声”，都是周刊。上海还另外有一个专门对店员宣传的小刊物叫“伙友”，这几个刊物大都只出了几个月便停版了。

组织工人工作是从一九二一年开始。

一九二一年一月一日，北京党部开始在长辛店开办劳动补习学校。长辛店是京汉路北段的一个总站，距北京四十里，这里有一大工厂，工人三千余人。张特立（即叛徒张国焘）和邓中夏同志在上年底到此地与工人接头，筹划在此地开办学校，那时还是以“提倡平民教育”为名。与几个觉悟工人几经磋商，经过相当的筹备，遂决定这年元旦开学。这里要指明的，当时发起学校之中，还拉拢了几个有力工头，因为开始必须得到他们的赞助才行。学校经费是由募捐得来。教员都是用北大学生会名义派去的。先只常驻教员一人，即吴雨铭（叛变）。后来教务发达，增加教员数名，也任用非党同志。这个学校分日夜两班，日班是工人子弟，夜班是工人，但多青年工人，老一点的工人不愿读书。

这个学校当然只是我们党在此地工作的入手方法，借此以接近群众，目的在于组织工会。果然不到半年，五月一日劳动节，长辛店公然发生了一个中国空前未有的真正的工人群众的示威游行。

参加游行的竟有一千余人，并且在群众大会上通过成立工会。但工会通过成立，实际上并未切实组织，不用说是我们当时经验欠缺所致。的确工人的觉悟从此日益提高了，首先表现工人与工头的斗争。上面说过发起学校时还包含有工头，但是工人觉悟日益提高，于是工人内部便发生分化，工头表现反动，而工人便和他斗争。这种斗争是不断的发生，而且愈斗争愈激烈，有几个工头竟被工人强迫工厂开除，驱逐出境。这样一来，工人更感觉得组织团体的重要了。开始组织工人俱乐部。这个俱乐部实际上是工会之变名。为什么不叫工会而叫俱乐部呢？工人们说，工会是工头共同发起的，现在我们独立组织了，不要那个名称，要由另外一个来分别。这种话在现在看来是可笑的，但由此可见当时群众的情绪。真的，在中国职工运动的初期，“工人俱乐部”这一名称，相习成风，成为当时全国各地

（广州除外）工会通用的名称。

长辛店工人俱乐部成立以后，加入者日益加多，取得群众很大的信仰。工人有了团体觉得自己的力量了。譬如以前乘火车自长辛店至北京，照例如常人一样须买车票：此时都不买票了。查票员询问时，工人瞪着眼说："票吗？我是俱乐部的会员，有徽章在此。"查票员只得一声不响过去了。

长辛店工人俱乐部成立以后，影响所及，自北而南，蔓延到各站，有好几处也成立了工人俱乐部，特别是南段总站江岸的工人俱乐部组织最强。

此时，共产党北京党部出了一个《工人周刊》，主编者为罗章龙（后来变为叛徒），介绍国内外劳动消息，并极力鼓吹组织工会。长辛店工人俱乐部一切活动，当然在此刊物上尽量宣布，这样一来，使得北方各铁路工人知道长辛店有个俱乐部，大家不觉油然而生羡慕之心；在当时工人们仿佛觉得长辛店是工人的"天国"，于是各处纷纷派代表前来长辛店参观。这当然不用说给了我们更好的机会，乘时宣传，各地代表归去后也模仿长辛店组织起俱乐部了。因此，北方各铁路开始都有了工会组织的萌芽。

共产党上海党部在一九二一年亦开始做组织工作，首先在沪西小沙渡。此地是上海纱厂集中区域之一。着手也是开办劳动补习学校，主持者为李启汉同志（牺牲），其影响当然不及长辛店，但在中国职工运动史上仍有它的意义。

长辛店和小沙渡两地都是中国共产党最初做职工运动的起点。此外共产党的武汉党部、湖南党部、济南党部、广东党部也开始了职工运动的工作。

……

注释：

［1］本文摘自邓中夏 1930 年 6 月著《中国职工运动简史》，题目是编者加的。

选自人民出版社编辑部：《邓中夏文集》，人民出版社 1983 年版

陈潭秋在庆祝党的十五周年纪念会上的讲话（提纲）[1]

（一九三六年七月）[2]

陈潭秋

同志们!

今天是我们中国共产党员最快乐的一天。中国共产党在共产国际领导下，在伟大的斯大林同志领导下，在十五年来的艰苦奋斗中，已经得到了这样的光荣地位，它已经是共产国际除联共（布）外最优秀的支部。我们今天在这里庆祝我党光荣的十五周年纪念，这是值得我们非常荣幸的。

代表团因为我是参加过党的成立大会——第一次代表大会的党员，要我作关于党十五周年纪念的报告。这使我非常惭愧！我虽然是一个老的党员，在党中受过十五年的教育，可是我自己的进步和发展是非常微弱的。这十五年来我虽然没有脱离过党的工作（除在监狱时期），可是在工作中犯过不少的错误。自然我也不是完全没有进步的，我始终是在跟着党前进，我的错误，一经党指出后即能改正。不然的话，党早已不允许我站在布尔什维克的战线上了。今天也就没有资格出席这样光荣的纪念会来作报告了。

同志们！十五年不是很短的期间，党在这十五年中领导中国革命所做出的成绩是非常之多的。如果要作党史的详细的叙述，不但是时间上不可能，而且超出我今天的能力范围。关于党的历史的概略，已有王明同志所写的《三年来的中国共产党》、《七年来的中国共产党》，米夫同志[3]最近写的《奋斗的十五年》，以及康生同志最近写的《十五年来的中国共产党》的文章及其他的一些参考材料。同志们看了这些小册子和文章，可以了解我们党的奋斗的历史的大概。我今天要向同志们讲的，只是关于党在每一个时期的革命政策和党内两条路线斗争的问题。但这一问题不是简单的个别问题，而是党之所以能够成为全中国人民的领袖和党之所以能够布尔什维克化的主要关键。因为党的基本任务，需要有正确的革命政策逐步的去实现，而两条战线的斗争，则是正确执行革命政策的保证。关于这一点，在我党十五年来的奋斗历史中，得到了完全的证明。

（一）现在我首先要讲到党的产生及在初期的斗争情形

党的产生的条件：

1. 欧战中中国民族工业得到发展的机会，因此发展和壮大了中国无产阶级——党的基础。

2. 五四反帝国主义运动——民族压迫。

3. 封建军阀政治的日渐腐化——不断的军阀战争——社会压迫。

4. 十月革命的影响。

党的组成：

党组织的胚胎——共产主义小组——宣传教育马克思主义——一九二〇年。

沪、京、粤、湘、鄂、济、日、法。

党的第一次大会——一九二一年七、八月于上海。

党的斗争与工作：

第一次大会前后的斗争——统一党的思想，确定党的基本任务，奠定党的布尔什维克化的基础，反公开〔合法〕马克思主义、无政府主义、基尔特社会主义。

党的工作——职工运动——铁路，海员，矿山，纱厂；

二七，香港，唐山，安源，上海，青岛，武汉，粤汉，京奉。

——学生运动。

党在初期的成绩：

1. 奠定了布尔什维克的党的基础；

2. 创造和领导了全国职运；

3. 进步思想的中心领导。

（二）反帝统一战线的政策

1. 党的二次大会正式加入共产国际为其支部，国际提出列宁的反帝统一战线的政策。

当时政治形势——帝、国。

2. 三次大会正式决定加入国民党。

3. 三、四次大会前后关于反帝统一战线的两条战线斗争。

4. 革命运动的发展。

群众组织的蓬勃

工人斗争的高潮

大革命的爆发

北伐的胜利

党的发展——由几百人发展到数万人——群众的政党——党的威信的提高。

5. 革命紧急关头的机会主义——违背列宁关于联合战线的指示。

6. 五次大会与八七会议反机会主义斗争。

（三）革命暂时失败后的政策——恢复和整理组织，收集力量保存力量，武装暴动变为宣传口号，准备新的革命高潮的到来

1. 八七会议后的盲动主义的领导——暴动失败后还继续组织暴动，滥用革命力量。

2. 六次大会的两条战线斗争及其教训——决定正确政治路线，指出革

命发展不平衡，争取一省几省首先胜利的道路。

3. 革命新高涨前的立三路线——违背六次大会所决定的路线。

4. 三中、四中全会反立三路线斗争的教训——四中全会决定的苏维埃运动的政策。

（四）革命新高涨中苏维埃运动的政策——三位一体的任务：红军、苏维埃、工人斗争与反帝斗争

1. 苏维埃运动的迅速发展。

2. 九一八后统一战线执行的不充分——关门主义的错误。

（五）目前民族严重危机中的新政策——全民反日统一战线

1. 新政策取得各阶层广大民众的同情。

2. 统一战线虽尚未具体实现，然而党的威信更大大提高。

3. 正确执行新政策，将是中国革命胜利的保证。我们应当用尽一切的努〈力〉求得新政策的实现。新政策虽好，如果不求其实现，还是等于白说。

同志们！

我党之所以能够成为全国人民的领袖，之所以能够布尔什维克化，我以为是党在每一个革命时期能够努力灵活的执行正确的革命政策；这些政策都是共产国际给予我党的布尔什维克的指示。虽然有时领导机关违背了这种政策，而斯大林所领导的共产国际及我们一些布尔什维克的领导同志能够及时地用两条战线斗争的武器来克服下去，使党始终在布尔什维克道路上前进。我们今天在这里庆祝党的光荣的十五周年纪念的时候，应当热烈的感谢斯大林同志及其所领导的共产国际，感谢坚决执行布尔什维克革命政策的中央，感谢毛泽东同志、朱德〈同志〉等为执行革命政策而奋斗的伟绩。

同志们！

我党在十五年的艰苦斗争中，确实得到了上述这些伟大的胜利。可是我们不要被胜利冲昏了头脑。联共（布）在十五周年纪念的时候，已经取

得了全国的政权，而我们已经得到的胜利在中国革命的全部事业上还只是局部的初步的胜利。因为我党不仅是中国无产阶级的先锋队，而且是全民族和全中国人民的领袖。党的胜利与全民族全国人民的胜利是分不开的。现在中国正处在极端危急的关头，日寇正在积极的进行吞灭全中国，民族的命运悬于一发，全国人民陷于水深火热之中。现在摆在我党面前的任务，是更艰难更巨大和更加紧迫了，需要我们用最大的努力，百倍的艰苦奋斗，才能完成的。我们在这里应当更加紧学习马克思列宁主义，更深刻的研究党的斗争历史和目前新政策，准备着调送回国去作实际的战斗。

注释：

[1] 此件原存于中共驻共产国际代表团的文件中。原件是手写稿，既没有题目，也没有署名。文中谈到:“代表团因为我是参加过党的成立大会——第一次代表大会的党员，要我作关于党十五周年纪念的报告”，据考证，当时陈潭秋正在莫斯科，曾作《中共第一次大会的回忆》一文，发表于《共产国际》月刊中文版6月号。据此我们判定本文是陈潭秋的讲话提纲。标题为编者所加。

[2] 原文没有时间，年月是编者加的。纪念会的时间，据判断，当在7月31日或8月7日前后。

[3] 米夫是苏联人，党的五次大会时即曾来过中国。五次大会后在中国留了一段时间，并参加过党的六次大会。曾任共产国际东方部主任。1931年1月，以共产国际代表的身份出席了党的六届四中全会，在王明上台问题上起了极其恶劣的作用。

选自《中共党史资料》1982年第3辑

中国共产党的产生 [1]

（一九四七年）

跟随中国无产阶级之产生壮大与觉悟程度之提高，中国共产党也就产生了。中国共产党的产生并不是偶然的，是由于：第一，帝国主义的侵略在中国开办了许多企业，同时又刺激了中国资本主义的相当发展，产生了中国强有力的（虽然数量不大）无产阶级。第二，中国无产阶级在日常的斗争中，特别在参加五四运动的斗争中，不仅表现了中国工人力量的伟大，而且提高了中国无产阶级的政治觉悟，而感觉到组织自己政党的必要。第三，俄国十月革命胜利与共产国际创立后，在共产国际的积极帮助下，推动着中国无产阶级政党的建立。在这些原因与基础上，中国共产党出现了。

在五四运动中，因为中国工人阶级的参加战斗，因为十月革命的影响，中国一部分急进的知识分子已逐渐的接受了社会主义的思想。《新青年》一步一步地变成为介绍马克思主义的重要杂志，而在五四运动这一年（一九一九年）中国急进的知识分子开始出版《每周评论》，介绍社会主义学说，讨论苏联十月革命；在浙江创办了《浙江评论》；在湖南毛泽东则出版《湘江评论》。这些刊物对于社会主义思想的散播，是当时中国共产党产生的思想上的准备。不但如此，而且有些急进知识分子于五四运动后已在上海，开始在工人中工作，建立工会，组织了机器工会、印刷工会、纱厂工会，为工人阶级利益而斗争。在同一时期，北方工人中社会主义者帮助工人十人团的工作，设立劳动补助学校。这是中国共产党产生在阶级基础上的准备工作。

一九二〇年春，共产国际派维经斯基和杨明斋（华侨，山东人）来华建立党的组织。首先找到了陈独秀，遂于一九二〇年五月在上海发起组织中国共产党。当时，首先加入组织的有陈独秀、戴季陶、李汉俊、施存统、陈望道、俞秀松、李达、沈玄庐等八人，接着张国焘、刘少奇、罗觉、彭述之等亦加入了党。这就是中国共产党最初的小组织的形成。

上海中共小组织建立后，开始在其他地方发展党的组织。在北平由张国焘发起，建立了党的组织（最初仅七人），李守常、张申府及无政府主义者黄凌霜、袁明熊等就是在这个时候加入党的；在日本由施存统找周佛海发起组织（最初只四人）；在湖南由毛泽东创立党的组织；在湖北则由董必武首先建立党的小组，吸收陈潭秋等入党；最后，写信到法国，在勤工俭学会中建立了党的小组织，周恩来、李立三、罗迈、李富春、王一飞等都是在法国加入党的；以后陈独秀到广东（陈炯明请他去任教育厅长），在广东也有了党的组织的建立。这一时期中，同时建立了社会主义青年团的组织，几有党组织的地方同时就有团的组织。

一九二〇年各党的小组织中发生了分化，无政府主义者相继退出了党，这一分化首先在北平的小组织中开始。北平小组织通过中共纲领时（北平小组织自己拟定的临时纲领），因纲领中有赞成无产阶级专政的一条，在讨论时，黄凌霜等表示反对无产阶级专政，争论的结果，无政府主义者均退出了党。在中国各地党的小组织中也发生了同样的分化（广东党的小组织最初完全操纵在无政府主义派手中），这时，党内一面清洗了一批无政府主义分子，一面在组织上又吸收了一些新的分子进来。张太雷、邓中夏、刘仁静（在北平加入）、谭平山、陈公博（在广东）、沈雁冰（在上海）、恽代英（在湖北）等就是在这一时期中加入了党的。

各地方小组织建立后，工人运动开始加强。同时还出版了各种工人的刊物：在上海为《劳动者》，在北平为《劳动音》；广东为《劳动声》。从此中国工人运动就在中共领导下开展起来。

一九二一年七月中国共产党召集了全国第一次代表大会，这次大会最初是在上海举行，在会议将要结束时。因巡捕搜查过激乃移于浙江之嘉兴东湖继续开会，一天而结束。到会代表十三人，代表党员共五十人左右。

代表的产生是北平、天津、湖南、湖北、广东、山东（这时山东也建立了党的组织）各选派代表二人，日本选派代表一人。到会的代表有：毛泽东、张国焘、董必武、陈潭秋、何叔衡、李汉俊、周佛海、李达、陈公博等人（当时陈独秀在广东未到会）。共产国际派马林（荷兰人，后加入托派，开除出党）出席这次大会。

一次大会原拟讨论：（一）中国共产党宣言；（二）中国共产党章程；（三）劳动运动问题，后因各种关系，中共宣言没有讨论（原来起草之宣言，会后以小册子形式印发），大会仅讨论与通过了中国共产党的章程，并着重讨论了党的组织上统一的必要。关于工人运动亦提出了具体方针。

一次大会开展了反对合法主义观点和反对极“左”倾观点的斗争。合法主义的代表人物为李汉俊。他认为今天中国共产党只需要从理论上进行宣传工作，只需要办马克思主义大学，办图书馆，出版各种报纸；认为今天党不应该发展组织，不应该进行工人运动，以为劳动运动在今天是无目的的。另一方面，则有以刘仁静为首的极“左”派。他主张以无产阶级专政为直接斗争的目标，反对参加资产阶级民主运动，反对任何合法运动，认为知识分子都是资产阶级思想的代表，一般应拒绝其入党。（刘仁静后来成为托洛茨基的走卒。）大会坚决斥责了上述这两种错误的观点。一次大会反对合法主义和极“左”倾的机会主义之斗争的胜利，是以后中共的发展与中国工人运动开展的先决条件。大会对于孙中山先生的进步运动，决定用党外合作的形式援助他。这原则的决定，是对于后来国共合作，发展广大的反帝反军阀的运动，种下了初步的准备。一次大会选举了中共的领导机关，中共中央在一次大会中便正式成立了。

中共中央成立后，党内工作开始有系统的加强，劳动运动也进一步的推动与发展，建立了中国劳动组合书记部的组织，出版了《劳动周刊》。一九二一年底和以后，各地工人的斗争大都是中国共产党领导的。

原载延安中国现代史研究委员会主编：《中国现代革命运动史》，香港新民主出版社1947年版

注释：

[1] 本文为延安中国现代史研究会《中国现代革命运动史》“中国共产党的产生与中国工人运动的发展”中的一节。

选自中国社会科学院现代史研究室、中国革命博物馆党史研究室选编：《“一大”前后——中国共产党第一次全国代表大会前后资料选编》(一)，人民出版社1980年版

董必武同志关于鉴别“一大”文件给中央档案馆的复信

（一九五九年九月五日）

中央档案馆筹备处办公室：

八月五日你处陈铭康、李玲两同志送来有关一大的几份文件，要我帮助鉴别，由于那时我因事离京，未能很快答复，请原谅！

我看了你们送来的《党史资料汇报》第六号、第十号所载：“中国共产党第一次代表大会”、“中国共产党第一个决议”及“中国共产党第一个纲领”，这三个文件虽然是由俄文翻译出来的，在未发现中文文字记载以前，我认为是比较可靠的材料，又“中国共产党第一次代表大会”一文没有载明时间，其他两个文件上载明的时间是：一九二一年，也就是一大开会的那一年，可说是关于我党一大文字记载最早的一份材料。如果把载明年份的两个文件和“中国共产党第一次代表大会”一文对照着看，“中国共产党第一次代表大会”一文中有大会“决定选出一个起草纲领和工作计划委员会”，并研究了纲领和工作计划等句，可见载明年份的两个文件在没有载明年份的文件里可以找出它们的联系。可否把“中国共产党第一次代表大会”一文看作是某种组织或某人向第三国际的报告，而其他两个文件是附在这个报告里面的文件呢？这三个文件有漏洞，只有俄文而无中文，作者未具名，无年、月、日或仅有年份而无月日，无收发文的地点等等，作为唯一可靠的材料是有问题的，我认为“较可靠的材料”是就我看到的某些关于一大回忆录时说的。“中国共产党第一次代表大会”一文中谈到的问题，有些引起我的回忆，好象是有那末一回事。这也是我认为“较可靠”的一点理由。

因为我认为这三个文件是“较可靠”的材料，所以我答复你们提出的问题，就在这三个文件里找出来。如一大代表人数，大会产生了什么中央机构和通过那些文件等问题，在“中国共产党第一次代表大会”一文中都明白地答复了。我过去对一大代表人数是同意陈潭秋同志回忆的说法，今后我愿意放弃这个意见。

至于一大选出了那些中央委员，我记不起有那些人，来信中说，从苏联接收来的档案中，有一份第一届中央委员会的名单，共有下列九人：陈独秀（总书记），张国焘，李汉俊，毛泽东，李大钊，李达（宣传鼓动主任），周佛海（副书记），杨明斋（宣传部、组织部副部长），刘仁静（宣传部副部长），这份材料如果和上述三个文件是放在一起，我同样认为是比较可靠的。

至于一大究竟是哪一天开的，“中国共产党第一次代表大会”一文中有记载，说“代表大会预定六月二十日召开”……“直到七月二十三日才全部到达上海，于是代表大会开幕了”，究竟是二十三，还是那一天，也不肯定，我党已定“七月一日”为党第一次代表大会开幕日期，我想不变也可以。

你们送来中文原文：“中国共产党历史概论”，作者是谁，看不出来，在莫斯科曾设有中国大学，东方大学，海参崴还有一个中国大学，列宁学院有中文班专教中国学生，不知这份讲稿是在那个学校里用的，谁讲过这门功课，我都不晓得，这个问题请找一下康生、吴老、吴克坚、卢瑾予[1]、刘长胜、许之桢诸同志，他们有可能提供一些意见。

过去许多事都记不得，承问率答，仅供参考！

此致

敬礼！

董

九月五日

注释：

[1] 卢瑾予即卢竞如。

选自中央档案馆编：《中国共产党第一次代表大会档案资料》（增订本），人民出版社 1984 年版

三、中共一大有关回忆资料

（一）一大代表回忆一大

关于中国共产党建立的几个问题[1]

（一九五四年二月二十三日）

李　达

1. 一九二〇年夏季 C.C.P（不是共产主义小组）在上海发起以后，经常地在老渔阳里二号《新青年》社内开会，到会的人数包括国际代表维经斯基（译名吴廷康）在内，约七、八人，讨论的项目是党的工作和工人运动问题（当时在杨树浦组织了一个机器工会）。十一月间，书记陈独秀应孙中山之邀，前往广东作教育厅长，书记的职务交李汉俊代理，不久，维经斯基也回到莫斯科去了。后来李汉俊因与陈独秀往来通信，谈到党的组织，中央集权或地方分权问题，两人意见发生冲突，陈主张中央集权，李主张地方分权，愤而辞去代理书记的职务，交由李达代理书记。组党的集会，一直是在老渔阳里二号举行的。

一九二一年七月，党成立代表大会开会以后，成立了中央工作部，推举陈独秀、李达、张国焘组成。陈独秀任书记，李达任宣传主任，张国焘任组织主任（此时所说的组织是指工人的组织说的）。九月间，陈独秀辞去广东教育厅长，回到上海来任党中央书记，他住在老渔阳里二号（他的家是住在楼上的）。中央三人的集会，是在老渔阳里二号楼下客堂，或统厢房举行的。事实上，中央工作部只有三人，别无办事人员。三人的聚会很简单，在九月至十一月这三个月内，经常讨论向国际代表马林和尼可洛夫（他们住在英租界）汇报工作问题。十二月间，马林和尼可洛夫回莫斯科去了。一九二二年一月间，张国焘在北成都路靠街的一座单幢房屋内所成立的中国劳动组合书记部，因为受到英捕房的查询，立即把中国劳动组合书记部的招牌取下，遣散其中的几个办事人员，他自己溜到北京，要邓中夏同志在北京主办中国劳动组合书记部。于是张国焘就到莫斯科去了。这时候中央工作部只剩下陈独秀和李达两人，两人聚合很便利，有时在陈独秀寓所商谈，有时在李达寓所商谈。

李达一直住在南成都路辅德里六二五号，他主编《中国 CP》月刊和人民出版社丛书，各地组织的文件都寄到这里，各地同志的接洽也先到这里。陈独秀经常来到这里看阅各项文件。

一九二二年一月下旬，法租界巡捕房到老渔阳里二号把陈独秀捕去了。为了设法营救，我曾通报各地的组织派人到上海来，我记得张太雷同志为此事，专从北京赶来上海，我们曾电请广州的孙中山设法营救，后来孙中山打了电报给上海法租界的领事，将陈独秀释放了。陈独秀出狱的那一天，我们曾雇了汽车到法国会审公廨去迎接。我记得前一年秋天派往莫斯科的青年团员中有两三人这时到了上海，在欢迎陈独秀出来的时候，还曾用俄语唱了国际歌。

陈独秀出狱以后，仍住在老渔阳里二号，他被拘留的期间，不过两星期，他的寓所并没有党的文件（文件都在辅德里六二五号），所以他在原寓所还住了两个多月。四月间，他一个人曾在南成都路靠马路的住房中，租了楼上一间统厢房住下，我曾去过这地方。他在这里也只住了一个月。五月间，他又搬到上海县地界住下。他的住所并不曾通过知，每隔三、五日到我的寓所来处理一些文件。他在上海县地界的寓所，只有一个名叫李启汉的同志知道，因为李启汉在上海县地界无意中遇到了陈独秀，才进到他的寓所去，据说有一个年轻的女子和陈独秀同住着。

从一九二一年七月到一九二二年六月，中央工作都只有三个人，次后只有二个人，此外并无工作人员。只有宣传工作方面雇了一个工人作包装书籍和递书籍的工作。中央工作部除了出版《新青年》、《CP》月刊和人民出版社的书籍外，就只有阅看各地组织的文件，并给予适当的指示。中央直辖的上海的党组织党员人数很少，常留上海的，当时只有沈雁冰、沈泽民、邵力子、李启汉、李中（高语罕在平民女校教书，不久也离开上海）

等人。而李汉俊、陈望道已经脱离组织了。上海方面工运，只有杨树浦的机器工会（李中主持）和小沙渡的工人夜校（李启汉主办）。工人运动比较有成绩的地方，是京汉铁路的长辛店、郑州和汉口的江岸，其次是长沙、安源、唐山和广州。所以，当时中央工作部的工作是很简单的。

2. 关于党的第二次代表大会开会地点问题。我曾对胡乔木同志说过，开会地点是在上海，不是在西湖。听说中央方面已经改过了。第二次代表大会（到会代表十五、六人）一共开了三天大会，是在英租界南成都路附近的几处地方举行的。第一天的大会是在南成都路辅德里六二五号举行的，第二、第三两天的大会是分别在一个地方举行的，里街和门牌号码我不记得了，但都在英租界，这是千真万确的。分组讨论时，我和蔡和森同志、张国焘三人同属一个小组，我是召集人，这次小组会是在辅德里六二五号开会的。我还记得，这次小组会开会所作的结论张国焘是同意的，但是把小组讨论的结论向大会汇报时，张国焘忽然对我们的结论提出批评。我当时质问张国焘说：我们小组的结论是你同意的，为什么在大会上提出批评呢？他答说："那天小组讨论时，我不曾仔细想过。"张国焘阴谋诡诈，我对他很表不满，他所以借这个机会在大会上打击我，"打倒你，我起来"这就是他的秘诀。他以后叛党作特务，就从这个时候发芽的。我从第一次代表会的时候起，早已确定他是一个坏蛋。

结论是：党的第二次代表大会确实是在上海召开的。

3. 以上两个问题是我对党负责的答复，此外还值得一提的是最初创办的社会主义青年团的地址，即新渔阳里六号二上二下的房子，是可以纪念的。一九二〇年夏间，内地有许多青年脱离了家庭，离开了学校，来到上海找《新青年》社的陈独秀和《民国日报》、"觉悟"栏编者邵力子。党在上海发起以后，决定成立社会主义青年团，并租定新渔阳里六号作为容纳青年的处所，并介绍他们加入社会主义青年团（简称 S.Y.）。派俞秀松同志（党的发起人之一）负责主持。这些青年大约有二十人（罗亦农同志在内，他当时叫罗觉），在这幢房子外，还挂上了"外国语学校"的招牌，请国际代表维经斯基夫人教俄文。……

一九二一年七月，党成立大会以后，曾选派十来名团员送往莫斯科（俞秀松同罗亦农同志都去了）。另外，有些团员回到内地工作去了。新渔阳里六号房子才退租。我想现在的新民主主义青年团是可以要这个房子做纪念的。

还有辅德里六二五号的房子，作为人民出版社的纪念馆，似乎也是可以的。

……

注释：

[1] 本文摘自李达给上海革命历史纪念馆的一封信，题目是编者加的。

选自中国社会科学院现代史研究室、中国革命博物馆党史研究室选编:《“一大”前后——中国共产党第一次全国代表大会前后资料选编》(二)，人民出版社1980年版

中国共产党的发起和第一次、第二次代表大会经过的回忆

（一九五五年八月二日）

李 达

十月社会主义革命及五四运动后，由于工人阶级的阶级意识的提高，由于马列主义的介绍、研究与宣传的相当普遍，由于苏联十月革命的先导，中国共产党成立的阶级基础、思想的准备与国际的声援等客观与主观的条件，都已经具备了。

一九二〇年四月，第三国际东方局，派了维经斯基（他的夫人同行）来到了北京。据他说："东方局曾接到海参崴方面的电报，知道中国曾发生过几百万人的罢工、罢课、罢市的大革命运动，所以派他到中国来看看。"他曾在美国做工多年，说得一口流利的英语。

他到了北京以后，首先访问了以李大钊同志为首的许多进步人士，举行过几次座谈会，许多小资产阶级和资产阶级的知识分子也参加了。因为苏俄政府第一次对中国的宣言（即废除帝俄政府与中国所订的不平等条约）刚才传到了中国，中国很多社会团体都表示热烈的欢迎，所以一听到苏联人来到了北京，大家对他感到特别高兴。维经斯基在几次座谈会上，报告了苏联十月革命以后的实际情况及其对外政策。当时李大钊同志等对于这位好朋友，很诚实的和他交换意见，至于那些小资产阶级和资产阶级知识分子，只带着好奇心，参加了一两次座谈，以后和他也疏远了，和他经常

接触的还有张太雷（因为他懂英文）、杨明斋（华侨，因为他在俄国东方大学读过书，懂俄文）二人。

由于李大钊同志的介绍，维经斯基到了上海，访问了《新青年》、《星期评论》、“共学社”等杂志、社团的许多负责人，如陈独秀、李汉俊、沈玄庐及其他各方面在当时还算进步的人们，也举行过几次座谈，其经过也和在北京的一样，最初参加座谈的人还多，以后就只有在当时还相信马列主义的人和维经斯基交谈了。由于多次的交谈，一些当时的马列主义者，更加明白了苏俄和苏共的情况，得到了一致的结论：“走俄国人的路。”

在这时候，“中国共产党”发起的事被列入了日程。维经斯基来中国的主要的任务是联系，他不懂得什么理论，在中国看了看以后，说中国可以组织中国共产党，于是陈独秀、李汉俊、陈望道、沈玄庐、戴季陶等人就准备组织中国共产党。孙中山知道了这件事，就骂了戴季陶一顿，戴季陶就没有参加组织了。当时在上海参加发起的人有陈独秀、李汉俊（党成立大会以后退出）、陈望道（党成立大会以后退出）、俞秀松、施存统（参加后去日本留学，现属民建）、沈玄庐（大地主，第二年退盘）、李达等。当时还曾起草一个党章草案，由李汉俊用两张八行信纸写成，约有六、七条，其中最主要的一条是“中国共产党用下列的手段，达到社会革命的目的：一、劳工专政，二、生产合作。”我对于“生产合作”一项表示异议，陈独秀说：“等起草党纲时再改。”

这个组织发起后，由陈独秀、李汉俊找关系，当时在全国各地发起组织共产党的有：在北京由李大钊、张太雷、邓中夏、张国焘、刘仁静、罗章龙、李梅羹等人；在武汉由陈潭秋、董必武、包惠僧等人（李汉俊本人也去到武汉）；在广东由谭平山、陈公博、陈达材等人；在济南由王尽美（山东第五中学学生）、邓恩铭等人；在东京由施存统、周佛海等人；在湖南由毛泽东同志负责；另函约巴黎的朋友在巴黎组织。邵力子、沈雁冰是在党发起以后加入的（以后都又退出了）。截至一九二一年六月止，共有八个中国共产党小组，而巴黎小组与国内各小组当时联系很欠缺。

成立共产党的会议是在《新青年》杂志社内召开的。在会上大家提供的工人运动的材料很少，第三国际的宣言和决议案在这次的会议上也出现了。当时党的上海小组的工作分两部分：一是宣传工作，一是工运工作。

宣传方面，决定把《新青年》作为公开宣传的机关刊物，从八卷一号开始。另行出版《共产党》月刊（报纸十六开本，约三十二面），作为秘密宣传刊物。一九二〇年十一月间出了创刊号，这刊物的内容主要是刊登第三国际和苏俄的消息，各国工人运动的消息。至于工运方面，在上海杨树浦组织了一个机器工会，由李中主持，此外还在上海小沙渡路筹组纺织工会，但未组成。

党的上海发起组，推陈独秀做书记。另外还成立了社会主义青年团（简称S.Y.）因为当时有许多青年离开学校和家庭来到上海找《新青年》社想办法，所以上海共产党组织就把他们组织成为社会主义青年团（S.Y.)，上海的团部设在华龙路新渔阳里六号，两层两底的房子里，挂了“外国语学校”的招牌，团员有二十余人，由维经斯基夫人教授俄文，团务由俞秀松主持。这S.Y.的组织，除上海外，北京、武汉、长沙也组织了。

本年，孙中山在广州做大元帅，十一月，他邀约陈独秀去广州做教育厅长，陈把书记的职务交由李汉俊担任，《新青年》也交他和陈望道主编，我负责编《共产党》月刊，这份杂志的稿子主要由《新青年》社供给。十二月间，维经斯基回到苏俄去了，当时党的工作经费，每月仅需大洋二百元，大家却无力负担，因为当时在上海的党员大都没有职业，不能挣钱，搞工人运动没有钱不成。《新青年》社在法租界大马路开了一家“新青年书社”。生意很好，李汉俊向陈独秀写信提议由“新青年书社”按月支二百元做党的经费，陈独秀没有答应，还有陈独秀临去广州时，曾对李汉俊约定，《新青年》每编出一期，即付编辑费一百元。后来李汉俊未能按月编出，该社即不给编辑费，因此李汉俊认定陈独秀私有欲太重，大不满意，这是他两人之间的冲突的起源，这时候党的经费是由在上海的党员卖文章维持的，往后因为经费困难，《共产党》月刊出至第二期就中止了。

一九二一年二月，陈独秀起草了一个党章，寄到上海，李汉俊看到草案上主张党的组织采中央集权制，对陈独秀甚不满意，说他要党员拥护他个人独裁，因此他也起草了一个党章，主张地方分权，中央只不过是一个有职无权的机关，陈独秀看了李汉俊这个草案，大发雷霆，从广州来信责备我一顿，说上海的党员反对他，其实我当时并不知道这件事。从此以后，陈独秀和李汉俊二人之间的裂痕愈来愈深，我觉得党刚才发起就闹起分裂来，太不象话，只得调停于二者之间，要大家加强团结，但李汉俊态度坚决，不肯接受调停，并连书记也不做了，《新青年》也停刊不编了，他就把党的名册和一些文件移交于我，要我担任书记，我为了党的团结，只好接受了。李汉俊原是无政府主义者，后来看了考茨基的书才转变过来，他很想做合法的马克思主义者，主张参加资产阶级议会去宣传无产阶级的政见。他的本性原是一个热衷利禄的人，所以在党的成立大会开过以后，就跑到国民党那里去了。

六月初旬，马林（荷兰人）和尼可洛夫（俄人）由第三国际派到上海来，和我们接谈了以后，他们建议我们应当及早召开全国代表大会，宣告党的成立。于是由我发信给各地党小组，各派代表二人到上海开会，大会决定于七月一日开幕。据我的记忆，当时国内和东京七个小组，共有党员约四十余人，巴黎的小组不详。

六月卜旬，到达上海廾会的各地代表共十二人：

长沙——毛泽东，何叔衡。

武汉——董必武，陈潭秋。

上海——李达，李汉俊。

北京——刘仁静，张国焘。

济南——王尽美，邓恩铭。

广州——陈公博。

东京——周佛海。

李大钊同志和陈独秀均未参加。

到会的代表们，除原住上海的人以外，都住在嵩山路一个三楼三底的博文女校里，因为当时正放暑假（现在该校已改为革命纪念馆）。

党的第一次会议是七月一日下午八时在上海贝勒路树德里李汉俊的寓所举行的，代表十二人全体出席，第三国际的代表马林和尼可洛夫也到了。会场的布置很简单，只有一个大菜台，周围可坐十余人，各代表席上只放了几张油印的文件，也没有张贴什么标语。当时开会，大家没有一点经验，连怎么开法都不知道。会上有两个问题争论不休，一个问题是：共产党人要不要加入资产阶级国会，另一个问题是南北政府有什么不同。关于第一个问题，李汉俊主张参加，刘仁静反对参加。关于第二个问题，有的说，北京政府不好，南方政府也不好，都是一丘之貉；有的说，我们的领袖（指陈独秀）还在广州做教育厅长，由此可见南方政府比北方政府进步些。代表们交换了一些意见之后，马林即席讲话，大意是说，中国共产党的成立，在世界上有很重大的意义，第三国际添了一个东方支部，苏俄（布）党添了一个东方的朋友。世界无产阶级联合起来了。他在演说中，强调着要致电第三国际，报告中共的成立。并希望中国共产党的同志努力革命工作，接受第三国际的指导。他讲话的时间约十多分钟，声音宏大，马路上的人都可听到。他致词后正在开始做报告之时，忽有一个不速之客闯进会场来。张目四看，我们问他："找谁？"他随便说了一个名字，匆忙的下楼去了。马林很机警（富有地下工作经验），他说："此人可疑，我们赶快转移。"我们离开会场不过一刻多钟，法租界巡捕房开了两架卡车，载了十多个巡捕，拥进那个会场，结果扑了一个空，连片纸只字都没有得到。这房子的主人是李汉俊，能说法国话，他和那些巡捕说他家里并无人开会，那些巡捕只好走了。这真危险，假设没有马林的机警，我们就会被一网打尽了。这是因为马林用英文大声演说，夹杂着说了好几次中国共产党，被法国巡捕听去了，所以才有那一场风波。

七月二日，代表们在住所里互相交换意见，报告各地工作的经验，当时党的工作是马克思列宁主义宣传与工人运动两项。北京小组在长辛店做了一些工人运动，武汉方面，京汉铁路工人运动及其他各工厂的工人运动也是刚才开始。长沙小组，宣传与工运都有了初步成绩。看当时各地小组的情形，长沙的组织是比较统一而整齐的，其他各地小组的组织却比较散漫些。当时成为争论的一个问题是议会政策问题。

毛泽东同志在代表住所的一个房子里，经常走走想想，搔首寻思，他苦心思索竟到这样的地步，同志们经过窗前向他打交道的时候，他都不曾看到，有些同志不能体谅，反而说他是个"书呆子"、"神经质"，殊不知他是正在计划着回到长沙后如何推动工作，要想出推动中国革命事业发展的办法。毛泽东同志后来做全党领袖，在这时已显露了端倪。

为了开会的安全起见，我们在嘉兴布置了一个会场，这会场是在南湖中游湖的大画舫上，时间是七月六日上午十时到下午六时。当天上午七时，大家从上海北站乘车出发，十时许在大游艇上聚齐，马林和尼可洛夫因为是外国人，容易引人注目，未去参加。讨论的议题主要是党章和工作方向。在党的组织方面分中央与地方，中央设书记、宣传主任与组织主任，地方组织也分这三部分。宣传方面仍旧以《新青年》为公开宣传刊物，以《共产党月刊》为秘密宣传刊物。组织方面重在工运，以上海、武汉和京汉、陇海两铁路为中心。其次讨论发展党员的办法，并决定各地都成立社会主义青年团，从团员中提拔进步分子入党。最后讨论对于资产阶级议会的态度，有人主张应该利用这样的议会，宣传党的政见，有人反对参加这样的议会，以免陷于改良主义的偏向，当时因为这样的问题还没有到列入日程的时机，对此未作决定。接着大会讨论《中国共产党第一次代表大会的宣言》草案，这宣言有千把个字，前半大体抄袭《共产党宣言》的语句，我记得第一句是“一切至今存在过的历史，是阶级斗争的历史”。接着说起中国工人阶级必须起来实行社会革命自求解放的理由，大意是说中国已有产业工人百余万，手工工人一千余万，这一千多万的工人，能担负起社会革命的使命，工人阶级受着帝国主义与封建势力的双重剥削和压迫，已陷于水深火热的境地，只有自己起来革命，推翻旧的国家机关，建立劳工专政的国家，没收国内外资本家的资产，建设社会主义经济，才能得到幸福生活。宣言草稿中也分析了当时南北政府的本质，主张北洋封建政府必须打倒。但对于孙中山的国民政府也表示不满。因此有人说“南北政府都是一丘之貉”，但多数意见则认为孙中山的政府比较北洋政府是进步的，因而把宣言中的语句修正通过了，宣言最后以“工人们失掉的是锁链，得到的是全世界”一句话结束（这个宣言后来放在陈独秀的皮包中，没有下落）。大会最后讨论党的组织问题，通过了一个简单的党章（这个党章和那个宣言一样都没有印行），并决议成立一个中央工作部，设一个书记，一个宣传主任，一个组织主任，工作部地址设在上海，兼负责上海支部，各地支部各设书记一人。中央工作部的书记推陈独秀担任，宣传主任推李达担任，组织主任推张国焘担任，共组成了中央工作部。于是大会宣告闭幕。次日各地代表陆续离开了上海。沈玄庐、李汉俊、陈望道在第一次代表大会后退出了组织。陈公博也退出，去美国留学去了。

第一次代表大会开过以后，党的组织阵容相当整齐了，中央与各地立即行动起来，分别进行宣传与工运工作，逐步表现了成绩。我这里只说起中央工作部在一九二一年七月以后至一九二二年七月的工作情形。

九月间，陈独秀辞去广东教育厅长，回到上海，专任党中央的书记，常与马林、尼可洛夫会商（陈独秀在法租界曾被捕过一次，由孙中山打电话给法领事释放），当时决定宣传工作，仍以《新青年》为公开宣传刊物，由陈自己主持，我则继续编辑《共产党》月刊，作为秘密宣传刊物（从第三期起至第七期止）。此外，本年秋季，在上海还成立了“人民出版社”（社址在南成都路辅德里625号），准备出版马克思全书十五种，列宁全书十四种，共产主义者（康民尼斯特）丛书十一种，其他九种，但在这一年内，只出版了十五种，如：《第三国际议案及宣言》、《国家与革命》、《共产党宣言》、《苏维埃论》、《共产党星期六》、《哥达纲领批判》等书。“人民出版社”由我主持，并兼编辑、校对和发行工作，社址实际在上海，因为是秘密出版的，所以把社址填写为“广州昌兴马路”。

十月间，陈独秀和我商议，在上海创办一个女校，以期养成妇运人才，开展妇运工作，我任该校校长，入校学生约二十人，丁玲、王一知、王剑虹等均由该校出身。当时任教者如陈独秀、高语罕、邵力子、陈望道、沈雁冰、沈泽民等，但办理不到一年，因经费支绌就停办了。

组织工作由张国焘主持，当时所谓组织工作，是专指工会的组织说的。他在北成都路设立了“中国劳动组合书记部”，找了十多个人，在办公桌上工作，一共搞了三个多月，却不曾组织一个工会。有一天，英租界巡捕房去了一个人询问那招牌是谁挂的，他听了这个消息，连夜把“中国劳动组合书记部”招牌烧毁，把一切工作人员都遣散了。他于是把“中国劳动组合书记部”迁到北京，交由邓中夏同志主持，他自己跑到莫斯科去了。在他离开上海起到第二届代表大会止的期间，上海几乎没有做工人运动。张国焘原是官僚地主家庭出身，带着旧官僚的作风，投机到党里来。他只知个人利益，不顾党的利益，他眼霎眉动，诡计多端，若与别人有利害冲突，就遇事倾轧，“打倒你，我起来”，这是他唯一的本领，我早就看破他是“大不老实”的人。

马林和尼可洛夫几乎每星期要约集陈、张和我，三人会议一次，听取我们工作报告。我的报告很简单，因为每一星期不能有书出版，再则我虽是宣传主任，而实际只是个著作者和编辑，张国焘把每星期所接触的两三个工人的经过，用断续而诘屈的英语，作冗长的报告，陈独秀的报告很少，因为这时的工作，在京汉与陇海两铁路方面，汉口段由武汉的党主持，北京段由北京的党主持，中央只派了一个人到郑州主持，所以上海方面没有好多可以报告的材料。还有陈独秀不住在自己寓所里，另外找了一个女人住小房间，除了他隔几日来与我们相会外，我们不知道他的住处，他究竟每天做了些什么，我们全不知道。据我所知，除了他隔三、五日来我寓所看文件，拿几封信回去（因为党的通信都由我收转）作答以外，似乎没有什么工作。所以向马林作汇报，在陈独秀是一件不愉快的工作。所以陈独秀汇报了一次，第二次他就不去了。后来他大发牛性，要对马林等闹独立。他说，不要国际帮助，我们也可以独立干革命，我们干我们的，何必一定要与国际发生关系，这样他一连几个星期不出来与马林等会面。我认为中国革命而不与国际相联系，太闹笑话了，所以曾和张国焘几次去劝他，他个性倔强，坚持己见，好容易才劝转他，才和马林等相会，但仍然是貌合神离。过了不多久，马林离开上海，先后去武汉、长沙、广州考察，于一九二一年十二月间，回莫斯科去了，大概要向东方局报告中国革命的情况，才回去的。陈独秀也是官僚地主家庭出身，在当时虽相信马克思主义，却完全带着恶霸作风，领袖欲极强。每逢同志们和他辩论的时候，他动则拍桌子，砸茶碗，发作起来。记得当时派赴郑州作铁路工人运动的李震瀛寄来了一个详细报告，他看了最初几行，就大发牛性，接连砸破了两个茶碗。我劝他把报告看完了再说，他才勉强看下去，看完之后才觉得适才的动作是过火了，他就是这么样的人。他本人并不阅读马列主义著作，书架上有一部法文资本论，他从不曾翻看过（他会法文）。他在报纸上写普通的政论是动听的，对于中国革命的理论则不懂，也不研究。《向导》上署他的名字的文章，大都是同志们代写的。他有时忽发异想，说我们到四川去，关着门干社会革命去。因此陈独秀右倾机会主义的特征，在这时已经暴露了出来。

在马林等回国以前，国际来电，要中国派遣一批青年到苏联参加一九二二年一月在莫斯科召开的东方弱小民族会议（这是与当时帝国主义召开的华盛顿会议相对抗的），因此党中央派了二、三十个S.Y.团员去到莫斯科，任弼时、罗亦农等人是在这时前去的；瞿秋白同志在这时已到了俄国，他原是由北京《晨报》社直接派去的。日本、朝鲜也都派代表团去了。

从这时起直到一九二二年五月止，党中央方面除了间接指导京汉、陇海工运外，几乎没有做什么工作。

一九二二年三月，第三国际拍来一份英文电报，主张中国应干国民革命（National Revolution 译为国民革命），当时我们不懂国民革命是什么。同年夏季，张国焘和十多位青年团员从莫斯科回到了上海，带来了国际指示，也带回许多文件。国际的指示主张中国应当实行国民革命，反对帝国主义与封建军阀，建立民主国家。于是党就在七月间召开了第二次代表大会。这时气象有些新鲜，那些青年团员学会唱国际歌，行动也很敏捷，带来了一些新的作风。他们看到我们国内这些党员俨然是学者式样，他们就送我们一个绰号，叫做“学究派”。

第二次全国代表大会是在上海举行的，出席这次代表大会的代表不是经过民主选举产生的，而是由陈独秀、张国焘指定从莫斯科回国的是那省的人就作为那省的代表。其中除陈独秀、张国焘外，有邓中夏、蔡和森、向警予、李达等。毛主席没有出席这次代表大会。第一次大会是在李达家里召开的，后来分成几个小组流动开会，今天在这里开，明天在那里开。大会的情况比第一次稍有进步。张国焘根据他从苏联带回来的英文打字的宣传品，分析了国际的局势，同时大家又研究了国内的局势，提出本党对时局的主张，因此分成几个小组讨论各项问题，会上第一次提出反帝反封建的口号（在此以前不知道什么是帝国主义），认为中国人民的敌人主要是帝国主义和封建主义，农民的问题在会上也提到了一点。第二次全国代表大会发表了宣言，并仍然选举陈独秀担任书记。

从以上情形看出：

1. 初期的党正在幼年时期，所以有许多不纯的分子混了进来，其中有地主，如沈玄庐、陈独秀、张国焘；有资产阶级如陈公博；有投机分子，如李汉俊、周佛海等；有向上爬的小资产阶级知识分子，也有受不起考验的小资产阶级。另一方面，以毛泽东同志为首的许多忠诚的同志们，却代表着党的新生力量，他们是最富于革命彻底性的工人阶级的前卫，终于战胜了腐朽的反动力量，使我党成长壮大，领导了中国人民革命取得了伟大胜利。

2. 初期的党员们有一部分即使是忠实于马列主义，仍是教条主义者，只知道说中国革命是无产阶级革命，其目的是无产阶级专政，至于如何应用马列主义于中国革命的实践，是不懂的，幸亏有毛泽东同志的领导，教条主义才逐渐克服下来。

3. 党的初期，由于只高唱无产阶级革命，和劳工专政，所以只专作工人运动，从不曾想到农民问题。幸亏有毛泽东同志纠正这个偏向，指出了以工人阶级为领导，以工农联盟为基础的正确方向，因而壮大了革命的势力。

4. 党的幼年时期，多数同志们幻想着中国革命可由全国工人总罢工来实现，从不曾注意到武装斗争。幸亏毛泽东同志早就注意到武装斗争的重要性，终于用武装的人民打倒了武装的反革命。

黄明德记录，何进、丁始玉整理，经李达本人审阅、修改

选自中国社会科学院现代史研究室、中国革命博物馆党史研究室选编:《“一大”前后——中国共产党第一次全国代表大会前后资料选编》(二)，人民出版社1980年版

李达谈马林

（一九五八年七月一日）

一九二一年六月中旬，马林和尼可洛夫两位同志由第三国际派到上海来，和我们接谈了以后，他们建议我们应当及早召开全国代表大会，宣告党的成立。于是由上海的党通知各地党小组，各派代表二人到上海开会……

一九二一年七月一日下午八时，中国共产党第一次代表大会，在上海望志路树德里三号的楼上，正式开幕了，代表十二人全体出席，第三国际的代表马林和尼可洛夫也到了。会场的布置很简单，只有一个大餐桌，周围可坐十余人，各代表席上只放了几张油印的文件，也没有张贴什么标语。代表们交换了一些意见之后，马林即席讲话。他首先说，中国共产党——第三国际东方支部，正式宣告成立了，他代表第三国际致以热烈的祝贺。最后他希望中国共产党的同志们努力革命工作，接受第三国际的指导。他讲话的时间约十多分钟。他是荷兰人，说得一口流利的英语。他说话声音洪大，马路上的人都可听到。他说完话之后不久，忽有一个不速之客闯进会场来，张目四看。我们问他找谁，他随便说了一个名字，匆忙地下楼去了。马林很机警（富有地下工作经验），他说："此人可疑，我们赶快转移！"我们离开会场不过一刻钟，法租界巡捕房开了两辆卡车，载了十多个巡捕，拥进那个会场，结果扑了一个空，连片纸只字都没有得到……

代表们经过了几天讨论和交换意见以后，决定于七月六日前往嘉兴南湖开会……马林和尼可洛夫，因为是外国人，容易引人注目，未去参加……

这年八月底陈独秀辞去了广东教育厅长，回到上海专任党的书记工作，经常与马林和尼可洛夫取得联系……

……(陈独秀)有一次，又发怪脾气，接连一月拒绝和马林他们见面。我去劝他时，他说："我们可以独立干革命，勿须接受第三国际的领导。"我说："国际无产阶级联合起来！"这是马克思的教导，中国革命没有国际的援助能够成功么？他对此默然无语。以后他虽然和马林他们见过几次面，却仍是貌合神离。十二月间，马林他们回到莫斯科去了。

选自中国社会科学院现代史研究室选编：《马林在中国的有关资料》(增订本)，人民出版社 1984 年版

中国共产党成立时期的思想斗争情况

（一九五九年三月二十七日）

李　达

我在《学习》杂志上发表的那篇文章中，把梁漱溟放在“五四”时期，可能早了一点。但是有一个情况我记得很清楚，当时我们有一个很早的同志叫杨明斋，山东人，那时就有四十多岁，他曾经在帝俄的东方大学呆过，所以会俄文，维经斯基来中国后就由他翻译。他翻译时很有意思，维经斯基的话也好，我们的话也好，他认为不对的全不翻。这个同志的马列主义水平也不高，但却是个好人。后来他出去谋职业，从此再没有见过。我记得在党成立时，就没有杨明斋了。说这些话是想说明一件事，我曾经看到过杨明斋写了批判梁漱溟的文章，大约有二三万字，他给我看了以后，就设法拿去出版，结果没有出版了。如果，杨明斋在党成立时已出走，那么，这篇批判梁的文章就是一九二一年七月以前写的；我记得是一九二一年的春天。这些情况就证明梁漱溟的《东西文化及其哲学》一书，应该是在一九二〇年出版的，但我看到的本子却是一九二一年。可能梁漱溟零散的发表他的这种思想。但是有一点可以肯定，梁漱溟的反动思想早已形成，这种思想到后来也没变，是一贯的。梁漱溟的思想是自成一家的。他主张中国文化比西方文化高，而印度文化又超出中国文化，不过要恢复中国的封建文化是其主要目的。

关于“新旧”的争论，我不太清楚。李大钊同志的文章是反映了更进一步地反对封建主义。

关于反对封建复古主义的问题，我觉得不一定非要说梁漱溟，可以当作一种思潮来批判。

“五四”时期主要的还是资产阶级思想和无产阶级思想的斗争。当时进攻的最明显的是胡适，谈“主义”还是不谈“主义”的争论是当时的中心问题。

张东荪是个政客，他读过一些书，很会投机。当时他们办了一个共学社，从他们的广告中可以看到，他们想翻译的东西很多，甚至也有《资本论》，但真正翻出来的东西，还是基尔特社会主义。当时我跟他还很熟，他常让我给翻东西。张东荪当时也想钻到共产主义者的队伍中来，想捞一把。陈独秀、李汉俊都不要他。一九二〇年，他把罗素搞来，到处讲演。欢迎罗素的会，我也参加了，坐在张东荪的旁边，张东荪在会上是主角。大概后来他看了梁启超的《欧游心影录》，又跟着罗素在内地跑了一趟，到上海就发表反社会主义的文章。梁启超、张东荪也是资产阶级改良主义，跟胡适一样，只不过隐藏一些。梁、张也可以算在新文化统一战线里边罢，因为“新文化”包括的内容很多，其实当时只要是外国的东西就算新。

无政府主义在中国的影响很大，我记得当时很多人都是安那其，这主要是因为中国的小资产阶级太多。关于斗争问题，我的印象好象是我们出来以后，无政府主义没有向我们开火，就无声无息了，很多人转到我们这边来了。当时对无政府主义的认识很模糊，左点右点谁也分不清，况且无政府主义在中国传播又早，宣传的主张又好听。“各取所需”这个口号很迷惑人，所以一般青年人相信这个的就多。前几天李立三到我这里来，谈起了“各尽所能，各取所需”的翻译问题，我说“各取所需”是无政府主义翻的，最早在巴黎《新世纪》上，这四个字就是反映了无政府主义的思想，这次我们改得好。当时在上海的几个发起人中，就有好几个是安那其，施存统、李汉俊、沈定一（即沈玄庐）都是。沈这个人很坏，是个大地主，有二千亩地，他对农民讲今年不收租了，可是他下面管账的照旧去收，他假装好人。这个家伙在“一大”时就退出去了，理由是有人跑他家跟他儿媳妇杨之华谈恋爱。

当时《共产党》月刊上的文章，只是一般性的反无政府主义，不是针对什么人，无政府主义者的文章我并没有看过。

费觉天我曾经见过面，也是个安那其。

修正主义在中国没有什么影响，并没有形成一种思潮。我写《马克思还原》主要是讲列宁是真正的马克思主义者，现在看来简直幼稚的不得了。当时并没有人能把考茨基跟马克思主义分别开来。

当时大家并不懂得辩证法，被介绍过来的只是布哈林的均衡论，当时马克思、恩格斯的著作很少翻过来，我们只是从日文上看到一些。中国接受马克思主义得自日本的帮助很大，这是因为中国没人翻译，资产阶级学者根本不翻译，而我们的人又都翻不了。斯大林的东西，当时就更见不到，直到一九二六年，斯大林的文章，大家也见不到，只是掌握在陈独秀的手里。毛主席的伟大也在这里，他没有看到斯大林的文章，但思想却是一致的。

不能说中国共产党的成立没有准备，思想准备，组织准备都有。但是思想准备非常之快，只是二、三年的功夫，这是中国的特点。因为中国人民已经经过了多年的教训，完全懂得别的路不行，逼在那里，非走俄国人的路。思想斗争给党的成立作了准备，这就是通过斗争，在小资产阶级思想当中，使马克思主义取得了统治地位，加强了走俄国人的路的信心。但是，在工人中的影响还是不多的。

当时的思想斗争，还谈不上是什么理论，只是一种倾向而已。一大的时候，我们就知道无产阶级革命和无产阶级专政，路是肯定的，但是革命以后怎么办，就不知道了。到第二年才清楚了一些，那年共产国际来了一封很简单的电报，电报上说中国应该搞国民革命，我们一商量，这大概是反帝、反封建。真正的理论，应该从毛主席的《中国社会各阶级的分析》算起。党成立时，李汉俊的名单上只有三十九个人，当时没有什么人读过马列主义，时间也来不及。整个说来，理论准备不足。

具体影响很难说，也不记得当时有什么人表示过接受影响，只记得邓中夏同志常向人介绍《讨论社会主义并质梁任公》一文，说这篇文章对他的影响很大。

当时哲学思想斗争还谈不到，不过唯物史观与唯心史观是进行斗争的，但它是与政治思想斗争联系起来的。

我是在一九二〇年回国的，《共产党》月刊是我编的，由编到校对都是一个人。当时是秘密发行，所以影响不大。我一方面作些工作，一方面要谋生，所以又在中华书局当编辑。一般人很难理解当时党的情况，那是非常复杂的，那时谁也不懂什么组织原则，只知道个代表会，不知道过组织生活的事。一大时有很多人是很坏的。北京的代表是张国焘、刘仁静两个人。刘仁静读过《国家与革命》，张国焘也读过一些书，两个人自以为是。张国焘这家伙最坏。是个非常阴险的人，他跟我是死对头，专门跟我别扭。陈独秀是个资产阶级左派，他不研究马列主义，只是文笔好，文章写得流利，又懂得很多古文，所以一些老古董很怕他，胡适也推崇他，青年人很崇拜他。他的威望很高，党内叫他老头子，中国的列宁。他的领袖欲很强，恶霸作风，动辄拍桌子骂人。那时候我搞宣传工作，下边的文件都集中到我这里。我自己租了一间房，陈独秀不跟我一起住，他的住处根本不许我们去，他弄了个女人在那里。有一次，他到我那里去，看到一个同志来信谈工作困难问题，一看就大骂，一下子把个茶碗拿起摔碎，等信看完了又冷静下来。当时我说：你这个家伙要有了权，一定先杀了人以后，再认错。陈独秀对社会主义认识并不清楚，有一次他跟我说：咱们上四川去关起门来搞社会主义算了。陈独秀也是我的对头。由于跟陈独秀、张国焘搞不好，一九二二年，我就到湖南去搞自修大学，这次是毛主席让我去的。

我看当时只有主席是最突出的，认识清楚。主席来开一大，是我写信叫他来的。

关于当时的思想斗争的规律、特点我说不上来，也没有研究过。照我看，当时就那么几个人，认识也不清楚，当时的斗争只是一种倾向性的斗争，只是肯定个方向而已，其他的也谈不到。

中国革命是实际斗争多，理论斗争少，只有主席进行了理论斗争。后来在白区，也很少有理论斗争，有些人研究马列主义，但也没有和敌人交锋。

不能把主席的关于资产阶级思想的作用那段话放在辛亥革命，辛亥革命以后资产阶级思想还在起作用吗。在五四时期，民族资产阶级还是反帝、反军阀的。

了解这段情况的人，现在也不多了。董老当时不管全国的事。陈望道教书也不管事。施存统去日本了。邵力子思想当时就不清楚，后来入党也是特殊党员。柯庆施同志比较清楚，我们一起在上海工作，他的笔名叫怪君，写过很多文章。

已经四十多年了，好多事记不起来了。这四十年总算是摸索出来了。回想当时，正象主席所说的，那时候党是非常幼稚的，党是幼年的党。

选自中国社会科学院现代史研究室、中国革命博物馆党史研究室选编:《“一大”前后——中国共产党第一次全国代表大会前后资料选编》(二)，人民出版社1980年版

关于党的“一大”的回忆[1]

（一九三七年）

董必武

中国共产党中心建立于一九二〇年五月，那时陈独秀为此目的叫李大钊到了上海。我没出席这次会议，但是我参加了一九二一年七月在上海召开的第一次代表会议。每个省派两名代表出席，日本留学生派一名代表——周佛海，他后来叛变，参加了国民党。湖北省派陈潭秋和我。湖南派何叔衡（大约于一九三五年在红军中工作时与瞿秋白同时被杀）和毛泽东。北京派张国焘和刘仁静。刘仁静现在是一个托洛茨基分子。上海派李汉俊和李达，李汉俊一九二七年在汉口被杀，李达现在是一个自由职业者，他成了一个大学教授。广东派陈公博和包惠僧，陈公博后来叛变成为南京政府的工业部长，包惠僧后来也成为国民党内政部官员。山东派邓恩铭和王尽美——后来两个人都被杀了。来自共产国际的两个代表也出席了这次会议。一个是荷兰人，在中国我们都叫他马林。另一个是俄国人，他的名字我已经忘记了。

原来陈独秀要参加会议并确定为这次会议的主席。但是，那时他必须在广东，于是张国焘代替他。关于这次会议的所有记载都丢失了。我们决定制定一个反对帝国主义、反对军阀的宣言。但是，党的这个最早的文件，我们一份也没有了。我记得辩论的一个观点，是党员可以不可以当官和做技术工作。一些人反对这样做。通过的决议是一个“关门”政策，保持党员的秘密和“纯洁”。我们还决定党员不能加入任何别的政党，包括孙中山的党。我们的主要工作是发展党。我记得会上选出的中央委员会，包括有陈独秀、李大钊、张国焘、李汉俊等人。

注释：

[1] 本文译自尼姆韦尔斯所著《中国共产党人》一书的第一卷《红尘》。这是1937年尼姆韦尔斯访问陕甘宁边区时，董必武同志同她会见时所进行的谈话。谈话共有四个部分：关于武昌起义、孙中山的军事联盟、创立中国共产党、一九二五—一九二七年的武汉。本文摘自董老谈话的第三部分，题目是编者加的。

选自中国社会科学院现代史研究室、中国革命博物馆党史研究室选编:《“一大”前后——中国共产党第一次全国代表大会前后资料选编》(二)，人民出版社1980年版

中国共产党“一大”的主要问题

（一九六一年六月二十八日）

董必武

同志们关心一大这是好现象，虽然一大本身，没有留下什么文字材料，但找人回忆，也是一个好的办法。

回忆因为各人观察事物的角度不同，距直接获得印象的时间又有相当间隔，所以把几个人各自回忆参照着看，就有同有异。在搜集一大材料时，不必繁琐地注意嘉兴南湖开会的船型和某人讲什么话，讲话是什么姿态那些细节，应特别注意一大的主要问题。

什么是一大的主要问题呢？

首先，我们中国共产党很幸运，毛主席不仅是党的第一次全国代表大会的成员，并当选为当时中央委员会的委员。在党中央以他为首后，他领导党把马克思列宁主义的普遍真理与中国的革命实践相结合，制定了我们党在各个革命阶段的总路线。党的政治路线，组织路线，都是按照毛主席的思想制定的。这就奠定了我党是一个真正马克思列宁主义政党的基础。毛主席领导党和中国人民一道革命，取得了我国新民主主义革命和社会主义革命与社会主义建设的胜利，这是最宝贵的一点，也是我们党最值得骄傲的一点。

一大的另一件大事，就是大会提出过“反对帝国主义”，“反对军阀”的政治纲领，这个纲领是在宣言一类的文件中表达出来的。

我记得曾经参加过起草这类文件的工作，所以还隐约想得起这个纲领的内容。一大文件以后就遗失了。一大通过的纲领，虽无文字可证，但到了二大时，党对于“反对帝国主义”、“反对军阀”，就有较为完整理论的阐发。

一大通过的纲领，特别是第一点“反对帝国主义”，现在看起来已经是平淡无奇，但如果回顾一下四十年前当时中国的论坛、当时的政治思想界和各政治党派的主张，就会知道这是中国革命运动中的了不起的一桩大事。当时，任何政党、政派都没有提出过这样的彻底革命的纲领。政论家也很少把反对帝国主义和中国革命联系起来。

为什么一大能够提出反对帝国主义的纲领呢？

第一，近百多年来，中国人民的觉醒和列强欺侮中国是不可分的，中国人民有着反抗外人侵略的爱国传统，鸦片战争，英法联军入侵，中法战争，甲午战争，各省教案和义和团运动，这些事情都教育了中国人民，激起了对帝国主义的仇恨。到有工人阶级积极参加的“五四运动”，就形成了鲜明有力的“反对帝国主义”的爱国运动，并且开始了划时代的新民主主义革命。先进知识分子们，决心依靠工人阶级进行革命，组织马克思列宁主义的政党，难道还不能把爱国人民和先进工人阶级的传统，反对帝国主义的意识，在政纲中表达出来吗？

第二，中国共产党的发起人中，如李大钊、毛泽东等同志，在建党之前几年的言论中，已经有了反对帝国主义的思想萌芽。李大钊同志在一九一八年十月十五日的《庶民的胜利》文中，曾指出第一次世界大战的目的，是“资本家的政府想靠着大战把国家界限打破、拿自己的国家做中心、建一世界的大帝国、成一个经济组织、为自己国内资本家一阶级谋利益”。一九一九年五月十八日的《秘密外交与强盗世界》文中，他指出“不止夺取山东的（指日本）是我们的仇敌，这强盗世界中的一切强盗团体、秘密外交这一类的一切强盗行为，都是我们的仇敌”，主张用“民族自决、世界改造的精神，把这强盗世界推翻”。毛泽东同志在一九一九年七月的《民众大联合》文中，强调群众革命力量联合起来，就能充分打倒帝国主义和军阀官僚等反革命势力。在一九二〇年九月的《湖南建设问题的根本问题》文中，也提出“推翻帝国主义，不许再来作祟”。这都说明在一大之前，我们一些同志，已有比较明确的反对帝国主义的思想基础。一大所通过的政纲中，自然会把这些正确代表人民革命的意见确定下来。

第三，中国共产党的第一次全国代表大会，是在共产国际第二次代表大会[1]之后召开的。列宁在共产国际第二次代表大会的报告中，分析了和指斥了帝国主义。大会通过加入共产国际的条件第八条中，规定凡有殖民地国家的党，必须反对本国的帝国主义。共产国际第二次代表大会通过的在民族和殖民地问题的提纲中，指出"整个世界，已分成了巨大数量的被压迫民族和极少数量的拥有巨量财富和庞大军事力量的压迫民族"，这些压迫民族都是帝国主义。中共一大有共产国际代表参加，中共是共产国际一个支部，它把共产国际反对帝国主义的意旨列入政纲，不是很自然的事吗？

第四，瞿秋白同志在一九三三年九月写的《"打倒帝国主义"的古典》[2]一文，说："打倒帝国主义"的口号曾经通行过几年……最初，大概是一九二一年有一个"过激派"的杂志上提出了这个口号。秋白同志大约是用假名在非党刊物上写的稿子，中文所说的"过激派"，就是指的中国共产党。他所说的杂志，不知是否指的《新青年》或《共产党》月刊？在一九二一年中共成立后，党曾经以《新青年》为机关报，在其第九卷中有反对帝国主义的论点。这也证明"反对帝国主义"，是在中共第二次代表大会之前已成为中共的政治口号，我认为这个口号在一大会上定为政纲，是合理的，很可能的。

大家费点力，去找一下"帝国主义"这个名词什么时候出现于中国论坛？那些用"帝国主义"这个名词的人，对帝国主义的认识，是否和我党的了解相同呢？

四十年前，列宁名著《帝国主义是资本主义的最高阶段》还没有传到中国来，他在这本名著的引言中说："在最近的十五年或二十年里，特别是西美战争（一八九八年）和英布战争（一八九九—一九〇二年）之后，新旧两大陆出版的政治和经济著作中，用'帝国主义'这个概念来说明我们这个时代的，是愈来愈多了。"列宁在一九一六年春季写成《帝国主义是资本主义的最高阶段》，次年 4 月在彼得格勒出版，其法文版与德文版则印行于一九二〇年七月之后。

四十年前，如果我国论坛上有人用过“帝国主义”这个名词，那也和列宁所说的，新旧两大陆出版的政治和经济著作中，用“帝国主义”这个概念一样，不是象列宁所著《帝国主义是资本主义最高阶段》那样从根本性质加以分析，指出帝国主义是资本主义发展的最高阶段，论断其必然死亡。他们不能根本反对帝国主义，更不能把反对帝国主义和中国革命联系起来，他们中间有许多人是根本反对革命的。这也说明中国共产党一诞生就把反对帝国主义作为政纲，是怎样地难能可贵了。

注释：

[1] 共产国际第二次代表大会是在 1920 年 7 月开的。

[2] 见《瞿秋白文集》第 1 卷，第 438 页。

根据 1961 年 6 月 30 日《人民日报》载沈德纯、田海燕访问记整理

选自中国社会科学院现代史研究室、中国革命博物馆党史研究室选编：《“一大”前后——中国共产党第一次全国代表大会前后资料选编》(二)，人民出版社 1980 年版

董必武谈中国共产党第一次全国代表大会和湖北共产主义小组

（一九七一年八月四日）

一大问题，在中国文献上是一个字也没有的。一大以前，共产国际派人来中国，开始是维经斯基，以后又派三个人来到北京。当时陈独秀是北大文科主任，办过《新青年》，影响较大，我们也受影响。共产国际代表来中国，找了个会讲俄文的人，这个人就把国际代表介绍给陈独秀。共产国际代表会讲俄文，有口才，几个月学会了中国语，这个人来是组织共产党的。后来陈独秀去广州，在广东的教育委员会当主任。

开这么大的会，应该有个筹备会，有三件大事要做：第一是纲领，第二是宣言，第三是组织机构，都要有个准备，但当时没有筹备会。

当时共产国际说：看看哪些地方有共产主义小组，就叫哪里人来参加。我们说在文化或产业的中心北京、上海有共产主义研究小组。上海、北京、济南、湖北、湖南、广州有组织，要他们来人。当时到会的还有在日本的留学生周佛海，巴黎有组织没有来人。当时准备很仓促，没有准备得很好。开会时，是叫陈独秀当主席，主持会，陈独秀没有来，就委托张国焘主持会。张国焘以前在长辛店搞工人运动，搞工人俱乐部。上海的代表是李汉俊，李达，上海的党员比较多，有七八个人至十来个人。

一大代表，上海、济南、湖南、湖北、北京各是两个人。广州是一个人，实际到了两个，有一个包惠僧，他是一个新闻记者，是列席的，不是代表。因此，一大代表有的讲是十二个人，有的讲是十三个人。（有人问到：有人回忆在一大会议上，张国焘说不准知识分子入党）当时参加党的都是知识分子。说张国焘不同意知识分子入党，那他自己就是知识分子。那时我们都是知识分子，毛主席、何叔衡都是知识分子。我也是知识分子，学生，后来搞教学的。广东的陈公博也是搞教书的，而共产主义思想也不是工人运动自发地产生的。

这里有个问题请大家考虑，一大没有任何文件，共产国际保存的中国共产党成立时的两个文件没有名字，没有年月日。这样的状况，是什么原因呢？有两个原因。一个原因是：一大时共产国际派的代表是马林（荷兰人，托派）。他把当时的文件都带走了，没有交给共产国际。另一个原因是：一大以后好久没有中央，文件没有人管，那时我们也不知道有中央。有些事情缺乏文字根据。我记得纲领提出来了，七月一日这个日子，也是后来定的，真正开会的日子，没有哪个说得到的。关于一大的情况，陈潭秋写过回忆，是到延安写的。后来李达也写过回忆，两个人写的不完全一样，有时候距离很大。主席没有写过回忆，我也没有写过。回忆那时的事，难于摆脱现在的思想意识，如果加上现在的思想就不一定可靠。你们想想，两个人回忆一件事，如果事先不商量，回忆的结果就不可能一样。

那个时候，我们看到的马列主义的东西是很少的，当时有个《共产党宣言》翻译本，是从日本翻译过来的，是陈望道译的，政治经济学也是陈望道翻译的，考茨基的《政治经济学入门》。列宁的东西，翻译过来的较晚，大革命时期翻译的比较多。有一本《价值利润》是李季译的，李季看的马克思主义的书不少，但是观点比较模糊，真正的马克思主义观点是没有的。布哈林有一本《共产主义 ABC》。

一大是选陈独秀当总书记。有没有中央委员会记不清了。一九六一年沈德纯、田海燕问我时，我说主席一大当选为中央委员，这个回忆是错误的。我当时是根据解放后苏联交来的两个文件说的，有一个文件上写毛主席是中央委员，那是不可靠的。这两个材料在档案馆，档案馆的两个材料，我说第一个材料纲领是比较可靠的，比较真实的，反映了当时的情况，里面提到了“反对帝国主义”，“反对军阀”的口号，另一个材料不可靠，说毛主席当选为中央委员，当时两个材料放在一起，我以为是一个人写的，所以我说主席一大当选为中央委员，后来知道这个材料不可靠。这个问题，不值得去更正，都是个秘密文件，国家机密，六一年我说的是个回忆材料，而回忆材料有时可能不够准确。根据还是按照毛主席讲的。主席给斯诺谈话说他是第三次代表大会时当选为中央委员，主席也是回忆的。

起草大会的宣言，我参加了，李汉俊执笔，刘仁静（有的记录是李达）也参加了。文件的底子被马林带走了。当时用《新青年》作为党的主要机关报，宣言没有搞出来。但两个口号："打倒帝国主义"，"打倒军阀"提出来了，这是不简单的。到了第二次代表大会才在宣言上发表了这两个口号。当时社会上讲的帝国主义是指资本主义这个词，不是列宁提出的帝国主义的含义，列宁说的帝国主义是指资本主义发展到垄断资本主义。列宁是一九一六年讲的。孙中山也提民族主义，但是打倒满清，是汉族的民族主义，不是中华民族的民族主义，不是我们说的反对帝国主义的民族革命。那时候一些政论家都没有用帝国主义这个名词，打倒帝国主义是我们党第一次提出来的，档案馆那个材料可靠就是这个原因。

宣言没有搞成功，但是总纲有了，奠定了以后我们党的纲领和路线。

毛主席著作上讲大革命初期和中期党的路线是正确的，这是他个人的意见，而中央委员会同意这种提法。这个时期的路线斗争，要以毛主席的两篇文章为根据。要学习《中国社会各阶级的分析》，《湖南农民运动考察报告》，学习"七一"社论，社论是党史的概括，讲的比较清楚。"九大"××××的报告有一部分也讲了，七一社论基本上是根据九大的报告搞的。一大时的路线斗争问题，我记不得了，主席也没有讲。

关于全国有几个共产主义小组，湖南共产主义小组的情况，我不好回答。

我再补充一下，在上海开一大，是在李书城（李汉俊的哥哥）家里开的。开会为什么被敌人发现呢？因为那时，外国人要到中国人住的地方是不太多的，国际代表马林走进去时有人就跟着走进去了。第二天会议就改在嘉兴南湖继续开。是由李达的老婆王会悟（嘉兴人）租了两只船开的。会上谁发言，谁坐在哪里，我记不得了。一大开会用的桌子上没有桌布。

八七会议我是以后知道的。当时我在武汉，我没有参加会议。会议的决议是后来中央派人通知我的。有人说主席参加了，我不清楚。从七一社论看，主席好象没参加。

遵义会议我没参加，我是个普通党员，在江西召开的五中全会上提我去搞监察工作。

关于湖北共产主义小组，我谈谈情况。一九一九年五四运动时，我从鄂西到上海，这时，李汉俊（湖北人）从日本毕业回来，李住在我的对面，詹大悲住在我的旁边，我住在上海一个湖北 ×× 会所。李汉俊经常和我闲谈社会活动情况，有人说俄国是过激党进不得，马克思主义的书看不得。当时有股劲，你说看不得我非看不可。我们就想法了解俄国革命的情况和马克思主义的书。俄国革命是经过民主革命和社会主义革命两个阶段的革命，是搞社会主义。说到我们国家的革命，我们过去和孙中山一起搞革命，孙的路子不对头，总是靠军阀。革命发展了，孙中山掌握不住，结果叫别人搞去了。于是我们就开始研究俄国的方式。李汉俊告诉我们一些俄国的情况。告诉我们一些马克思主义。当时叫做过激主义，列宁主义是后来斯大林提出来的。

五四运动时，各种思潮都表现出来，当时最厉害的是无政府主义。江亢虎是无政府主义者，在广州，有人写了一本书叫《伏虎记》，说要抓住这个“虎”，要伏江亢虎这个“虎”。当时社会上有无政府主义、社会主义、日本的合作运动等等，各种主义在头脑里打仗。李汉俊来了，把头绪理出来了，说要搞俄国的马克思主义，介绍《马克思主义入门》，看政治经济学入门到底是资本主义，还是帝国资本主义，我们也弄不懂，这就是我们的老师，我们的“本钱”。

要搞马克思主义，我们就讨论是怎么着手呢？当时我想，我们应该做两件事：一是办报纸，宣传我们的观点，把主张思想告诉人家，叫人家同情。二是办学校。当时在上海搞了一个团体，要办报纸，有一个四川人，我认识，但到真正办的时候，他不干。办报有些人同情，有些人不同情，所以没有办起来。

后来我们回到湖北教育总会江汉书院，找同学办学校，办了一个小学，后来又认识一个同学，办了一个三年制初中六年制高中，五间房子。

一九一九年办“武汉中学”，陈潭秋出了很大的力，他是武汉高等师范毕业，高师有个附中、附小，都是他们毕业的人办的。高师毕业的学生没事干，可以教书，所以教师不成问题。教师是尽义务的，我们只筹四分之一的薪金。办学校时每人交二十元，我没有钱。我有个表弟，在陕西一个军队里做事，我从那里弄了点钱，还把一件皮袄当了，凑了二十元支了，其他人不见得能出二十元。在学校里，我教两班国文。我们学校每年招生一百人（有的记录是二百人），在湖北办学校比办报纸容易些。因为当时私立学校比较多，后来由李汉俊介绍了一个叫马曼也夫的第三国际的人到武汉来找我。我们住在一起，准备叫他教俄语或音乐，但觉得这个人是外国人，在这里不合适，没有搞成他就走了。其实这个人是为搞共产主义而来的，后来，我们就和李汉俊联系。

一九二〇年冬，在武汉我和张国恩、陈潭秋三人组织了共产主义小组。起初主要是知识分子，是共产主义组织，是宣传马列主义的，反对军阀。当时还组织了“共进中学”。

吴德峰办了一个“楚才中学”，吴德峰是第一师范毕业的，这样青年组织起来了。我在湖北，当时是有点名气，在学校里学习考试总是第一名；教书的时候，用白话文教课，这是当时不容易的；我们办的学校，招生不分男女，所以当时影响也比较大，我在女子师范教过一段国文（夏之栩是这个学校的），第一师范也教过一段，在湖北省立中学和一些政府办的中学教过课。

武汉中学有第一部和第二部，我在第二部，第二部的附近有个湖北纱厂，我们到厂里去办夜校。办学、访问学生家属和工人接触，做工人的工作，组织工会。首先组织铁路工人、交通工人、船舶工人、黄包车工人等，因为我们是知识分子，知识分子穿着长袍不好到工人中去，我们就找些熟人、同学介绍到工厂去，是介绍去的。

农民运动，是利用寒暑假学生回家做工作，做调查，帮助最苦的，然后学生回校写作做工作调查情况。开始是不谈什么，就是帮忙，通过接触慢慢谈起来了。学生这个工作，教员也做。湖北红安县在大革命中，农民第一个占据了县城。李先念同志就在那里。我们还做妇女运动。当时我们的学生运动、工人运动、农民运动、妇女运动就是这样做的。

常建国记录整理

选自中国社会科学院现代史研究室、中国革命博物馆党史研究室选编:《“一大”前后——中国共产党第一次全国代表大会前后资料选编》(二),人民出版社 1980 年版

中共第一次大会的回忆

（一九三六年六七月间）[1]

陈潭秋

一九二一年七月的下半月，在上海法租界蒲柏路的女子学校，突然来到了九个客人。他们都下榻于这学校的楼上。在学校的楼下，除掉厨子和校役以外谁也没有，因为学生和教员都放了暑假。一个认识的校役则被请为大家每日作饭。另外他的任务，注意不放一个生人进来。假使不是认识的人向厨子解释，那他会根本不知他们是谁，因为他不懂他们的土话，他们讲的都不是上海话。有的讲湖南话，有的讲湖北话，而有些则讲北京话。

这到来的许多人，是中国各地共产主义小组各地的代表。他们到上海来的目的，是为正式成立中国共产党。在这九人里面有湖南长沙的共产主义小组的代表毛泽东、何叔衡；武汉共产主义小组的代表为我和董必武；山东济南的代表王烬美和邓恩铭。那时王邓两人是非常活泼的青年，王后来死了——非常严重的工作侵蚀了他，邓则被捕后死在狱中。北京的代表是刘仁静，后来为托洛茨基派，被党开除了党籍，现在国民党特务机关内工作，执行与共产党斗争的专门任务。广东的代表为鲍怀琛[2]，后变为叛徒，向国民党投降了。代表日本的中国学生及侨民的为周佛海，现在国民党的著名领袖之一，而周佛海在广东时期，因其进行反党活动，即被党开除。在第一次大会上，参加的一共只有十一人，除了上面所指出的九人以外，还有代表北平的张国焘，代表上海的李汉俊、李达。李汉俊在四次党的大会上被开除党籍，因他拥护右派机会主义的观点，并与北洋军阀有联系往来。在武汉政府叛变后，即被安徽军阀枪毙。而李达则在五卅后为革命浪潮高涨惊骇而退出党了。广东第二个代表为陈公博，他在陈炯明暴动反对孙中山时，他帮助了他反对孙中山。陈公博受了党的屡次警告，结果仍开除了党籍，后很快即成为有名的国民党活动家。

取消派领袖陈独秀，在第一次大会上未出席。那时他在陈炯明下做广东的教育部长。在第一次大会后，陈独秀参加中共领导很久。在一九二五——一九二七年革命严重时期，他自己的投降政策出卖了革命事业。

中共第一次大会是在七月底开的。大会的组织是非常简单的。张国焘被选为主席，秘书为毛泽东和周佛海。大会开幕就在上面所说的校内举行的，而大会本身的工作，则在李汉俊的家里进行。大会共开了四天。讨论以下的问题：1. 目前政治状况；2. 党的基本任务；3. 党章；4. 组织问题。

在讨论这些问题时，发生了有力的争论，部分的对党的基本任务和组织原则问题。一方面以李汉俊为首表示公开的“马克思主义者”，认为无产阶级尚很幼稚，不了解马克思主义的思想，需要长期的宣传教育工作。在这一基础上，李汉俊认为无需建立真正无产阶级政党，反对专政，拥护资产阶级民主。他指出就是在资产阶级民主范围内，亦可以公开的组织和教育无产阶级的，用不着组织职工会，最好还是用一切力量去发展学生运动和文化教育工作。李汉俊申明首先应真正的组织知识分子，用马克思理论给他们武装起来，然后，当知识分子已掌握了马克思主义时，才能有力组织和教育工人。因此他认为无产阶级的党，用不到有纪律的战斗的党，把联合知识分子、使党成为公开的组织和和平的政党，研究马克思主义的组织来与他对立。由此他得出结论：凡承认和宣传马克思原则的都可为党员。参加党某一组织和在里面进行实际工作，他认为是不必要的。李汉俊的观点拥护的还有李达和陈公博。

另外是一种极左的观点。以刘仁静为首，认为无产阶级的专政是斗争的直接目标，反对任何用公开的形式的工作，一切知识分子都为资产阶级思想的代表者，他认为照例应拒绝知识分子入党。同情他的观点的有鲍怀琛。

大会大部分的代表都反对了这两个都不正确的观点。终于通过了一个共同方针，即党的基本任务为争取无产阶级专政而斗争。在规定目前时期斗争的策略时，指出党不仅不拒绝，而相反必须积极号召无产阶级参加和领导资产阶级民主运动。通过了方针，要求党成为有战斗能力及有纪律性的无产阶级政党。发展职工运动为共党工作的中心任务。关于工作公开形式的问题，则指出，如有利于无产阶级的则党应当利用他。至于党的组织原则和接收入党的条件，则采取俄国布尔什维克的经验。

通过这些方针，成为建立中国布党的开端。最后的批准党章改至大会的第四日议事日程上。但这天吃过晚饭后，大会的参加者晚八点集合于李汉俊的家中，主席宣布大会继续工作时，在隔壁房间内发现了一穿长褂的可疑人物，追问这不知名的人，问他是谁，他回答说找社联组织的主席姓王的一个人，后又说找错了，即很快出去了。对的，离李汉俊房子经过三幢房子的地方，有一个社联组织。但大家知道这一组织并没有主席，更没有姓王的人在。因此这人对我们非常可疑，我们即很快收集了文件隐藏起来了。只剩下李汉俊和陈公博。正真没有经过十分钟，李汉俊的家中即出现九个侦探和警察搜查房子。除了公开的马克思主义书籍外，他们什么也没有找到，因此，没有人被捕。

每人因此不得不找寻宿处，回到女子学校，我们又不能，因为我们想侦探是从女子学校的踪迹探知我们的。

在开始时，计算七天完结大会的工作的，但是因此不得不缩短到五天。同时在上海找不到大会工作继续的适当地点。决定了到杭州西湖去，但是在到出发前，又得出了结论，西湖不是适当地点，因为那里游人太多。因此即在离上海三北里城的南湖[3]举行。这里虽有游人，但较少。到那里后，我们即租了一只大船，买了食物、酒，好象游人一样，在湖上的船中进行大会的工作。

这是大会的最后一天。李汉俊和陈公博没有出席，因为在搜查后，在他们后面有人盯梢。那天早上是阴天，但在八点钟后，即有许多游人。当然因此使我们的工作困难，但在十点半钟时，下起小雨来了。游人都散了，因此保证能安心工作。直到晚上十一点的一整天，我们都讨论了在我们面前的问题。除了最后批准党章外，我们还讨论了对孙中山的态度问题，关于设立中共临时中央局的问题。然后举行了中央局的人选。关于对孙中山的态度问题，引起了不大的争论。鲍怀琛认为共党与孙中山是代表两个不同的阶级，在中间不应有任何的妥协。因此对孙中山应对北洋军阀一样看待，甚至要更坏一些，因为他自己的武断宣传，使群众彷徨。这一种思想受到了大会代表的打击，对这问题通过了以下的方针：一般的对孙文学说应带有批评性的来对待。但个别的实际上进步的行动应拥护，采取党外形式的合作。通过了这一原则，可以说与今后共党和国民党中间的合作放下了基石，同时也为发展反军阀和反帝运动的基础。

在第一次大会前除掉在日本法国的留学生侨民的共产主义小组外，只有在上海、广东、长沙、武汉和济南有共产主义小组，在南京、成都和杭州只有个别的共产主义者。那时共产党员一共不过几十人。因此决定不组织正式的中央。为得与存在的个别支部发生联系，建立党的中央局，党的名称为中国共产党。

在临时中央局里选张国焘、陈独秀、李达为委员，候补者为周佛海、李汉俊、刘仁静。

这样即完结了中共的第一次大会，产生了伟大的中国共产党，领导中国革命和引导中国人民的争取民族和社会解放的斗争。虽然中国共产党的年龄并不大（一共只十五年），而他经过了在斗争中的许多锻炼和受了大的牺牲。党在成立后，已经领导了全世界闻名的广东、香港海员罢工，京汉铁路工人的罢工，开滦煤矿工人的总罢工。在这些斗争中，党已生长和巩固到这样了，已能组织五卅运动，争取伟大中国革命的领导权，组织延长到十六月的香港罢工，进行了上海三次暴动和举行了历史上的广东暴动，放下了中国苏维埃革命的开端。在国民党叛变革命后，成千成万的共产党员和共产党领导工作人员、无数的工农在国民党制度下受到了牺牲。在这些光荣革命牺牲者的血上生长起来了几十万的英勇中国红军，建立了广大的苏维埃区域。中国共产党在现在空前的民族危机条件下，正为联合全体反封建反帝的力量，来使中国人民得到民族解放及社会解放的最后胜利。

在十五周年时，中共的新政策——全民抗日救国统一战线的新政策——受到中国人民广大群众的热烈响应。正在发展着的反日斗争，不可避免的将更加扩大和变为大的历史上的战斗。

共党内部思想上的斗争助长了党的发展、巩固和布尔什维克化。还在第一次大会上即进行了党内正确的斗争，反对了孟什维克及超左的倾向。八七会议反对了陈独秀的机会主义。六次大会反对了机会主义和盲动主义。四中全会与立三路线及罗章龙右派作了斗争。这种斗争推进了党走向布尔什维克化路上去。

在这十五年的中国革命澎湃发展的英勇斗争中为革命事业而牺牲许多老的共产党员，另一些则叛变了革命，走进了反革命营垒。在第一次大会时期加入的党员，现在剩下的简直很少了。但在一次大会后，生长起来了新的力量。我们党最好的领袖、苏维埃和红军最好的领袖、在党内党外斗争中锻炼出来的毛泽东、朱德和其他人——现在领导着中国人民的伟大的历史的斗争。

在第一次大会时，共党尚未与共产国际建立联系，但他的总路线，同样他的组织原则都按照列宁—斯大林的布尔什维克建立的。在第二次大会上，中共决定了加入共产国际。直到现在，中共的一切生活，一切斗争，一切政策，中国红军和苏维埃的发展和巩固，都受到了共产国际的帮助和领导。正因为如此，中共对共产国际的尊敬、信仰和忠实，随着本身党的生长在加强着，生长着，巩固着。

于莫斯科

注释：

[1] 时间是判定的。

[2] 即包惠僧，下同。

[3] 原文如此，应是“离上海三百里的嘉兴南湖”。

选自中央档案馆编：《中国共产党第一次代表大会档案资料》（增订本），人民出版社 1984 年版

回忆党的“一大”[1]

（一九三六年）

毛泽东

一九二一年五月，我到上海去出席共产党成立大会。在这个大会的组织工作中，起主要作用的是陈独秀和李大钊，这两人都是当时中国知识界领导人。我在李大钊手下担任国立北京大学图书馆助理员的时候，曾经迅速地朝着马克思主义的方向发展。陈独秀对我在这方面的兴趣，也起过作用。我第二次到上海去的时候，曾经和陈独秀讨论我读过的马克思主义书籍。在我一生中的可能是关键性的这个时期，陈独秀关于他自己的信仰的那些话给我留下了深刻的印象。

在上海这次具有历史意义的会议上，除了我以外，只有一个湖南人[2]。其他出席会议的人有〈董必武〉、张国焘、包惠僧和周佛海等。我们总共是十二个人。当年十月，共产党的第一个省委在湖南组织起来了。我是书记之一。接着其他省市也建立了党组织。在上海的党中央机构工作过的有：陈独秀、张国焘、陈公博、施存统、沈玄庐、李汉俊（一九二七年在武汉被杀）、李达和李启汉。在湖北的党员有董必武（现任保安党校校长）、许白昊、施洋。在陕西的党员有高岗和一些著名的学生领袖。在北京是李大钊、邓中夏、张国焘、罗章龙、刘仁静（现为托洛茨基派）和其他一些人。在广州是林伯渠，现任苏维埃政府财政部长和彭湃（一九二九年被害）。山东省委的创始人中有王尽美和邓恩铭。

同时在法国，许多勤工俭学的人也成立了中国共产党组织，它几乎是同中国国内的组织同时建立起来的。那里的党的创始人中有周恩来、李立三和向警予。向警予是蔡和森的妻子，同时也是创始人中唯一的妇女。罗迈和蔡和森也是法国支部的创始人。在德国也组织了中国共产党支部，只是时间稍后一些；其成员有高语罕、朱德（现任红军总司令）和张申府（现任清华大学教授）。在莫斯科，支部的发起人有瞿秋白等人。在日本是周佛海。

到一九二二年五月，湖南省委——我当时是书记——已经在矿工、铁路工人、市政职工、印刷工人和政府造币厂工人中组织了二十多个工会。那年冬天，开展了蓬蓬勃勃的工人运动。当时共产党的工作主要集中在学生和工人身上，在农民中间则做得非常少。湖南大部分大矿的工人已经组织起来，学生也几乎全部组织了起来。在学生战线和工人战线上，斗争极其频繁。一九二二年冬天，湖南省长赵恒惕下令处决两个湖南工人——黄爱和庞人铨，结果引起了广泛的反对赵恒惕的宣传运动。被杀死的两个工人之一黄爱，是右翼工人运动的一个首领，这个工人运动以工业学校学生为基础，而且是反对我们的。可是，在这次事件以及其他许多斗争中，我们都支持了他们。无政府主义者在工会中也很有势力，这些工会当时已经组织成为湖南省总工会。但是我们同无政府主义者达成了妥协，并且通过协商，阻止了他们许多轻率和无益的行动。

“我被派到上海去帮助组织反对赵恒惕的运动。那年（一九二二年）冬天，第二次党代表大会在上海召开，我本想参加，可是忘记了开会的地点，又找不到任何同志，结果错过了这次大会。我回到湖南后，大力推动工会的工作。第二年春天，湖南发生多次罢工，要求增加工资，改善待遇和承认工会。大部分罢工都是成功的。五月一日湖南举行了总罢工，这标志有中国工人运动的力量已经取得了空前的成就。”

注释：

[1] 本文摘自吴黎平译《斯诺记述一九三六年毛主席同他的谈话》“1.关于主席的革命经历”中的一段。题目是编者加的。

[2] 何叔衡，毛泽东的老朋友，和他一起创办了新民学会，1935年被

国民党杀害——斯诺注。

选自中国社会科学院现代史研究室、中国革命博物馆党史研究室选编:《“一大”前后——中国共产党第一次全国代表大会前后资料选编》(二),人民出版社 1980 年版

张国焘关于中共成立前后情况的讲稿[1]

（一九二九年）

[俄] K. B. 舍维廖夫　提供

第一次讲

共产党的发生是怎样的？先说明当时的无产阶级。辛亥以前的工人就有许多秘密社会组织。辛亥以后就发生工会组织，有些是自发的，国民党去参加，有些是国民党去组织的。当时组织的动机是做选举运动，会章是联络感情等语，袁世凯时代在德州唐山等处都屠杀过工人。后来在上海等处新发生招牌的工会，发电报——大半是无政府党人组织的，主要地方是香港，带行会性质，仅做经济争斗。

在历史发展过程中有三种形式：

①自发性的秘密会社

②国民党人争选举的工会

③无政府党人经济争斗的工会

到共产党发生时情形有些改变。

辛亥革命时国民党情形，孙中山最大机会主义是不知领导反帝运动，仅在排满运动时建立联合战线，不要人民排外。

社会上一般反帝运动仍旧进行，如反日二十一条等，一直发展到五四运动。五四虽然有些政党——国民党研究系……给以影响，但无政党能抓住群众，新文化派比较有大的影响，当时与国民党实无大关系。

中共小组从五四运动中的左派——小资——发生，受十月革命与欧战后世界革命酝酿的潮流而起，其实当时的一切左派，并没有吸到小组中来。北京学生最积极的分子，约 140 人，曾组织国民杂志社，内分三派：

A. 一派在政治上像研究系，思想上像刘师复等

B. 一派像康梁等想在国会中做成政党

C. 贫民概念很富，想到贫苦人民中进行教育工作等

这是 1918 年 8 月中间的事。日本协定成功，当时学生反对日本，有很少学生对苏联表同情，有所谓俄国式革命法国式革命等。当时教员有提倡科学的如胡适之等，其中有做政治运动的如陈独秀、李守常等，学生中有十人团之组织，唐山工人有各界联合会之组织，长辛店亦在此时着手组织了。十人团也想参加军队活动，破坏工作。我当时在北京任讲演部职务，到天津运炸弹，造谣言，破坏水电，银行挤兑，当时是很幼稚的。独秀办《每周评论》，发市民宣言（1919），内容：①罢免卖国贼，②取消卫戍司令部，③成立市民政府，④市民选举。宣言上附有世界语。当时以为散传单不是好事，学生多不愿做。《每周评论》、《新青年》的思想怎样，可参考刊物。

上海学生在国民党影响之卜，国民党主张不仅反对卖国贼，并反对北京政府，这是孙中山比较进步之处。学生中不愿向北京讲话，是很左的。上海工人、商人受虞洽卿等影响，六三运动起来。（青洪帮）

1920〈年〉春，独秀与我都到上海，见学生不成功（罗家伦、康白情），我任联络工人，与管鹏等商量，打算在阴历年关（1920）暴动，印刷传单，想集合 80 个敢死队去做，结果只找着数人。当时俄国革命影响更大些。一般学生都讲社会主义，如陈炯明（福建）、温世霖、姜博若（天津米店主人）、张东荪（研究系），戴季陶、胡汉民、李汉俊、李石曾，都出版谈社会主义杂志，因为在反帝上失掉领导作用，只得拉学生谈新文化。

工会状况，在上海有群众的工会如中华电器工业联合会，中华工人联合会，约有数百人，其他工会群众更少。中华工人联合会与国民党有关

系，派人到法国做工，这是冯自由办的，宣传到法国做工可发洋财，骗了9万元（每人3元共3万人）。李凤池是六三的领袖，曾坐过牢，以后变成工贼。

当时社会主义很时髦，且做政治活动，并且要与工人发生关系，当时就谈到政党问题，想打到国民党的工会中去（电器工业联合会与青年会有关系，难进去）与李凤池商量奔走，我被举为干事，演说不要穿长衫。国民党不愿意，没有成功。当时便成立青年社，出新书如《社会主义史》……等。

1920〈年〉5月，苏联代表到沪，独秀与其接洽（当时有许多中国人朝鲜人从俄国派到东方活动），因为张东荪、陈哲时、姜博若……都不成样子，所以找着我们。江亢虎、姚作宾等虽都到过苏联，都是吹牛，无耻，是下流的官僚。（其详可与秀松谈）上海小组办了《劳动周刊》（4000份35期），《夥友》（2000份），《共产党》（6期）……做了一些工会活动，如机器、印刷、纺织工会等。又开了外国语学社，教俄文（如彭述之、卜世畸）。

共产党最初与其他组织不同的是要到工人中活动，理论上进行宣传，没有什么。

北京小组成立（在上海之后），于1920〈年〉七八月间，由李守常、张松年和我三人商量筹备（叫北京共产党），张松年不久赴法。我与守常与无政府接洽，他们也赞成马克思主义，阶级争斗，一共有八人。决定党纲如下：

①共产党原则：A. 没收一切资本——没收银行矿山，废除个人压迫个人，经济上社会共有。B. 领导工人阶级获得政权，打倒反动势力，过渡到消灭政权。C. 消灭一切阶级。

②共产党目的：A. 要进行阶级斗争——团结工人由经济争斗发展到政治争斗夺取政权。B. 取得政权以后，发展阶级争斗。C. 建设共产主义社会，以大规模生产为基础。

这个党纲由独秀从伍廷康得来，写成中文，又有下面几条：

1）无（产阶）级专政

2）国际组织

3）不准做官

1920〈年〉十月组织 S. Y.，共有 30 人分三派：

A. 马克思主义派——马克思共产主义

B. 无政府派——无政府……

C. 与研究系有关系——社会主义

发行《劳动音》（周刊），到长辛店、唐山……组织工会。与无政府党有争论。当时罗素讲演“自由联合”等，无政府派赞成，以此引起争执，自认是巴枯宁共产主义，不赞成无产阶级专政，只同情苏联。我与他们大吵，守常想调和，结果，他们退出三人，其余三人仍赞成马克思共产主义。北京《新中国》杂志宋介也加入。当时在广东、上海……等处与无政府派都起争论，争论的问题是无产阶级专政等。

陈炯明想从苏联得些军火。孙中山在 1920〈年〉春与我谈过两次话：孙说看过许多马克思的书，列宁是我的老友，我的主义可包括马克思列宁主义，学生工人都没有用，是否能找着 500 人拿枪，这是第一次。第二次谈话，孙说办工会没有结果，我答复是办办工会试试。梁启超时从西欧归来。江亢虎到北京找守常和我们谈话。江说，孙有三民主义，我们也可把共产主义、社会主义、无政府主义联合起来。

1920〈年〉11 月在广东由谭平山、陈公博等成立小组。独秀任广东教育委员长。（炯明在广州）与机器工会黄焕庭联络。

共产党小组的特色，是到工人中间去。在长辛店开办劳动学校。五四时有 50 人加入十人团。1920〈年〉10 月开始活动，当时工人情形：工人是破产的农民，做洋工，社会上看不起他们。在五四运动以后，也还存着这些残余，李石曾是北方人，给一二大工头以影响，认为办学校是可行的。我到时，逢工头祝寿，把他们邀到学校中去，开会情形很好笑。商量办学校请他们任校董。1921〈年〉1 月学校成立了，当时经费募了 400 元。当教员的也不是同志，隔一二周开校董会，宣传组织一个会（工人以为会是可以杀头的），法国人且从中破坏，要捕捉我，藉以恐吓。此外用收买方法，梁善济许给 3000 元，交通系许每月给 300 元把学校收去办。1921〈年〉五一节集会千余工人在亭子里开大会，我提出口号：工人反对工头，打倒工头。当时工头放高利贷，工人甚欢迎。后来整队游行，有数人喊口号，游行至车站，工厂厂主及警长躲起来，工人声势增加了，成立长辛店俱乐部，十数日内，发生许多事件，把与李石曾接近的工头打倒。就当时一般情形说，长辛店工人不如唐山。五四时唐山工人有 2000 人加入活动（长辛店 3000 工人只有 200 人加入十人团）。上海工人组织无多大成功。在一次大会以前有下面各处的小组：

北京、上海、广东、湖南、山东、东京。

都是五四运动时左派为基础，研究马克思主义的小资产阶级都吸收各小组中来。因为当时国民党未加入五四运动，所以共产党发生之际与他们无关系。

第二次讲

今天讲六个小组到第一次大会。

1921 年 7 月间，计算六个小组共有 57 同志，有劳动刊物，共产党出版物，有各处的劳动运动。当时到上海开会的有 11 代表。上海是李汉俊、李达，北京是张国焘、刘仁静，武汉是董必武、陈潭秋，湖南是毛泽东，广东是陈公博、包惠僧，山东是王尽美、邓恩铭，日本是周佛海（似乎只 11 个表决权）。主席是张国焘，秘书长是毛泽东。讨论的问题是这些。当时虽然与无政府主义者分裂，但都带了一些无政府的色彩。在开会以前有两个意见：汉俊与守常等是一个意见，国焘与独秀等是一个意见。汉俊虽然有些错误，但做工作尚可以。在 1920〈年〉冬汉俊曾写了一本小册卖给商务书馆，得了 300 元。在工作上发生许多困难，以致汉俊对劳动问题发生悲观观念。与无政府党争斗，守常也有些动摇。但独秀对这些问题当能坚决，对我的意见表同情。曾写信给我说：如守常动摇，就不客气的开除他。因此摆在第一次大会面前的任务：要把各小组联合起来组织一个中央，决定宣言、党纲。以此引起我与汉俊之间的争论。第一是无产阶级专政问题，汉俊说：马克思是唯物主义依据环境不同而定，德国有考茨基的社会民主党，俄国有列宁的布尔什维克，中国也有特别情形，是否适用无级专政，当须研究。第二个问题是现有 57 人的工作，汉俊说首先要懂得马克思主义。中国工人不大觉悟，费了一年劳力，成绩不好。中国应先有一部分好的知识分子，到工人中去活动，才有把握，主张开办马克思主义的师范大学，设立马克思主义图书馆，翻译书籍。有了这些知识分子作干部，才有办法。共产党的基础不必建立在工人上，可以知识分子为中心。第三个问题是做些什么政治活动，……出版物问题，党员可否做官问题。政治活动容后再说。汉俊对出版物问题，主张把叶楚伧拉进来，在《民国日报》上辟一副刊，每月助它一百元。汉俊对做官问题，主张不能做政务官，可以做事务官。第四个是组织问题，汉俊说是信仰马克思主义的联合，用不着什么中央（中央仅仅转信），纪律……等，以免中央多费金钱，且防野心家利用。

第一个问题，我们主张无级专政，加入第三国际，不管各国情形怎样，是要无级专政的。德国的社会民主党，不属于第三国际。汉俊可看日本书，费许多时间于私人谈话，在会场上没有多费讨论。

第二个问题，我们主张共产党是工人的党，应费大部分力量到工人中去。不能以最近一年无成绩而不作。主张组织一个工人运动总机关，指挥全国工运，办出版物，工人夜校，吸收工人入党。汉俊的师范大学，据说要 15 万元，常常笑他。

第三个问题，我们反对出周刊，月刊……属于他报，应发行独立的刊物。做官问题，讨论甚久，汉俊解释事务官是平常的职业，与技师……一样，只要不是负政治责任的。我问是否做警察厅长，他说可以。又问他是否可捕共产党员？汉俊说议员可以做的，且当时沈玄庐也是议员之一。我们以为做议员问题或官吏问题，第一要是党的命令，第二要能帮助党的活动。关于与他党联合问题，当时都主张不与任何政党联合。汉俊对此无意见。汉俊后来坚决反对与国民党联合。

第四个问题——组织问题。我们主张要有严密的组织，要有中央，指挥各小组，要有纪律，要民主集中制，反对自由联合。当时情形与现在不同，都不愿守什么纪律，听什么命令。特别是陈望道一类的人，说到命令，非特别反对不可。当时决定党章，大部分采取多数党的办法。曾通过二三十条议决案。又决定工人运动计划，限制做官问题……等。

在这次会中表现最不好的是陈公博，当时会场是汉俊住所，到会者并有俄国同志两人。因为寓所隔壁是各界联合会，在开会时有人来问，我以主席资格主张散会。散会后，法巡捕房来查，只汉俊、公博二人留守，查无证据，没有什么纠葛。公博惊慌不敢到会，但公博主张是附和汉俊的。

这是第一次大会情形，如果与各国党比较起来，亦觉得不相上下，很有趣的。关于重要的政治任务是没有解决的。当时未发表宣言，到第二次大会才补发。

选举三个中央委员①独秀任书记，②国焘任组织，③李达任宣传。三个候补委员，周佛海、姚明载、刘仁静。李汉俊是没有被选的。

闭会以后，正值卢永祥发起制宪运动，汉俊主张在湖北制省宪，沈玄庐与卢永祥有关系，陈公博与陈炯明有关系。过几日以后，玄庐草了浙江省宪，这些行动，比急进的国民党还不如，玄庐与中央接头，中央讨论制宪问题，告诉玄庐以党员参加议会的意义，议员一切行动要报告中央，在他的宪法草案中，加入劳动法——八小时制，限低工资，保护童女工。关于农民的，要提出减租。人民的一般自由。当时玄庐虽然都答应了，但面色很难看，觉得服从中央，不合口味，后来玄庐请求脱党，责备中央不注意农民问题，其实玄庐在省宪中亦未提出农民问题。以后公博往广东办报，汉俊往湖北，在汤芗铭商场督办署任工程师，这些情形，掺杂了许多自由派思想，很少革命成分，看不起劳动运动。

一次大会以后的工作。成立劳动组合书记部，到处设立分部，发行小册，翻译书，定期刊，以后归人民出版社办理。劳动组合书记部是马上开始工作的，在计划中，决定要领导一切罢工运动，在罢工运动中组织工人。后来检查工作，没有什么基础，如上海机器工会虽然有500工人，其实仍无何种成绩。第一次罢工运动，是上海浦东烟厂车间工人（1921〈年〉七八月），上海党员活动结果，把罢工工人找着一些，叫他们注意与别种部门别厂联合。同时发现青帮工人破坏罢工，派李启汉参加青帮与王凤山争斗。后来找了六个罢工首领，都是王凤山徒弟，我们历数王凤山罪恶，当时有一个工人哭起来。次日用西瓜装屎打王凤山，把王凤山打下去。青帮中从此起了分化，罢工进行比较顺利。设立浦东英美烟厂工会。这不过表示上海开始参加罢工运动之一例。

《劳动周刊》发行到4000份，自己分散，颇引起工人的注意。发行时如先给电车工人，即刻另派一人向看报人鼓吹，说这周刊很好。以后有数百工人来定阅。学生运动，陈望道、李达、邵力子等都不去做。当时黄炎培开办职业学校，有许多工读学生（许白昊即其中学生之一），找他们开了几次会，情形很好，有三十余人与我们很接近。白昊入党以后，活动更容易些，这些贫苦学生，甚至比 S. Y. 团员还要好些。

党内状态发生了周佛海、李达与我的争执问题。周佛海泄露秘密（将党告诉其丈人），我提议处罚他，汉俊、望道付之一笑。此时独秀到上海来。独秀当时的见解，可看他的社会主义讨论集，他的政治见解与陈炯明较接近，与孙中山不甚接近。对俄同志态度，独秀则主张不应听外国人之话。与国际代表谈话时，代表问中国革命何时可以成功，独秀答以五年，并主张到四川组织军队与农民，占领四川，物产丰富，外人不能入，可以在四川建设社会主义。再出师向外进攻，中国革命可以成功。这种中国革命哲学，是很好笑的，与乌托邦思想极接近，现在当然应送到古物陈列所去。

国民党从前不注意反帝运动，我已经说过。但国民党从前领导过农民暴动武装争斗。如黄花岗之役，虽然不是群众的，但也有意义。无政府党人做了一些秘密社会活动。独秀闭关革命的观念，第一没有看到革命前途，第二没有重视工人运动。到第三次大会时，还以为中国资级力弱，无产阶级则比资级更不如。独秀又以为中国同志应有一致意见，骂国焘是国际代表的走狗。汉俊则以国际代表是顾问的性质，中国革命应由我们自己去干，国际助以经费是可以接受的。独秀以为国际代表不应干涉党的内政（如周佛海与国焘争执问题）。有一次独秀来信，一说我们未加入第三国际，是否加入，尚待考虑。国际给我们的什么命令及议决案，只能供参考之资；二说国际代表侮辱我们同志，以后断绝一切关系。李达、佛海都赞成这种说法，我是反对的。拍案大闹。此信后来未送去。国际代表马林主张开除独秀党籍。1921〈年〉9 月初独秀被法拘捕去坐监，不久即出来。当时共产国际召集远东劳苦群众大会，对抗华盛顿会议。到 1922 年 1 月才开成。（在莫斯科）讨论代表问题时，曾派太雷往日本约派代表赴莫。以此与独秀意见不合，李达拍电给存统不理太雷，致太雷在日本为警察所困。太雷回国后，我大骂李达，要枪毙他。独秀初期替李达辩护，后来已了解。这些事实都可说明当时党内情形之一斑。

在党成立之初与无政府派争斗，与汉俊争斗，为国际代表关系事与独秀的争执，其情形实如此。

1922年到莫斯科代表如国焘、白昊、夏曦、邓培……等共九人，国民党则有张秋白。这次会是讨论中国革命策略的。

当日（时）政治问题，党的组织问题，劳动组织问题便是如此。

广东小组，广东有些工会与孙中山有关系（如谢婴白的互助社），有些与无政府派有关系。当时小组是与无政府联合的。开办群报，公博、平山任编辑，陈炯明每月津贴400元。在第一次劳动大会时与平山有很大的争论，平山反对与孙中山有关系之工会接头。主张与黄凤廷等接头，群报关于这些，时有记载，一直到海员罢工时，比较进步工人都在国民党影响之下，平山等的活动，只有理发工人受其影响。

一次大会以前经费是自筹的。上海《新青年》社原来有2000元，营业赢利计4000元。汉俊等也设法筹措一些。湖南等处，每月由中央津贴二三十元。（广东不在内）北京因与俄同志接近，募了一些捐款。一次大会以后，中央则由国际津贴。

一次大会以后，我曾写了一册共产主义与共产党，没有发表宣言。政治问题到1922年二次大会之前才提出，与国民党联合问题，就引起讨论与注意。

一次大会时57同志中有三个工人同志。没有女子（S. Y.是有的）。当时无政府派在北京有互助团学生50人，在工人中没有什么。在香港、广州方面，与工人有关系，有几个党员到工会工作，约有几千个工人群众中受无政府派领袖的影响。

注释：

[1] 不久前，俄罗斯科学院远东研究所K.B.舍维廖夫教授给《百年潮》寄来新发现的两份珍贵档案材料：张国焘关于中共成立情况的两次讲课稿。据舍维廖夫先生称，讲稿写在1929年印制的笔记本上，估计是在以瞿秋白为首的中共党史教研室成立后为莫斯科中山大学撰写的。由于张国焘是中国共产党的早期领导人之一，参加了中共一大及中共创立前后的许

多重要活动，因此他早年撰写的这两份讲稿，无疑具有重要的资料价值。我们特予刊登，以飨读者。因该文是张国焘当年的手写稿复印件，有些字迹模糊不清，难以辨认，文中很可能有识别错误，请读者注意。

选自《百年潮》2002年第2期

中国共产党第一次全国代表大会[1]

（一九七一年）

张国焘

一九二一年四月间，我们——中国共产党的主要发起人——觉得各地的工作都已有一个良好的开始，组党的时机已经成熟了。上海北京和广州各地同志们互相函商的结果，决定于六月中旬在上海举行中国共产党第一次全国代表大会。

根据这个决定，北京支部应派两个代表出席大会。各地同志都盼望李大钊先生能亲自出席；但他因为正值北大学年终结期间，校务纷繁，不能抽身前往。结果便由我和刘仁静代表北京支部出席大会。

我因须参加大会筹备工作，是代表中最先到达上海的一个（大约在五月中旬）。下车后我就去看李达。他告诉我许多有关上海方面的情形，指出上海支部的工作没有以往那末紧张，有些事都陷于停滞状态；这是因为李汉俊和其他的同志们多忙于教书和写作，不能象陈独秀先生在这里时那样全神贯注的工作。他又提到新近来了两位共产国际的代表，一位名叫尼科罗夫斯基，是助手的地位，不大说话，象是一个老实人；另外一位负主要责任的名叫马林（Ma Lin），这个洋鬼子很骄傲，很难说话，作风与维经斯基迥然不同。他与李汉俊及李达第一次见面就谈得不大投机，他已知道我要来上海，急于要和我晤谈。

李达很注重我们与共产国际间的关系，自己则不愿和他们打交道，故希望我能与马林谈得来。李达是一个学者气味很重、秉性直率的人，有一股湖南人的傲劲，与人谈话一言不合，往往会睁大双目注视对方，似乎是怒不可遏的样子。他的简短言词，有时坚硬得象钢铁一样。我当时想到马林和李达也许是两个戆头，恰好碰个正着。

接着我又去拜访李汉俊。他也是一位学者型的人物，可说是我们中的理论家，对于马克思经济学说的研究特别有兴趣。他不轻易附和人家，爱坦率表示自己的不同的见解，但态度雍容，喜怒不形于色。他热诚地欢迎我的先期到达，认为很多事在通信中说不清楚，现在可以当面商讨。他说到大会开会地点等技术上的问题容易解决，至于议程和议案等问题不妨等各代表到齐之后再行商定，目前最重要的是建立与共产国际的关系。他并告诉我许多上海方面的情形及其困难。

他叙述马林和他及李达晤谈的经过。马林曾向他声称是共产国际的正式代表，并毫不客气地向他要工作报告。他拒绝了马林的要求，理由是组织还在萌芽时期，没有甚么可报告的。马林又问他要工作计划和预算，表示共产国际将予经济的支持。他觉得马林这些话过于唐突，因此直率地表示中国共产党还没有正式成立，是否加入共产国际也还没有决定；即使中共成立之后而加入了共产国际，它将来与共产国际所派的代表间的关系究竟如何，也还待研究；现在根本说不上工作报告计划和预算等等。他向马林表示，共产国际如果支持我们，我们愿意接受；但须由我们按工作实际情形去自由支配。他们之间就因这种争执陷于不愉快的僵持状态中。

在李汉俊看来，中国共产运动应由中国共产党自己负责，共产国际只能站在协助的地位。我们站在国际主义的立场，可以接受它的理论指导，并采一致的行动；至于经费方面，只能在我们感到不足时才接受补助，我们并不期望靠共产国际的津贴来发展工作。再说共产国际派来中国的代表只能是我们的顾问，决不应自居于领导的地位。他说明了这种观点后并向我提到，马林碰了他的钉子之后，急盼能早日和陈独秀、李大钊及我见面。他主张我去和马林再作晤谈，以期获得谅解。

与马林接触较多的张太雷对于马林另有一种看法。张太雷那时是社会主义青年团团员，在该团成立后曾被推为代表去莫斯科参加少共国际的大会，是以代表身份出现于莫斯科的第一个中国共产主义者。他的英语说得相当流利，故李汉俊派他做马林的助手。马林与李汉俊、李达会面时，都由他在场任翻译。这位生长在上海附近的漂亮青年，有善于交际的海派作风。在他看来，马林的缺点只是不懂中国情形和态度欠佳，但他确是共产国际的重要人物，也是值得佩服的马克思主义者。因此，张太雷竭力主张我们应与马林改善关系。

两天以后，张太雷陪同我去访看马林。他寄居在爱文义路一个德国人的家里，我们就在他的家里开始了第一次的晤谈。马林并没有提起与李汉俊等人相处不快的经过，也没有说到工作报告等一类的事情，他的态度显然是有些修正了。我们轻松地谈到一些北方的情形，他听后对北方的工人运动甚感兴趣。我们还谈到关于大会的筹备问题，彼此意见也相当融洽。从此，我被视为达成了与马林改善关系的任务，也被推为与马林继续接触的代表。

马林给我的印象是不平凡的。他这个体格强健的荷兰人，一眼望去有点象个普鲁士军人。说起话来往往表现出他那议员型的雄辩家的天才，有时声色俱厉，目光逼人。他坚持自己主张的那股崛强劲儿，有时好象要与他的反对者决斗。他是一个老资格的社会主义者，曾在荷属东印度工作多年，同情东方被压迫民族，譬如他在上海路遇一个外国人欺侮中国苦力，他竟挺身出来与那个外国人大打出手。但他的谈吐往往过份形容亚洲人民的落后，也有时谈到东方社会主义者的幼稚可笑，使人觉得他沾染了一些荷兰人在东印度做殖民地主人的习气。他是共产国际东方问题的权威并以此自傲，有时还提到他曾和列宁在共产国际第二次大会中共同制订殖民地问题决议案的事。所有这些表现，使他自居解放的人看来，就觉得他具有社会主义的白人优越感。

马林的工作与维经斯基在中国的过去活动似乎也不相衔接。他一开始就凭着主观见解为所欲为，致与李汉俊格格不入，后来且还掀起了几次大风波，似乎都与他的个人性格有关。

六月初，各地参加大会的代表陆续到达上海。刘仁静比我迟到几天，他那时是一位埋头于书本的青年，读过许多有关共产国际的文件。他主张这次大会应确立无产阶级专政的基本信念，逢人便滔滔不绝地说教。

山东代表王尽美、邓恩铭也到得较早，他们都是刚毕业的中学生，因曾在五四运动中积极活动而著名。我这次到上海路过济南，曾在那里耽搁一天。他们约集济南的八个党员，在大明湖的游船上和我聚谈了一天。他们视我为他们的先进者和老朋友，向我提出许多问题，不厌求详的要我讲解。他们一面静听，一面记录要点，并商谈如何执行的方法。他们来到上海以后，仍本着学习的精神贪婪地阅读有关书刊，有时且向到会的代表们请教。

武汉的代表是董必武、陈潭秋、包惠僧。董必武为人醇朴，蓄着八字式的胡子，活象一个老学究，让谈吐中才表现出一些革命家的倔强风格。陈潭秋老是一本正经，教员风味十足。包惠僧是一个初出茅庐的新闻记者，爱任性谈笑。他们都不多谈理论，对实际问题的探讨则表现得更为起劲。

湖南代表是毛泽东与何叔衡。何叔衡是一位读线装书的年长朋友，常常张开大嘴。说话表情都很吃力，对马克思主义懂得最少，但显出一股诚实和热情的劲儿。毛泽东也脱不了湖南的土气，是一位较活跃的白面书生，穿着一件布长衫。他的常识相当丰富，但对于马克思主义的了解并不比王尽美、邓恩铭等高明多少。他在大会前和大会中，都没有提出过具体的主张；可是他健谈好辩，在与人闲谈的时候常爱设计陷阱，如果对方不留神而坠入其中，发生了自我矛盾的窘迫，他便得意地笑了起来。

日本留学生代表是周佛海。他是一位很活跃的青年，那种湖南土气似乎早已消失殆尽，看来风流潇洒，倒象是一个老上海。他对日本的社会主义运动谈得头头是道，对大会的筹备工作也是积极参加。

大会预定举行的日期逐渐接近，但陈独秀先生仍未赶到。我们函电交驰，催促他和广州的代表速来出席。这样等了好几天，作为广州代表的陈公博携着陈先生致各代表的信件终于赶到了。陈先生的信中除说明他辞职尚未获准不能抽身出席外，并向大会提出关于组织与政策的四点意见[2]，要求大会在讨论党纲党章时予以注意。

陈公博对于陈先生的主张并没有多加说明。他带着他的漂亮妻子住在大东旅社，终日忙于料理私事，对于大会的一切似乎不甚关心。在一般代表心目中，认为他象是广州政府的一位漂亮的青年政客，而他与我们所谈论的，也多是关于广州政局的实况。

六月下旬，预定到会的代表都已到齐，立即便开始了大会的筹备工作。

上海代表是李汉俊和李达，代表上海九个党员；我和刘仁静代表北京十五个党员；董必武、陈潭秋、包惠僧代表武汉的八个党员；毛泽东、何叔衡代表湖南约十个党员；陈公博代表广东约七个党员；王尽美、邓恩铭代表山东的八个党员；周佛海代表日本留学生中的两个党员。合计代表十三人，党员五十九人。全国社会主义青年团团员则约在三百五十人左右。这就是中国共产主义者在第一次全国代表大会前夕的全部阵容。

我们交换意见的结果，决定七月一日正式举行大会，开会地点借用法租界蒲石路博文女校的课堂，多数代表也就寄住在这间学校里。议事日程共有四项：一、党纲与政纲；二、党章；三、中心工作与工作方针；四、选举。在大会召开之前，几位主要代表还会商过代表的资格问题；结果认为何叔衡既不懂马克思主义，又无工作表现，不应出席大会；并推我将这一决定通知毛泽东。他旋即以湖南某项工作紧急为理由，请何叔衡先行返湘处理。因此，后来出席大会的代表只有十二人。

党纲与政纲是难于拟订的，但我们都觉得非有这一文件不可。我们同意现在不必有一个详细的党章，只要有一个简明的党章要点就够用了。我被推举为这两个文件的起草人，汇集陈独秀先生和各代表所提出的意见，先行拟出两个草案，再交由李汉俊、刘仁静、周佛海等共同审查。

我首先草拟了一个党纲政纲草案，题名为：中国共产党成立宣言。其要点大致包括共产主义者的基本信念、中共的组成、它的基本政策，以及中共将经由无产阶级专政以实现共产主义等等。李汉俊等人虽不完全同意这个草案，但认为可以作为讨论的基础。马林看了这个文件（由张太雷译成英文），却提出了较严格的批评，表示这个草案在理论的原则上写得不错，主要缺点是没有明确地规定中共在现阶级〈段〉的政纲。他指出这个文件表示中共将支持民主的民族的革命，以期真正的民主共和国能在中国迅速建立起来，这是对的；但惜乎没有说明如何实现的具体步骤。我当时觉得他的这种批评很有价值，曾请就他所提出的各点拟具一些具体的意见，供大会讨论参考。但他并未这样做，也许他那时也没有确定的主张。

共产国际第二次大会关于殖民地问题的决议，当时还未到达我们手里，只有少数代表从马林口中和西欧共产主义出版物中知道一些简略的内容。我们又找不到各国共产党的党纲党章等做参考。因此，一般说来，大会的工作多半是由我们自己在摸索进行。

一九二一年七月一日下午三时，中国共产党第一次全国代表大会开幕了。我被推为主席，首先宣布中国共产党的正式成立；接着通过原拟订的四项议事日程，决定每日分上下午举行两次会议，并即开始第一项议程的讨论。

我向大会说明关于草拟党纲政纲草案的经过情形，指出，负责起草和审查的同志们，认为“中国共产党成立宣言”的草案可以向大会提出，作为讨论的基础。但后来经过详细研讨，认为不够成熟，主要是没有确定一个显明的政纲；不如由各代表先行就本问题自由发言，经过讨论后再行推人厘订宣言。于是我建议大会，由各代表先行报告各地区工作状况，并就议程的第一项发表意见。我的这个提议迅即为大会所接纳。

我和李汉俊、刘仁静、周佛海等在会前曾就党纲和政纲作过几次商讨，各人的立场都显得更清楚，自然也发现了歧见。李汉俊首先表示了不同的意见，提出现在世界上有俄国的十月革命，还有德国社会党的革命；中国的共产主义究应采取何种的党纲和政纲，应先派人到俄、德国去考察，在国内成立一个研究机构如马克思主义大学等，从事精深的研究后，才能作最后的决定。他并具体指出共产主义革命在中国既未成熟，目前共产党人应着重研究和宣传方面的工作，并应支持孙中山先生的革命运动，在孙中山先生的革命成功后，共产党人可以参加议会。

与李汉俊针锋相对展开争论的是刘仁静。他主张中国共产党应信仰革命的马克思主义，以武装暴动夺取政权，建立无产阶级专政，实现共产主义为最高原则。他反对西欧社会民主党的议会政策以及一切改良派的思想。他认为中国共产党不应该只是马克思主义的研究团体，也不应对国民党和议会活动有过多的幻想，应积极从事工人运动，以为共产革命的准备。

李汉俊的意见成为大会讨论的焦点，除陈公博有时对他表示一些含混的同情外，所有代表都给予他不同程度的批评。大多数代表主张中共应确立无产阶级专政的基本原则。对于现实政治问题，有的主张中共目前不应参加实际政治活动；有的表示中共应站在共产主义的立场上，对孙中山先生的革命运动予以支持。

这样，经过几天的讨论，后来由我归纳到会者的意见，提出几点结论，内容大致是：一、中国共产党是无产阶级的革命政党，以实现无产阶级专政为基本原则；二、目前应着重马克思主义理论的研究和实际的工人运动，扩大共产党的组织与影响，为实行共产革命之准备；三、中国共产党不否定议会活动和其他的合法运动，但认为这些活动只是扩大工人阶级势力的手段；四、中国共产党站在共产主义的立场可以赞助孙中山先生的革命，但仍以实现共产革命为主，并不能将共产党的社会革命与国民党的革命混为一谈。这四点结论为大会正式通过，认为是中国共产党党纲和政纲的要点。

当时讨论这项议程，牵涉的问题是很广泛的。在一般代表的心目中，似都认为中国应有两次革命：一次是民族的和民主的革命，另一次是社会革命。对于国民党能否担负上述第一次革命的责任，大家颇有疑问，但也认为中国如能成为一个真正的民主共和国，工人阶级将可得到较多的自由。不过共产党人并不以民主共和国为满足，还应继续社会革命，以期实现苏维埃式的政权。至于国共合作从事国民革命，再由国民革命进展到社会革命等等的想法，那时是完全没有的。其他如土地国有、农民问题、八小时工作制、反对列强对中国的侵略、反对军阀政治等等，都曾被代表们提到过。一般代表多以为共产革命是遥远的将来的事，即民族的和民主的革命现在也尚不能捉摸，因而无法作具体的规定，所以大会除否定李汉俊的改良派思想外，实际政纲就只是上述一些较抽象的要点。

在讨论由我所草拟的党章草案时，李汉俊又提出了两点修正意见。他指出中共未来的中央不过是一个联络的机关，不可任意发号施令，一切应征求各地方组织的同意，须有共同讨论，遇事公开的精神。对于征求党员也不可限制太严，不必规定每个党员都须从事实际工作，只要信仰马克思主义就够了。他这种修正意见同样遭到多数代表的反对，多数代表支持原有的草案，批评他那种自由联合的想法。

大会所通过的党章包括下列各要点：第一，凡加入共产党者须信仰共产主义，遵守决议，并参加实际工作，经由两个党员介绍和地方委员会的批准。方得成为党员；第二，中国共产党中央设在上海，其他各省设地方委员会，地方委员会之下按工厂学校街区分设支部；第三，各级组织均采委员制，至少有一人任书记，一人任组织，一人任宣传；第四，一切决定须经由党员的民主讨论，少数服从多数，下级服从上级；第五，党员应该服从纪律，保守秘密；第六，全国代表大会每年召开一次；如有两个地方组织表示不信任中央时，中央应召集全国临时代表大会，从事解决等等。至于中共和共产国际的关系问题，大会认为中共应是共产国际的一个支部，但不列入党章。

上述这两项议程的讨论经过都很热烈，表现了代表们的认真精神，但并没有意气之争。多数代表批评李汉俊的意见虽很严峻，但没有人指他为改良派或机会主义等等。初期的共产主义者彼此重视友谊，不愿意随便给意见不同者戴上一项政治的“帽子”。李汉俊在讨论中虽也坚持他的意见，但从不与人争吵，当他的主张被否决时，总是坦率地表示服从多数的决定。

但这种意见分歧也曾使大会蒙上了一些阴霾。我是批评李汉俊的意见的一个主要发言人，也是这些议案的提出者；因此，有些代表认为这是我与李汉俊之争。代表们多认为陈独秀、李大钊等重要党员是支持我的意见的，在党内占绝大多数；李汉俊的意见虽然很少人附和，但他究是一个重要的发起人。中共在成立之初就表现了不同的意见，总令人难免有美中不足之感。

马林和尼科罗夫斯基未列席过大会，但获知大会进行的情形。他们对大会的争论点甚感兴趣，表示支持多数的主张，并引以为慰。可是李汉俊、李达等对马林印象不佳，不愿意让他干预大会的事；即与他保持接触的我，也只将他当作一个顾问，并没有遇事向他请教。这些情形似乎使他感觉受到冷遇，在大会讨论党章时，他以不耐烦的心情向我要求准他出席大会，发表演说。

马林的要求为大会所接受。我们决定在讨论党章结束时，即请他出席演说。为便于马林与尼科罗夫斯基出席起见，大会并改在李汉俊家里举行。大约是七月八日晚七时，当我们围坐在李家楼上书房的一张大餐桌的四周，正要宣告开会的时候，突然有一个陌生人揭开书房的门帘，窥探了一下，说声“我找错了人家”，就转身走了。我们都警觉到这人可能是法租界的暗探。我立即请大家将文件收拾好，准备立即离开，并将此事翻译给马林和尼科罗夫斯基听。马林十分机警，从座位上一跃而起，以手击桌说：“我建议会议立即停止，所有的人分途离开。”说完后，就同尼科罗夫斯基首先走了。各代表也就随之分途散去。当我最后离开时，李汉俊声言他是屋主不应离开，陈公博也愿留在那里与他作伴。

果然，十分钟以后，一个法国巡捕带着一批警探围住了李家。他们追问李汉俊开的是甚么会议？开会的人哪里去了？那两个外国人是甚么人？这些问题都被李汉俊镇静地应付过去了。在场的陈公博反而受惊不小。警探们大肆搜查，没有发现甚么可入罪的证据，始失意而去。当时我们保密观念很薄弱，可能当大会在博文女校进行时就已为警探所注意，那次改在李家举行也未逃掉他们的耳目，而且他们很可能有一网打尽之计，故选择马林与尼科罗夫斯基参加时下手。

由于警探的骚扰，马林向大会演说的事并未实现。他在李家匆忙中所说的“我建议会议立即停止，所有的人分途离开”这句话，就成了他对中国共产党全国第一次代表大会说过的唯一的一句话，他对大会的全部议题从未提出过具体建议，这固然由于那时彼此关系不算密切，最主要还是由于他不了解中国一般情形，也不知道我们能做出一些甚么事出来。这次大会并未正式决定中共加入共产国际的事，马林也未提到这一点；因而中共加入共产国际成为其一个支部，还是第二次代表大会所正式决定的。

这个意外事件发生后，我们为了避开警探的视线，决定第二天停会，并通知各代表俟找到妥当开会地点后再行复会。我不便立即与仍在被监视中的李汉俊接触，乃于第二天清早到公共租界大东旅馆去看陈公博，问明他在李家所目击的情形，并告诉他博文女校距李家很近，大概同在警探注意之中，须另觅开会地址。那时李达夫妇也来了，他是处理大会事务工作的负责人。他的太太王会悟是社会主义青年团团员，也帮着她的丈夫工作。我们大家便商讨开会的地址问题。王会悟非常热心的表示：如果在上海一时找不着适当的地点，可以到她的家乡去。她家住在浙江嘉兴的南湖湖畔，从上海去只需一个多钟头的火车旅程。她并说明：南湖风景幽美，她可以立即去雇好一只大画艇，准备我们一面游湖一面开会，并由她布置大家寄宿的处所，即使在那里开几天会也是不成问题。我们对于她的提议极表赞成。认为这样是万无一失的。她即根据这个决定回去布置。我也通知各代表明早搭车前往。

大约是七月十日清晨[3]，我们分别搭上沪杭线的早班车，九点多钟就到达了嘉兴的南湖。王会悟所预雇的大画艇已泊在湖边。代表中只有陈公博未来，他早一天坦率的向我和李达表示请假不出席，因为他太太对于在李家所发生的事尤有余悸。其他的代表却不将这件事放在心上，身当其冲的李汉俊也满不在乎，大家仍然兴高采烈地继续工作，并笑陈公博是个弱不禁风的花花公子。

我们登上了大画艇，四顾南湖景物，只见万顷碧波，湖畔一片芦苇中掩映着楼台亭阁，使我们这些初来的观光者觉得较之西湖的景色别有风味。我们的大画艇在湖中环游了一遍之后，便或行或止地任由它在幽静的湖上荡漾。我们继续在上海未完的会议，议题是“中心工作与工作方针”。我们不约而同地加速讨论，很少长篇大论的发言，大家都集中研讨急需解决的具体问题。

在“中心工作和工作方针”这一议题之下，项目原是很多的，如宣传工作中的党报问题，与青年团工作之联系及指导问题、妇运工作等等。但都只略略谈到大要，就决定交未来的中央负责处理。工人运动的问题讨论得比较详尽，主要的两项是如何组织工会和如何在工人中吸收党员。

关于工会组织问题，大会曾有几项决定：一是工人斗争的纲领，内容包括八小时工作制，增加工资，保护女工童工等等；大会认为根据各地实况，由工人群众提出减时、增薪的具体要求，以期由斗争中逐渐达到八小时工作制和合理的工资标准的目的。二是工会组织原则问题；大会指出共产党人不应再因袭旧式行会和“招牌工会”的旧习，应注重新式的产业工会的组织；即每一个企业中的全体工人不分职业和籍贯等区别，均须组织在一个工会的单位里；同一产业中的工会应联合起来，组成某一类产业的总工会。三是中共应在中央所在地组设一个工人运动的总机构，并在各重要地区设分支机构，以为领导工运的枢纽。各地同志都应到工厂中去从事下层活动，将工人群众组织在工人俱乐部或其本厂的工会等组织之内。

关于吸收工人参加共产党的问题，大会决定各地组织应在工人群众中宣扬马克思主义，如出版通俗刊物等。又决定工人的入党条件应从宽规定，一个工人只要能热心工会活动，为工人利益斗争，并表示愿意加入共产党，就可准其参加进来，不必问他是否懂得马克思主义。至于如何使这些工人党员能懂得马克思主义，大会认为那是地方党部的责任，地方党部应特别注意工人党员的教育工作。

当这一项议题讨论完毕时，已是日薄西山的时候，我们主张第四项议题的选举问题迅速进行。讨论结果，一致认为现在党员人数很少，暂不必根据党章组设人数较多的中央执行委员会；只须选出三个委员，分担书记，组织，宣传等工作就够了。根据这个决定，大会旋即一致推举陈独秀任书记，李达任宣传，我任组织。在陈先生没有返沪以前，书记一职暂由周佛海代理。大会要求这三位被选的委员立即就职，从速组成中央，并决定将大会所通过各案原则由中央整理后作成正式文件；一切尚未决定的事，也由中央全权处理。

全部议程讨论完毕，大会旋即宣告闭幕，举行了一个简单的闭幕仪式，由我致闭幕词。我以兴奋的心情祝贺大会的成功，并吁请各代表回到各地的岗位上，根据大会的决定，发展我们的工作和组织。这样，中国共产党便正式诞生了。

当我们离开这只画艇时，湖面上已是暮霭沉沉，渔火点点。大家赶上晚车回到上海，已是午夜了。

从历史的眼光来看中共的组成，它在中国内部较之已往各政治组织发展得更为顺利和迅速，它一开始就确立了鲜明的旗帜，规定了努力的方向，表现得十分明朗。在国际关系上，共产国际第一次大会以后，它是亚洲国家中的一个重要的共产党组织，使共产国际对殖民地的政策得到一个主要的试验场所。这些不能不说是具有重大历史意义的。

一个共产主义的巨影开始在中国踯躅着[4]。反射出这个巨影的人物充满着勇往直前和专心致志的精神，他们的所作所为，即使现在的人看来，还觉得有点神秘。陈独秀先生于一九二〇年八月间和我商讨组党的事情时，曾说过下面这样一废话："日本的军阀政客们狂妄已极。他们看不起有五千年历史文化的中国和四亿炎黄子孙，他们只知勾结中国的旧军阀、滥官僚、走私商、吗啡客以及流氓瘪三等等，只看见中国人的小脚、辫子、鸦片和随地吐痰等等腐败的一面；他们有意无意地蔑视中国新思潮新势力的方兴未艾。总有一天，由于他们这种错觉，会弄到他们自己头破血流。"陈先生这段话——自然不是专指日本而说的，不过学日本为例罢了——预示了中国共产党的形成和发展，以及后来所起的作用，这也是当时我们这班共产主义者所怀抱的共同气概。

注释：

[1] 题目是编者加的。

[2] 陈独秀的四条意见我已不能记忆清楚，据《苏联阴谋文证汇编》第二册（1—47 页）所载中共简明历史称系："一曰培植党员（按即征求党员）；二曰民权主义之指导（按即民主集中制的组织原则）；三曰纪纲（按即注重纪律的要点）；四曰慎重进行征服群众政权问题（按即目前主要工作为争取群众，为将来夺取政权之准备）……"这四点大致是真实的。

[3] 我所能记忆的日期，可能有一天的出入。

[4] 这是套用马克思恩格斯《共产党宣言》的第一句话。

选自张国焘《我的回忆》，现代史料编刊社 1980 年版

回忆“五四”运动、北京马克思主义研究会和党的“一大”(节录)

（一九五七年四月）

刘仁静

……

三、第一次党代会的情况

第一次党代会的人数是十二人。包惠僧不是代表。

有的历史书上说，第一次党代会上有过反对“左”、右两种倾向的斗争，胡华的书说我是“左”派的代表，主张无产阶级专政等等，并无其事。在一大上，没有什么“左”、右派，也没有什么“斗争”，就我的情形说，当时还很年轻，对共产主义懂得很少，不可能形成“左”的系统，成为一“派”；另一方面，毛主席在一大会上，很少发言，因为他刚离开湖南，对马克思主义知道得也不多，加上他很慎重，所以大会上，并没有什么“斗争”。大会关于知识分子的问题，略有争论，有人认为知识分子动摇、不可靠，在吸收他们入党时，应特别慎重，一般不容许他们入党。

一大在选举中央委员时，张国焘有过一些小组织活动，结果他认为应选上的人都被选上了，象李汉俊这样的人（在《星期评论》写文章，懂得马克思主义较多）却没有选上。

党内政治上的分歧，直至一九二三年第三次党代表会时，在国共合作问题上，才表现得比较明显。一方面是陈独秀，主张一切归国民党，国民革命应由国民党来领导，认为孙中山是天然的国民革命的领袖。另一方面，毛主席主张应该依靠工人、贫农，认为中农和富农是靠不住的，有工农联盟的思想。但毛主席在会上没有以自己的意见驳斥陈独秀的意见，会后曾同我谈起上述的主张。陈独秀的意见在会上占了统治地位。毛主席的意见同陈独秀的意见间的矛盾，有如苏联布尔什维克同孟什维克之间的斗争。当时党内对陈独秀的错误思想没有看得很清楚，使革命受到损失。

第三国际代表马林（荷兰人）到中国来，对中国党的建立，作用较大。他曾参加过第三国际第二次大会，对民族与殖民地问题提纲还提过意见。他曾到桂林会见了孙中山，因觉得中国共产党力量太小，主张国共合作，他的这个意见得到了第三国际的同意。国共合作开始提出时，许多共产党员思想不通，经他说服后，才得实践。

一九八〇年三月，又经刘仁静本人审阅、修改

选自中国社会科学院现代史研究室、中国革命博物馆党史研究室选编:《“一大”前后——中国共产党第一次全国代表大会前后资料选编》(二)，人民出版社 1980 年版

回忆党的“一大”

（一九七九年三月十四日、十七日）

刘仁静

在召开党的一大以前，上海、北京、长沙、济南、青岛、武汉、广州等地都有宣传共产主义的组织，但没有什么名称。

当时，参加北京组织的有李大钊、张国焘、邓中夏、罗章龙、刘仁静、李梅羹、陈德荣、宋价、吴汝明等九人。这就是平常通称的北京共产主义小组的成员。但各人的说法不大一致。罗章龙不记得有宋价，但他记得有高尚德。张国焘的回忆录上面写的名字比我多。他写的是：高尚德、邓中夏、罗章龙、刘仁静、何孟雄、缪伯英、李实、罗汉、朱务善、黄绍谷、黄日葵、李骏、杨人杞、范鸿劼、王有德、高崇焕、吴汝明、周达文、刘维汉等。

我们北京小组在学生中间开展活动，开小组会是在北大图书馆主任李大钊先生的办公室的外间（他的办公室有两个房间，内间是他的工作室，外间是会议室，我们就在外间会议室开小组会）。李先生在小组中没有担任实际领导职务，小组开会一般由张国焘主持。有人说李大钊先生在共产主义小组里担任书记。

马克思主义研究会成立后，我们向蔡元培校长要求分配房间，他给了两间房子作为我们的活动场所。我们每周或两周开会一次，都有人作报告，李大利先生和我都在会上做过报告。（问：马克思主义研究会开展活动的两间房子是不是叫康姆尼斋？）我不记得当时北大有那一间房子叫康姆尼斋。我只记得北大有两间房间为马克思主义研究会占用，主要是陈列一些社会主义书籍。对李大钊先生办公房间，也没有定什么名字。

关于北京共产主义小组成员的情况，有人回忆没有谈到宋价。我记得有他。他不是北大学生，而是私立中国大学的学生，年纪比我大，参加共产主义小组的时间很短，后来到美国去了。他到美国后的情况，我不清楚。我记得臧启芳写的《西欧经济史》一书中，提到宋价，也可能我记忆有错误。

北京小组还有几个成员的情况是：

李梅羹是湖南浏阳人，北大德文系学生，后来没有多久就去世了。

陈德荣有无政府主义倾向，先是党员，后来脱党。抗日战争时期，我在重庆遇见过他。那时我在三青团中央宣传处当科员，他也在那里当科员，同时他还是国民党党政委员会的科员。

罗章龙是湖南浏阳人，北大德文系学生，那时他叫敖阶，写文章的笔名叫文虎。好多年后，我见着他又改名罗仲言。在一九二〇年时，我们有个计划，要翻译一些书，我们认为罗章龙的德文好，就把托洛茨基写的《恐怖主义与共产主义》一书交给他翻译，他没有接受。我不知道他翻译过《共产党宣言》，但知道他翻译过《康德的生平及思想》一书，同时也参加过铁路工人运动。抗战胜利前，他到四川成都一教会学校——华西大学教授中国经济史。抗战胜利后，他在西北大学教书，我还请他吃过饭。后来，他又到武汉财政经济学院教中国经济史。他写了一本《中国经济史》，分上、下册，由商务印书馆出版。我在西安与他分手后，好象没有再见过面。在此以前，我还有一次是在六大以后见着他，他的谈话对六大是不满的。

吴汝明是个很老的党员，在长辛店开展过工人运动，后来是在监狱里死掉的。

（问：北京小组推选一大代表的情况是怎样的？）

一九二一年暑假，我们几个北大学生，在西城租了一所房子，办补习学校，为报考大学的青年学生补课。张国焘教数学、物理，邓中夏教国文，我教英文。正在这时，我们接到上海的来信（可能是李达写的），说最近要在上海召开中国共产党第一次全国代表大会，要我们推选出两个人去参加。我们几个人——张国焘、我、罗章龙、李梅羹、邓中夏就开会研究，会议是谁主持的我已记不清楚。李大钊、陈德荣没有参加这次会议。会前是否征求过李大钊先生的意见我不知道，李先生很和气，就是征求他的意见他也不会反对。在会上，有的人叫邓中夏去上海开会，邓中夏说他不能去，罗章龙也说不能去，于是就决定由我和张国焘两个人去出席一大。

在召开一大以前，另外有个团体，叫“少年中国学会”，要在南京召开年会。我、邓中夏、李大钊都是“少年中国学会”的会员。张国焘是不是“少年中国学会”的会员，我记不清了（多半不是）。我和邓中夏都出席了“少年中国学会”在南京召开的年会。“少年中国学会”年会开会的时间是七月二日。我记得我是参加了在南京召开的“少年中国学会”年会后参加党的“一大”的。

（问：出席一大的代表到底是十二人还是十三人？包惠僧算不算一大代表？）

关于出席一大的代表人数，我记得的情况是：

北京两个人，即我和张国焘。张国焘生于一八九七年，听说在前几年已经死了。他的爱人杨子烈现在在香港。

上海两个人，即李汉俊、李达。李汉俊当时替戴季陶主办的《星期评论》写过文章，后来在武汉被胡宗铎枪毙了，他的家属还在武汉。李达当时是介绍马克思主义的学者。

山东两个人，一个是济南的王尽美，一个是青岛的邓恩铭。青岛的同志曾来信请我谈邓恩铭的历史，我因知道得不多，没有提供多少材料。我只知道他是贵州人，曾在青岛工作。

湖北两个人，即董必武、陈潭秋。董必武是当时一大代表中年龄最大的，听说他曾参加同盟会。

湖南两个人，即毛泽东、何叔衡。何叔衡有没有参加完会议，我记不清了。张国焘在回忆录中说，他不够代表资格，就借故叫他提早回去了。我那时年纪小，有的事我不知道。

广东一人，即陈公博。陈公博虽然参加了一大，但他的举止与我们不同，年岁也比我们大。当时，他住在东亚大酒楼，张国焘在回忆录中说，陈公博还带了自己的夫人住在那里，但我从来没有到过他住的地方。他没有到嘉兴南湖去参加会议。

旅日一人，即周佛海。我原来不认识周佛海，是在一大的会场上才认识他的。当时，他一边参加一大，一边还有个人活动，就是和杨淑慧谈恋爱。

除上面十二个人外，包惠僧也参加了会议。他是从广东到上海的，但并不是广东组织的代表，我认为他参加一大是作为串门参加的。当时开会对他也没有什么保密，他愿意来参加就参加。我看见张国焘的回忆录中说，湖北代表有三个人，即董必武、陈潭秋、包惠僧。以前包惠僧曾对我说，他是党的一大代表，毛主席都说他是代表（见《西行漫记》中毛主席和斯诺的谈话）。陈潭秋的回忆录中也说他是代表（整理者注：据包惠僧本人对我们说，他当时是广东代表）。但我认为毛主席说代表只有十二人，如果只算十二人，那就没有包惠僧。现在参加过一大的，只有我和包惠僧还活着，无法确定到底是十二人还是十三人，只好作为历史悬案。

（问：李大钊同志为什么没有出席一大？）

李大钊先生当时没有参加一大，我不知道是什么原因。我估计一方面是他工作忙，走不脱；另一方面，当时我们北京小组开会研究谁去上海出席一大时，也没有推选到他。李大钊先生和蔼可亲，可惜在一九二七年他三十九岁的时候上了绞架。

参加一大时，我们是住在博文女校。住在那里的还有山东的王尽美和邓恩铭。当时，李汉俊有自己住的地方，李达也有自己住的地方。陈公博、周佛海都不住在里面。毛主席好象也没有与我们住在一起。陈潭秋回忆说，有九个人住在那里，他回忆的可能比我正确。

一大是在上海法租界李汉俊的哥哥李书城家里开的。大会开了几天，具体内容是什么，我现在都记不清了。我是一九〇二年四月出生的。当时只有十九岁，由于我是代表中年纪最小的一个，有些事他们有没有事先讨论过，我也不知道。如果要说当时有主要代表，那就是张国焘、周佛海、毛泽东。李汉俊当时与张国焘有分歧，可能也没有参加什么会外会议。张国焘在回忆录中说，一大是他主持的。实际上，据我回忆周佛海也主持过会议，毛泽东担任过记录。

当时，共产国际派了两个代表出席了一大：一个是马林（荷兰人，在印尼工作过，会说英语)。他是在召开一大以前到中国来的，据张国焘的回忆，一大开会时，他没有参加，后来他准备参加一次会议，那是在晚上，正好那天晚上有一包打听到李汉俊哥哥家的楼上，张国焘认为他就是巡捕房暗探，那天没有开会就散了。马林曾出席共产国际的第二次世界大会(一九二〇年)，曾任大会殖民地半殖民地小组组长，列宁曾在这一小组会上讲过话。李达说他有点自高自大，陈独秀后来到上海，受这种说法的影响，拒绝会见他。以致在拟定预算时也没有找他商量。后来他们终于和解，当中国党向他提出这一预算，马林表示共产国际可以全部接济。但在一大前马林没有见到过陈独秀。另一个是尼科尔斯基，是俄国人，搞职工运动的，他不懂英语。马林讲话，是我替他作翻译的。

(问：在一大会议上讨论了什么问题？有没有争论？)

据张国焘的回忆录说，在召开一大的时候，他们对好多问题都有争论，我不知道。一大党纲，我记得在会上没有讨论。我记得在会上与李汉俊曾有争论，但李表示服从多数。当时李汉俊主张多吸收知识分子参加。张国焘在回忆中说，“李汉俊在讨论中虽也坚持他的意见，但从不与人争吵，当他的主张被否决时，总是坦率地表示服从多数的决定。”(见张国焘《我的回忆》第一四三页)

胡华写的党史讲义在谈到一大的情况时，说我主张无产阶级专政，还说我反对吸收知识分子入党。我见周佛海写的一大情况回忆，也说我主张只有无产阶级专政才能救中国。张国焘的回忆录中也是这么说的。说我赞成无产阶级专政，我不否认。我在北大上学时，读过马克思写的《哥达纲领批判》，其中谈到从资本主义到共产主义的过渡时期只能实行无产阶级专政，可能我在一大的发言也表达了这一思想。张国焘也在回忆录里说，我“那时是一位埋头于书本的青年。读过许多有关共产国际的文件，他主张这次大会应确立无产阶级专政的基本信念，逢人便滔滔不绝地说教。”(见张国焘《我的回忆》第一三七页)至于说我反对吸收知识分子入党，我不记得有这样的话，不过这个问题也不大。

在上海开一大期间，有一次还没有到开会的时候，我们正在闲谈，突然有一个人揭开帘子朝里面一望，我们在里面的人立即问他：“你找谁？”他说：“我找错了。”而后就走了。张国焘说：“这个是包打听，我们赶快散会。”李汉俊马上把共产党的文件烧掉了。过了不久，法租界的巡捕就来进行了搜查。

由于在上海开会的地方已经引起了密探的注意，会议就改到浙江嘉兴南湖继续举行。为什么会跑到那里去开会呢？这次我看了张国焘的回忆录，才知道是李达的爱人王会悟出的主意。王会悟是浙江嘉兴人，据张国焘的回忆录说，当时她说，还是到我们家乡去开。于是，我们就分头从上海乘火车到了嘉兴，在嘉兴南湖船上继续开会。

我们在南湖船上开会时，选举了党中央的领导机构。当时是用无记名投票的方式进行的。当唱票人念到李汉俊的名字时，董必武马上就问：“是谁选的？”我说：“是我选的。”董必武就没有吭声。一九二三年李汉俊到北京时，我去看他，他对我在一大上投他一票，还表示感谢。在一九二三年或一九二四年我碰到蔡和森时，蔡对我说，一大时我选李汉俊有历史意义，因为那时选举好象事先有默契，选谁每人心中都有数。一大在选举中央领导机构时，包惠僧在不在，我记不清楚了。当时选出了三个人：一个是总书记，一个管组织，一个管宣传。总书记是陈独秀，管组织的是张国焘，管宣传的是李达。会上没有选举什么秘书长、候补委员。最近我翻了一下林茂生写的《陈独秀参考资料》，在书里看了陈独秀的一些言论。陈独秀从一九一四年就开始写文章，先在《甲寅杂志》写文章，题为《自觉心与爱国心》。后来主编《新青年》。九一八事变以前，我住在上海，与陈独秀经常有来往，当时他已被党中央开除了党籍。我从来不知道他住的地方，他知道我住的地方，经常到我家里来，并跟我谈起他是怎么办起《新青年》来的。他说，一九一五年袁世凯承认二十一条的时候，对他刺激很大，他认为中国还是军阀当权，革不成什么命，在中国进行政治革命没有意义，要从思想革命开始，要革中国人思想的命，因此他就写文章批判孔子，批判旧礼教。这一点陈独秀是有贡献的。说到思想革命，那时先进的人们也有这种思想。在这以前，北京《晨报》记者就曾经说过，中国人要革思想的命，但他们没有提出思想革命的具体内容。而陈独秀则提出了思想革命的具体内容，主要就是反对孔教。但陈独秀有一个很大的缺点，他把中国资产阶级也看成是革命的阶级，我认为他的这种看法是错误的，因为中国革命只有一个办法，就是工人阶级联合广大农民才能取得胜利。在召开一大的时候，陈独秀在广东受陈炯明的委派，担任教育委员会委员长，没有出席一大。

（问：毛主席在一大会议上发言的内容是什么？）

在一大会议上，毛主席很少发言，但他十分注意听取别人发言。毛主席在北大图书馆当办事员时，就与我认识了，我当时觉得他对报纸很重视，无论什么报纸他都看，不管是反动的或进步的报纸。嘉兴南湖会议结束后，毛主席曾对我说，你今后要多做实际工作。他对我讲这句话，可能与他当时是搞实际工作并在实际斗争中研究马列主义有关系，也可能是认为我在一大的发言有点夸夸其谈。

参加一大后，我和高尚德二人去游西湖，在西湖碰到了毛主席。他当时穿着长衫，拿把雨伞，看见我们时，向我们点头。杨开慧当时有没有同他一起去上海，我记不清了。

一大闭幕以后，陈独秀从广东到了上海，与马林发生了冲突，不愿见马林。当时，他发了脾气，说没有共产国际的帮助，我们也能够干。关于经费问题，开始他们作了个预算，每人每月二十几元生活费。马林看了他们的预算，感到数目［字］不大，说共产国际可以帮助解决。后来，陈独秀又改变了态度，与马林言归于好。但在一大后，马林感到中国共产党力量不够，因为这么大一个国家，共产党员不到一百人。所以，后来他就跑到广州，去见孙中山。那时孙中山正在桂林，准备北伐，他又去桂林见孙。这表明他对孙这一革命家是重视和钦佩的。

一大后，马林还到过北京，并在北京李大钊先生家中会见了蔡元培校长。他会见蔡元培时，是我当的翻译。这次谈话，李大钊先生没有参加。当时，马林把他在北京住的地方告诉过我，我到他那里去过。

（问：一大以后，张国焘有没有个小组织？）

当时是有个张国焘的小组织，但只是昙花一现。党的一大以后，张国焘回到北京，把和他意见一致的人召集起来开了个会。会议是张国焘主持的，参加会议的有我、罗章龙、邓中夏等人。李梅羹有没有参加，以及是否还有其他人参加，我已记不清了。会上讨论了什么问题，我也记不清了。当时大家听到我们单独开会的消息，大哗，说张国焘搞小组织。李大钊先生也很反对，好象党内有党似的。其实，我们在一大以后就是开过一次会议。

1979年3月14日、3月17日，叶心瑜、颜广林记录整理，
1980年3月又经刘仁静本人审阅、修改

选自中国社会科学院现代史研究室、中国革命博物馆党史研究室选编:《“一大”前后——中国共产党第一次全国代表大会前后资料选编》(二)，人民出版社1980年版

十日旅行中的春申浦（节录）

（一九二一年八月）

陈公博

暑假期前我感了点暑，心里很想转地疗养，去年我在上海结合了一个学社，也想趁这个时期结束我未完的手续，而且我去年结婚正在戎马倥偬之时，没有度蜜月的机会，正想在暑假期中补度蜜月。因这三层原因，我于是在七月十四日起程赴沪。……

现在我把十日中耳所闻，目所见，身所受的，都描写出来，当一篇游记也好，当一篇纪述也好。

此次我在上海，最使我觉得滑稽的，就是被法国巡捕误认我是日本社会党。我到上海的翌日，就碰到两个从前外国的教授，我们见面之后，因为两年不见，少不得要攀亲道故，昕夕往来，因此之故，便动了几个侦探先生的疑心，时时在暗里踪迹。有一天夜里，我和两个外国教授去访一个朋友，谈了片刻，两个外国教授因事先行，我因为天热的原故，不愿匆忙便走，还和我的朋友谈谈广州的情形，和上海的近状；不想马上便来一个法国总巡，两个法国侦探，两个中国侦探，一个法兵，三个翻译，那个法兵更是全副武装，而两个中国侦探，也是狰眉怒目，要马上拿人的样子。那个总巡先问我们，为什么开会？我们答他不是开会，只是寻常的叙谈。他更问我们那两个教授是那一国人？我答他说是英人。那个总巡很是狐疑，即下命令，严密搜检，于是翻箱搜箧，骚扰了足足两个钟头。他们更把我和我朋友隔开，施行他侦查的职务。那个法侦探首先问我懂英语不懂？我说略懂。他问我从那里来？我说是由广州来。他问我懂北京话不懂？我说了懂。那个侦探更问我在什么时候来中国？他的发问，我知道这位先生是神经过敏，有点误会，我于是老实告诉他：我是中国人，并且是广州人，这次携眷来游西湖，路经上海，少不免要遨游几日，并且问他为什么要来搜查；这样严重的搜查。那个侦探才告诉我，他实在误认我是日本人，误认那两个教授是俄国的共产党，所以才来搜检。是时他们也搜查完了，但最是凑巧的，刚刚我的朋友李先生是很好研究学问的专家，家里藏书很是不少，也有外国的文学科学，也有中国的经史子籍；但这几位外国先生仅认得英文的马克斯经济各书，而不认得中国孔孟的经典，他搜查之后，微笑对着我们说："看你们的藏书可以确认你们是社会主义者；但我以为社会主义或者将来对于中国很有利益，但今日教育尚未普及，鼓吹社会主义，就未免发生危险。今日本来可以封房子，捕你们，然而看你们还是有知识身分的人，所以我也只好通融办理……"其余以下的话，都是用训戒和命令的形式。……一直等他走了，然后我才和我的朋友告别。自此之后便有一两个人在我背后跟踪，我听闻人说每逢中国当时得势的大官僚，和失败而挟多金的大人物，一到上海，巡捕房都派人在暗中保护，我既不是甚么巨子，又不是什么要人，对于巡捕房这种优待，真是感激不遑，只有敬谨拜谢，于是我们翌日便乘车游杭，消度我们的后补蜜月了。

原载《新青年》第九卷第三号

选自中国社会科学院现代史研究室、中国革命博物馆党史研究室选编:《"一大"前后——中国共产党第一次全国代表大会前后资料选编》(二)，人民出版社 1980 年版

回忆中国共产党第一次全国代表大会[1]

（一九四四年）

陈公博

上海利用着暑假，要举行第一次代表大会，广东遂举了我出席，这次大会给我的坏印象不少，大概我后来脱离共产党，要以这次大会给我的恶劣的印象为起因，而以仲甫和我的一重公案为后果。

七月初旬法专和高师都放了暑假，我和我的太太由香港转上海。我们是住在大东旅馆，各代表也有住在博文女学的，也有住在别处的。周佛海、李鹤鸣、李汉俊、张国焘、包惠僧，都在那时认识，而毛泽东则因为在北大图书馆办过事，可以算是比较熟的朋友。当时的代表大会，所谓共党的南陈北李都没有参加，迩时仲甫以主持广东教育会的关系，且为上海租界当局所注意，故未来沪，而李大钊则尚主持北大图书馆，也未南来，短短会期四五日，使我发生极大的反感，其中有几件事，最使我极端不满。

第一件事就是开会地点问题，当日原议每日开会均须更换地点，以免被人注意。但一连四日都在李汉俊的贝勒路家内开会，我觉得有些诧异，那天恰恰早上张国焘来找我，我问他为甚么与原议不符。他说李汉俊是有问题的，他的主张不是列宁理论，而是柯茨基理论，他是黄色的，不是红色的，我们在他家内开会，他似乎有些恐慌。他愈恐慌，我们偏要在他那里开会。我听了这句话，默然不答，心想，呵，原来如此！我以为同志间应当相见以诚，相规以义才对，国焘这样做法，简直是和汉俊为难，连同志的安全都不顾，现在第一次代表大会便有这些倾轧现象，以后恶果，可想而知。我看上海俨然分为两派，互相磨擦，互相倾轧，我心内冷然，参加大会的热情，顿时冷至冰点，不由得起了待机而退的心事。

第二件事，因为张国焘去过短期俄国的关系，故推他做大会主席，国焘那时不免趾高气扬；然而国焘那时是没有主见的，一切都唯俄国代表马令和吴庭斯基的马首是瞻，当时有几件提案竟把我气的差不多退席，其中一件是禁止共党人员参加政治，甚至乎不许当校长。我争辩着，共产党是应该斗争的，为甚么连校长都不可干，国焘硬要通过，而多数居然赞成。可是到了第二晚开会，国焘提出取消昨夜的决议，我质问为甚么大会通过的案可以取消，他说是俄国代表的意见。我真气极了，我说昨日我本来不赞成，而会内倒否决我的意见，今则议案通过，只由一个俄人反对，又取消议案，这样不必再开大会，只由俄人发命令算了。这次冲突，两俱不欢。而当时类此之事，不一而足。

第三件是通过宣言，内中对于孙先生和徐世昌（那时孙先生是广东非常国会选出的临时大总统，徐是北洋军阀左右下的国会所选的大总统）相提并论，批评得一文不值。这一篇宣言，我根本反对，辩论很久，宣言终于通过了。我直急得跳起来，找佛海汉俊商议补救的方法，后来到最终会议，才提出一个折中方案，将来这篇宣言应否发出，授权新任的书记决定。我回广东之后，向仲甫先生痛陈利害，才决定不发，因此中共第一次大会的文献，没有宣言，不过当日共党是秘密组织的，有无宣言，世间也不注意罢了。

因着国焘个人和汉俊为难，恐怕其中代表还有附和国焘的主张罢，连日开会均没有更换地点，终于一天晚上，变故遂降临了。我们在汉俊楼上开会，人还没有到齐，俄代表马令和吴庭斯基也到了，忽然有一个仆人跑上楼来报告，说有一个面生可疑的人问他经理在家否，这个仆人也算机警，急急上楼报告。俄国代表一听这样说，或者因为长期经验关系罢，立刻主张解散，我看各人本来已有些慌张，一听马令主张解散，都开前门分头逃走，上海的弄堂房屋本来是惯走后门而不走前门的，大家往前门走，等于事急走太平门的办法。

我本来性格是硬绷绷的，平日心恶国焘不顾同志危险，专与汉俊为难，到了现在有些警报又张皇的逃避。心中又是好气，又是好笑，各人都走，我偏不走，正好陪着汉俊谈话，看到底汉俊的为人如何，为什么国焘和他有这样的恶感。他们走后不到三分钟，我和汉俊谈不上几句话，突然面前出现了几个人。现在我还记得，有三个法国警察官，有四个中国的便衣密探，至于外面还有多少人，那我被关在楼上是不知道的。这班人上楼之后，空气一时非常紧张，有两个人监视着我不许离开座位，不许说话，甚至乎不许喝茶，其余的人便监视着汉俊往房间和各处搜索。为首的法国警察，问谁是主人，汉俊不慌不忙的自己承认。这样搜索，花了一个多钟头，什么都看过，惟有摆在抽屉一张共产党组织大纲草案，却始终没有注意，或者他们注意在军械罢，或者他们注意在隐密地方而不注意公开地方罢，或者因为那张大纲写在一张簿纸上而又改得一塌糊涂，故认为一张无关重要的碎纸罢，连看也不看。这样过了一个多钟头，才审问汉俊。他们问汉俊为什么家藏许多书，汉俊是懂得几句法语的，告诉他们他是学校教员，藏书是要来供参考和研究之用。他们问为什么有许多社会主义书籍，汉俊说他兼任商务印书馆的编译，什么书都要看看。他们问汉俊那两个外国人是什么人，汉俊说是英国人，是北大的教授，这次暑假来沪常常来谈。

审讯完汉俊之后，便轮到我了。在搜索时间，我不能发言，我不能起身，但抽烟是可以许可的。自从国焘们走后，汉俊开了一听长城牌烟卷，我们刚刚燃着一枝，法国警察便上来，我坐着没有事做，连续把那余下的四十八枝烟卷吸完，终于被审问了。还幸他们问得早一点，若再迟五分钟，便无烟可抽，真是不知如何是好。法国巡捕开始用法语问我，我那时还未习法文，旁边一个中国人说："总办大人问你是不是日本人？"这时，我很诧异，为什么那位先生倒以为我是日本人。我想还是直接通话为便罢，遂用英语问他懂不懂英语。这样，他便用英语问我，以下是开始的简单问答：

"你是不是日本人？"警官很神气的。

"我是百分之百的中国人。我不懂你为什么怀疑我是日本人？"我有些开玩笑。

"你懂不懂中国话？"

"我是中国人，自然懂中国话。"

“你这次由什么地方来的？”

“我是由广东来的。”

“你来上海什么事？”

“我是广东法专的教授，这次暑假，是来上海玩的。”

“你住在什么地方？”

“我就住在这里”，我一想不好，我决不能告诉他我住在大东，在旅馆我还有许多关于社会主义的书籍，也有广东共产党的报告，所以这样告诉他。

法国警官的态度似乎缓和了，但关于我是否日本人的问题，他还反复研问，我揣测他这样寻根觅究，也许他另接报告，以为我们中日俄党人在这里开什么会。这样又经过半个钟头，那位法国先生便用法语向汉俊演说一番，后来汉俊告诉我，法国人所说的话，大意说知道我们是知识分子，大概想有某种的企图，但中国教育还未普及，什么都谈不到，希望我们以后专在教育上用功，今天既然找不到证据，只好便宜我们了。

他们一窝风下楼之后，汉俊便催我急走，我说危险算是过去，我们何必事后张皇，再开一听长城牌享受一下罢，因为我不吸烟又半个多钟头了。尤其是难受的，两个钟头未喝茶，口干得厉害。汉俊重新叫人煮水沏茶，楼梯又响，我那时真有些吃惊，难道他们又卷土重来。谁知那人头探出来的是包惠僧。惠僧问我们法国巡捕走了没有，我说此非善地，你还是走罢，详情明日再谈。惠僧走后，我和汉俊再谈几句，看时计已十点多钟，遂和汉俊告别。

我总以为大风过去，海不扬波了，但出了汉俊门后，倏见一个人隐身在弄口，似乎在侦察，我走了几步，他居然跟着来，我故意走快几步，他也走快几步，我走慢几步，他也走慢几步。我心想今夜终不能回大东旅馆了，然而又不能不回，因为有许多文件，倘不烧毁，终须贾祸。路边恰巧有一家商店，还是灯火辉煌陈列着许多商品，我装作看商品，一面思量怎样脱身。可以说是灵机一动罢，我记得去年由北京转沪回粤，在上海曾逛过一次大世界。大世界在夏天有两场电影，地下露天，屋顶也露天，那个地方异常黑暗，是容易脱身的。我主意既定，立刻叫了一部黄包车往大世界，谁知那人也雇了黄包车跟在后头。我到大世界后什么地方都逛一逛，很悠闲的逛书场，逛戏场，终在地面的露天电影看了三四分钟，便踱至屋顶的露天电影，在人丛绕了一个圈，从别门下楼雇车回大东旅馆。我回至房间叫我的太太打开了箱子，关好了房门，一口气把文件用火焚烧，全搁在痰盂，至此才详细的告诉她当夜的情形，湮灭证据的工作，算是告成了。

谁知一波未平，一波又起，那夜是阳历七月中旬，是上海最热的时候，我们的汗闷得出不来，在床上无论如何也睡不着，两人把席子拖下地板，才安稳睡了一觉。热极生风，半夜里起了大风雨，睡至微明，忽然听见一声枪响，同时又听见一声惨叫，我从地板跳起来，打开房门一看，看见走廊寂寞得没有一个人，只是急雨打窗，狂风吹面，我想明明有枪响，有惨叫，那莫不是我变了福尔摩斯的案中人么？我唤起励莊，告诉他我所闻，但两人都猜不出什么事故，我反怀疑是一种梦境。

还是睡罢，到了九时，有一个茶房跑进来，说你们隔壁房间有一个女子被人谋杀了。我问他什么一回事，他说前日有一男一女投店，今早那男的起身还叫了一碗面，食后出去，我们问他要钱，因为他只交柜上五块钱。他说立刻便回，我们也不注意，不料刚才我入房打扫，那女的已死在床上，经理立刻来看，她身中一枪，并且颈上还有毛巾缠住，看起来大概男的打了她一枪不死，又用毛巾来勒毙的。我听了之后，我也不告诉他今早所闻，恐怕他还找我做证人，弄出莫名其妙的麻烦。不过我在想，如果有巡捕和侦探来侦查，保不定认识我就是昨夜被侦查人之一。长安虽好，不是久恋之家，此地不宜耽搁，还是走罢。我去找着总经理，那时大概是郭标罢，广东人和广东人总容易说话，我说我隔壁出了命案，我的太太非常惧怕，所以今日要去杭州一行，把所有行李，暂存旅馆，俟回来还要换一个房间。这种说话，自然郭大经理坦然不疑，我和我的太太，趁着巡捕和侦探没有光临，遂离开旅馆。先在一家饭馆安顿了太太，我自已跑去找李鹤鸣告诉他昨夜的经过，并且我下午要到杭州。经过昨夜的变故，他们也打算停会，另易地方。会期不定，我更可以从容的游西湖，逛灵隐了。

……

归来上海之后，佛海来找我，才知道最后大会已经在嘉兴的南湖船上开过，会议算至结束。大会宣言发出与否，授权仲甫决定，因为仲甫已被举为中共书记，当日所谓书记，就是党魁。我和各人草草谈了两三次，遂乘船回广东了。

注释：

［1］本文摘自陈公博的《寒风集》“我与中国共产党”中的一段。题目是编者加的。

选自陈公博：《寒风集甲篇》，上海书店 1989 年版

回忆中国共产党第一次全国代表大会[1]

（一九四二年一月）

周佛海

接着上海同志的信，知道七月间要开代表大会了。凑巧是暑假期中，我便回到上海。党务发展得真快，不单是我们去年计划的上海、汉口、长沙、北京、广州，都成了组织，就是济南也有了支部。当时陈炯明在粤主政，还没有叛变，约仲甫去粤，担任广东教育委员会委员长。所以代表大会，他不能亲来主持。广东代表是公博，北京是张国焘、刘仁静，长沙是毛泽东和一位姓何的老先生，汉口是陈潭秋、包惠僧，上海是李达、李汉俊，济南是谁记不清了。丁默村虽然不是代表，却是C. Y.（共产主义青年团）的活动分子，也在上海。我便算是日本留学生的代表。其实鹿儿岛方面，没有一个人参加，东京只有一个施存统。我算是代表施和我自己两人。第三国际，加派了马林来做最高代表。我和毛泽东等三四人，住在贝勒路附近的博文女学楼上。当时学生放了暑假，所以我们租住。没有床，我们都在楼板上打地铺。伙食，当然是吃包饭。在贝勒路李汉俊家，每晚开会。马林和吴庭斯基也出席。开到第四晚时，究竟是马林有经验，他说："明晚一定要换个地方。我们在此一连开了几晚会，一定使巡捕注意。"我们说反正明天只有一晚，一时又不易另找地方，大概不要紧。于是决定仍在原地。那天下午，我忽然肚子大痛大泻，不能出门，一个人睡在地板上想工作进行的步骤，糊糊涂涂也就睡着了。大约十二时左右，忽然醒来，看见毛泽东探头探脑进房来，轻轻的问我道："这里没有发生问题吗？"我骇了一惊，问他，才知道是出了事。

原来他们正在开会的时候，忽然有一个面生的人跑进房来，因为当时既没有卫兵守门，而汉俊家又是和同乡合住。所以此人上楼，没有人去阻止。他进房来一看，便道："对不起，走错了。"说完，立即退回。究竟是马林机警，他说："快散了罢，一定是侦探。"于是立即散会，只有公博还留着与汉俊闲谈。不到一刻钟，法国探目，安南巡捕，中国包打听，把房子围住，一涌上楼。探捕问他们为甚么开会，他们说大家都是北大学生，因为要出一种杂志和丛书，所以开会商议。探捕又问为甚么有两个外国人。他们说两人是北大教授，请他们指导。一个中国探捕指着公博道："你不是日本人吗？"原来公博虽然自信他的北京话，说得和北京人一样，而别人听起来，却好象是外国人说中国话。所以硬指他是日本人。经了好久的说明，才证明他是广东人。巡捕看见汉俊书架上，全是社会主义的书，于是大教训一顿，说不应看这些书。问了一刻，也就去了。侥幸巡捕没有搜身。他们两人衣袋内，都放有共产党党纲草案，如果搜出，还有不进巡捕房的道理！公博当时带着新婚夫人度蜜月，住在大东旅社。巡捕走后，他怕有人跟梢，不敢径回旅馆，绕了几个游艺场，才回旅馆。那知他紧隔壁的房中，当晚发生一件奸杀案，开了两枪，打死了一个女人。公博夫妇，真吓得魂不附体。毛泽东以为博文女校，也一定被发现了，吓得不敢回去。在远远的地方，探头探脑侦察了半天，才敢进去。这些话，都是我以后听见他们说的。

我听了毛泽东的报告以后，觉得功亏一篑，实在可惜，和他商量明日一定继续开会，但是上海租界内恐怕不行了。我忽然想起李鹤鸣（达）的夫人是嘉兴人，何不去嘉兴开会。于是便力疾跑到渔阳里去商量，因为鹤鸣住在仲甫家里的。我们商量决定，鹤鸣夫人明日早车赴嘉兴，先雇一只大船等着，我们第二班车去，乘船游南湖。于是连夜分头通知各人。到了第二天，三三两两的到北站上车，我也抱病前往。到了嘉兴，早有鹤鸣夫人在站等候，率我们上船。当地的人，以为是游南湖的，也不注意。我们把船开到湖中，忽然大雨滂沱。我们就在船上开起会来，通过党纲和党的组织，并选举陈仲甫为委员长，我为副委员长，张国焘为组织部长，李鹤鸣为宣传部长，仲甫未到沪的时期内，由我代理。中国共产党，就这样在烟雨苍茫，湖波浩渺的孤舟中，正式产生了。

大会完毕之后。一面指派各地的负责人，分头前往工作，一面在上海活动起来。我们觉得实际工作，要从劳动运动做起。于是便成立了一个“劳动组合书记部”，以发动并指挥上海劳工运动。“劳动组合”是日本名词。“书记部”是俄国名词的翻译。把一个日本名词和一个俄国名词合并起来，做一个劳工运动组织的名词，是费了许多心思才想出来的，可见得当时的幼稚了。但是苦干的精神，却可佩服。例如在日本人经营的纱厂的工人，想学日本话。我便在工人群居的地方，开一日语夜校。我自己每隔一夜去教两小时。“到民间去”的口号，我们都做到了。不仅这件事，当时的经费，是俄国供给的。我和马林见面，不是在新世界、大世界，便是在永安公司的屋顶花园。在秘密工作正干得起劲的时候，暑假快完了，我不能不回到学校去上课，所以迭电催促仲甫来沪，以便交代工作，再去鹿儿岛。仲甫果然辞了广东职务，到上海来了。

注释：

[1] 本文摘自周佛海著《往矣集》中的《扶桑笈影溯当年》，题目是编者加的。

选自周佛海：《往矣集》，上海平报社 1942 年版

共产党第一次全国代表会议前后的回忆

（一九五三年八九月）

包惠僧

（一）

一九二〇年秋天，第三国际的代表之一马迈也夫同志到武汉，当时我任共产党武汉支部书记，我同他作过两次长谈，知道俄国革命后的一些情况。他说他不久回莫斯科进陆军大学学习，他鼓励我到莫斯科去学习，因此我就写信给临时中央请求去莫斯科学习，中央答应了，但一时没有人接替我的工作，不能在短期内成行。同年的冬天，上海经济来源断绝，武汉的几个同志如刘伯垂、董必武、陈潭秋、张眉轩（他不久就脱离了）等都回家过农历年，我一人在武昌几乎无钱举火。我把武汉的工作结束一下，写信告诉陈潭秋，即带着三个青年团员（当时简称S. Y.）到上海，作去莫斯科的准备。我到了上海，住在法租界霞飞路新渔阳里六号党的机关部。我见了李汉俊才知道第三国际的代表维经斯基（化名吴廷康）回国了，陈独秀应粤军总司令陈炯明之约到广东去任广东政府教育委员会委员长兼广东大学预备科校长，中央书记的职务由李汉俊代理。新渔阳里六号办了一个华俄通讯社，由杨明斋同志负责，并不经常出稿，办了一个俄文补习班，由杨明斋任教，约有十几个学生在那儿学俄文，这些学生中我记得有刘少奇、许之桢、付大庆同志、李启汉、罗亦农同志及彭述之、卜士奇等。当时去海参崴的船还不通，经过大连满洲里到赤塔的路也不通，去莫斯科的计划，一时没有办法。李汉俊留我暂在中央工作，中央成立了一个教育委员会，由我同杨明斋同志负责，主要的工作是选派学生赴莫斯科留学，办俄文补习班，并参加上海的一些宣传组织活动。当时上海的党员不多，只有李达、俞秀松、施存统（不久到日本去了）、沈玄庐（他来来去去不常在上海）。陈望道、邵力子、沈雁冰还是一九二一年春天才加入，沈泽民是初夏才加入，李启汉（李士林）是同年五一劳动节后才加入。最初的工作是参加印刷工人、烟草工人、纺织工人的组织活动。四月间送了一批学生赴苏俄留学，是由海道到海参崴，再由西伯利亚铁路到莫斯科，我记得刘少奇同志及彭述之、卜士奇等是这一次去的。一九二一年五一劳动节，我们在上海天后宫举行了集会，在各报上写了一些宣传的文章，发了几种传单，这一次的五一劳动节虽然没有发动广大的劳动群众，但在中国举行五一劳动节的纪念会，这是破天荒的第一次。统治上海的反动当局为这一次的运动震动了，法国巡捕房派了武装巡捕搜查了我们的机关部（渔阳里六号），住在六号一部分准备留俄的学生也搬走了。李汉俊也有点打饥荒，他决定暂时把机关部停止活动，要我到广州去找陈独秀决定如何进行工作的问题，或者把中央搬到广州去。

约在五月底我到了广州，见了陈独秀，报告了上海的情形。陈独秀说：上海无工作好做，广州的工作很多，你就暂在广州工作。于是，我就住在新兴马路（城内大新公司旁边）《新青年》杂志发行部，在《群报》（《群报》是受党指导，陈公博任总编辑）任撰述，并派我在宣传员养成所当学监（尚未到差）。约在六月中旬，陈独秀召集我们开会说：接到李汉俊、张国焘等来信，临时中央在上海召集全国代表会议，第三国际、赤色职业国际也派来代表参加，要陈独秀回上海，要广州区派两个代表去出席。陈独秀因职务关系走不开，当时决定我同陈公博为广州区的代表。行前陈独秀同我说：大会后你还是回武汉工作，你在武汉工作比较有作用些。我接受了他的意见。我到了上海，先住在渔阳里六号，后迁到法租界打铁滨博文女校楼上，这是临时租定招待各地代表的地方，租房子的名义是北京大学暑期旅行团。在开会时统计出席代表有七个地区，共十三个代表，计湖南毛泽东、何叔衡，湖北董必武、陈潭秋，北京张国焘、刘仁静，山东王尽美、邓恩铭，上海李达、李汉俊，广州包惠僧、陈公博，东京周佛海。还有第三国际代表马林，赤色职工国际代表李克诺斯基。开会的地址是法租界贝勒路树德里（门牌号数记不清，可问李书诚夫妇）李汉俊家。各地区代表分别报告了各地工作情况和政治环境后即进行讨论党纲和劳动运动的计划，这两个问题占了这次会议主要的部分，会议进行到第四天，马林和李克诺斯基也参加了。宣布开会不到半点钟的时候，突然有个穿灰色竹布长褂的一个陌生面目的人跑上楼来把门帘揭开，一只脚跨进门内，就进到了我们的会场说一句："对不起我走错了"忙匆匆地就走了。马林很机警地问这是什么人？都说不认识。马林说："一定是包打听，我们即刻解散。"在一分钟内我们都从前门走了。过了约在两个钟点的时候，我再回去看看。据汉俊说："你们走了不过十多分钟，陈公博还没有走，有十几个巡捕和包打听来搜查了一番，并没有搜去什么，他们问我们开什么会，我答应是北京大学的几位教授谈谈编辑新时代丛书的问题，并不是开会。好在他们都知道这是阿哥（李书诚）的公馆，最后还说了几句道歉的话走了。"当夜我们到李达家里会谈（在渔阳里二号，是陈独秀的住宅，李达也住在此处）。大家的意见，明天的会，要改地方，即决定以游览的姿态到嘉兴南湖找一只大船，尽一日之辰来结束这个会。次日早车我们都到了嘉兴南湖，只有陈公博没有去。李达的爱人王会悟（非同志）是嘉兴南湖人，带她去当向导。此处风景甚好，游人并不多。我们雇了一只大船，并准备了酒菜，把船开到湖心，就开始开会，通过了党纲和劳动运动的计划，便进行选举，选出三个中央委员即陈独秀、张国焘、李达，两个候补委员即李大钊、周佛海，并决定陈独秀任书记、张国焘任组织、李达任宣传，陈独秀未返沪以前，书记暂由周佛海代理。

在第一次代表会议中，马林和李克诺斯基只到过两次会。第一次马林作了一个政治报告，时间比较长，李克诺斯基谈了一点赤色职工国际的情况。马林口若悬河，词令甚好；李克诺斯基好象是个工人出身，说话很简短，也没有讨论到党与第三国际的关系问题。党的经济来源和开支情况由张国焘一手包办，也没有在大会上和委员会上作过报告，开支代表的旅费，也是由张国焘一意为之，也没有人过问。这样的做法，我们都不满意，但也没有明白说出来，除了开了会就各回原处的代表们以外，留在上海的周佛海、李汉俊、李达和我都有同样的意见。

……

在第一次全国代表会议中间，张国焘作风不正，公私不分，是很显然的，我和李达、李汉俊、周佛海等对他都不满意。接着，张国焘即以北大同学为基础搞了一个党内的小组织，主要的分子是罗章龙、高君宇、刘仁静、邓中夏等。这个组织在北京、上海发展的很快，武汉也很厉害。当时李汉俊、李达被开除党籍，我被排挤，多半是小组织的作用。张国焘当时是组织部长兼劳动组合书记部主任，又有北大同学的班底，他在党内专横跋扈是很露骨的，他对陈独秀表面很恭敬顺从，心里是另外一套，陈独秀在上海被捕时，他曾用共产党的名义印发宣言，暴露陈独秀的身份，这个宣言并没有经过中央委员会通过。陈独秀在法国巡捕房的案子并没有了结，这个宣言的作用等于告密。我从洋牢里出来看见这个宣言，虽然是把陈独秀恭维了一番，可是把陈独秀的一切革命的关系都暴露了，使反动统治阶级便于提防他，压制他，使他动弹不得。我看了之后，问张国焘为什么要发这个宣言？他说这是一种政治上的宣传，很必要。当时别人对这个宣言如何看法？我因为不久就离开上海，不知道。以我的看法，这是张国焘对陈独秀不利的一种阴谋诡计。

一九二一年初冬，我奉派回武汉主持党务。经过半年的时间，党团都有相当的发展，各种工会都组织起来了。汉口人力车夫工会是在人力车夫总罢工之后组织起来的，由施洋负责。徐家棚的粤汉铁路工人子弟学校和工人俱乐部由李书渠负责。京汉铁路工人俱乐部江岸总部及郑州以南各站都有组织，由项英负责。其他如扬子铁厂、汉阳兵工厂都有秘密小组，工作方面顺利。当时武汉机关部在武昌黄土坡二十五号楼上，住在机关内的有陈潭秋、陈荫林、刘子通、黄负生夫妇及我。《武汉星期评论》的编辑部就在此处，是刘子通、黄负生负责。马克思学说研究会、妇女读书会，亦附设在内，活动和范围是武高、一师、一女师和武汉中学。约在一九二二年春，长沙劳工负责人黄爱、庞人铨被赵恒惕枪毙了，我党声援黄庞惨案，曾在长沙发动罢课示威活动，这一运动是毛泽东同志直接指挥的。赵恒惕下令缉捕，毛泽东同志曾避居武昌，即住在黄土坡我们的机关内部，我们住在一起约十余日，我同毛主席从第一次全国代表会议后，也常有接触，要算这一次接触的时间最长，谈话的时间较多，我对他的印象也最深。

（一九五三年八月二十日）

（二）

第一次全国代表会议中的情况：

一九二一年六月间，第三国际派马林为代表，赤色职工国际也派李克诺斯基为代表，先到北京。北京支部负责人张国焘同马林等到上海与临时中央负责人李汉俊、李达等商谈发展党的工作问题，并决定在上海召集全国代表会议。此时，陈独秀及我都在广州，接到临时中央的信，要陈独秀回上海，要广州区派两个代表出席会议。陈独秀因为职务离不开即召集我们开会，决定推选我同陈公博代表广州区。我们都到了上海，共计七个地区，十三个代表，计湖南毛泽东、何叔衡，湖北董必武、陈潭秋，广州包惠僧、陈公博，上海李达、李汉俊，济南王尽美、邓恩铭，北京刘仁静、张国焘，东京周佛海。这一次代表的分配是以地区为标准，不是以党员的数量为标准，东京只有周佛海、施存统，原来邀请的也是两个代表，因为施存统没有回国，所以只有周佛海一个人出席。开会的时间，是在各学校放暑假不久，约计总在 7 月 10 日左右，临时租定法租界打铁滨博文女校楼上为各代表住宿之所，开会的地址在法租界贝勒路与望志路之间的树德里最后一个弄堂最末了的一家，即李汉俊家。开会的时间，原决定 4 日至 5 日，第一天的会，各地代表与马林、李克诺斯基（译音）都出席了。首先由马林作了一个报告，大意是：（1）国际形势；（2）第三国际的工作状况及其使命；（3）中国共产党的任务。马林很善于词汇，报告的时间很长。李克诺斯基也报告了赤色职工国际的工作及其任务，他的报告很简短。报告完毕时间就不早了，即宣告散会。第二、三两天的会，马林，李克诺斯基都没有出席。各地代表的工作报告，都很简单，因为党在诞生的初期，工作还不多，报告也不可能长。这两天的时间集中讨论两个问题：第一是“党纲”问题。第二是“劳动运动的计划”问题。

“党纲问题”大家都很重视，不过在当时标题不是“党章”，好像是“中国共产党纲领”，或是“中国共产党组织大纲”，我也记得不很清楚，内容是规定中国共产党的任务和工作方针。讨论党章时，是有些争论的，但不是“左”派机会主义与右派机会主义的问题。因为我们的党是受了俄国十月革命影响而诞生的，这一次的代表会议也是在第三国际的代表指导之下举行的。代表们的思想和情绪对于学习苏联与组织无产阶级革命的党，大体都是一致的。即令有人有右倾或“左”倾的倾向，但在此时还没有形成。至于李汉俊是日本帝国大学毕业，他是河上肇的得意门生，他对于书本上的马克思主义有些研究，对苏俄十月革命以后的材料也看得较多。他的性情很强悍，可是聪明伶俐，在这个场合太煞风景的话，他是不会说出来的，所以他对中国共产党总的任务和总的方向，并没有突出的与大家不同的意见。至于李汉俊的右倾及他的堕落是以后的事。再说刘仁静，他此时还是十九岁的小孩子，他在北京大学读书，看了几本马列主义的书籍，他如在会场或和人谈话时，好搬教条，好抬扛，所以大家叫他“小马克思”，是讽刺他的。他在这次会上，也没有什么成套的意见。至于他的“左”倾及他的堕落，也是后来的事，此时也没有什么惊人的意见。

争论的问题是什么呢？因为“党章”有“共产党员不得做资产阶级政府的官吏”，还有一条“共产党员不得参加资产阶级的政党及团体”。这两项规定本来是值得研究的问题，但对于陈公博和李汉俊就是一个很大的刺激，因为陈公博刚在北大毕业，凭借陈独秀的政治关系，镶上了国民党的边，当了广东法专的教授，宣传员养成所的所长，《群报》的总编辑，大有脱颖而出之势。李汉俊刚从日本帝大毕业回国，在上海《星期评论》及《新青年》中也露了点头角，加以有李书城的政治关系，也正在准备袍笏登场中。他们当共产党是个思想的发展，是个远景，做官是摆在面前的现实问题，这就是“存在决定意识”，他两人很激动地先后发言反对这个规定。在当时的情况，这种反对的意见，也不是没有理由的，如果是出于他人之口，这个意见也还是可以加以讨论的，因为是出于他两人之口，又加以他们态度过于紧张，所以激起了一些代表对他两人意见的反对意见，首先由张国焘、刘仁静搬出阶级的仇恨，阶级斗争的大原则，多数代表同意这个意见，一场舌战，颇为激烈。中间，李汉俊提出修正意见："共产党员不得做资产阶级政府的政务官"，原案的"官吏"是包括从内阁总理一直到低级科员，修正案的"政务官"只是在中央的阁员，在地方的督军省长，问题就不大了，但是大家也不同意，辩论了很久陈公博也软下来了，李汉俊虽然坚持他的意见但是少数，最后提出表决："维持原案"占多数。经过这一场的论战，张国焘等就说李汉俊对资产阶级妥协，有改良主义的倾向，而李汉俊自以为是，见多识广，目空一切，也不向同志间说明他的见解，仅在主观上认定别人不懂马列主义，不懂政略，只有他懂，因此李汉俊就孤立起来了，也并没有甚么李汉俊的一派。好象第二天的会，党纲还没有讨论完，时间不早就散会了。第三天的会，没有继续讨论党纲，因张国焘说：马林对党纲还有意见，等马林来出席时再讨论，就开始讨论"劳动运动计划"。

我们都知道共产党是工人阶级的政党，应该吸收广大的工人群众来参加，但是这一次的代表会议共十三个代表都是知识分子，代表各地的党员总共不过五十余人，除了湖北区有两个失业的工人同志外，就没有什么工人，尤其是没有产业工人。这说明我们的党还是在软弱无力的幼年时期。马林同志在他的报告中，也指明这个问题。因此，大家都认定如何深入到劳工群众中去，如何发动工人和组织工人是我们的党当前的一个重要任务，所以把劳动运动的计划提出做为一个重要的问题来讨论。最先发言的是刘仁静，他把各国劳动运动的历史和组织形式讲了一大套，归结到我们的劳动运动要采取产业组合的方式，反对职业组合，甚至说我们要尽先把产业工人组织起来，职业工人无关重要。周佛海译过一部社会问题概论，李达译过一部社会问题详解，他们对各国劳动运动的历史和理论也算是有点研究，也是每人讲了一套，都是空论甚多，接触到实际问题很少。各地做实际工作的同志的意见是说中国是个产业落后的国家，产业工人较少，有很多城市没有产业工人只有职业工人，还有很多手工业的工人，我们的劳动运动的总方针应该把整个工人阶级团结在一起，组织起来，产业组合固然好，但有些职业工人没有什么产业的凭借，如码头夫、黄包车夫等就不能采取职业组合的方式了。毛泽东同志也是同意这个意见。辩论了很久终于是决定采取产业组合的方式。关于劳动运动总的方针也写了一个文件，大意是：（1）组织起来；（2）经济斗争（增加工资，减少工作时间，工人福利等）；（3）政治斗争（工人集会结社的自由，罢工请愿的自由等）。这一个问题讨论了很久。最后张国焘说：马林对这个问题还有意见，今天讨论的结果留在下次开会时马林出席再作决定。

第四天的会是当天下午八时起，马林、李克诺斯基及十三个代表都出席了，宣布开会不到半个钟头，突然有一个陌生面貌的中年男子闯进了我们的会场。我们问他干什么？他把我们看了一下说："对不起，我找错了地方"，就匆忙下楼走了。马林很机警地说："一定是包打听，我们马上解散，再定期开会。"在一分钟内，我们都从前门走了（上海房子通常都是走后门）。我也不敢到博文女校，即到环龙路老渔阳里二号。一会儿，李达、周佛海也来了，我们扯谈了一会儿。距我们离开李汉俊家不到两点钟的时间，他们要我到汉俊家去看看动静。我当时是没有经验的人，就冒冒失失地跑到李汉俊家里，走上楼梯的中间汉俊和陈公博迎出来说："你回来干什么？你快走吧！巡捕房来了十余个武装巡捕和包打听搜查了一番，没有搜到什么，很侥幸！我的写字桌抽屉内有一份中国共产党的纲领，一开抽屉就看见了，他们竟没有发现，好在我还会说几句法国话，他们也知道这是阿哥的（李书城）公馆，把紧张的场面缓和了些，最后还说了几句客气话走了。"汉俊还说："你还是多绕几个圈子再回宿舍，防着还有包打听盯梢。"我即匆忙出来，走了几步，叫了一辆黄包车，到三马路买了一点零细食物，从爱多亚路绕了几个弄堂回到渔阳里二号。张国焘、李达、周佛海等还在那里等着我的汇报。我把情况讲了以后，大家商量了一下，就决定明天到嘉兴南湖尽一日之长来结束这个会。当夜，我还是回到博文女校睡觉，博文女校倒是平安无事。次日黎明，我们都到了火车站，只有陈公博没有去，马林，李克诺斯基当然也不方便去。约在十时左右我们都到了南湖，此地风景甚好，游人不多，我们便雇了一只大船，买了酒菜，把船开到湖心，就开始开会。经过了前夜一场虚惊以后，大家发言也精简了些，在正午一点钟以前，顺利地通过了"党团"，通过了"劳动运动计划"，就吃饭。吃完午饭以后，就开始讨论"宣言"，讨论宣言时，也有一些小的争论。对于孙中山的问题是在讨论宣言时提出的，我对于孙中山好说大话不择手段，广东的军事独裁致民不聊生，“我曾到过广州，广州是满街‘无兵司令’，军人横行，遍地是赌场（名为楼上银牌）、鸦片烟馆（名为谈话处）、妓馆”。那里还有一点革命的气味呢？况且他是一个代表资产阶级的东西，做为一个无产阶级政党的政治宣言，还能对他表示丝毫妥协吗？当时有很多同志同意我的意见，董必武同志反对这个意见。讨论了一会儿，结果好象是把这一段删去了。最后进行选举，事先张国焘同各代表商谈过的，所以票很集中，选举结果是陈独秀、张国焘、李达当选为中央委员，李大钊、周佛海当选为候补中央委员，并决定陈独秀任书记，张国焘任组织，李达任宣传。在陈独秀没有回上海以前，书记由周佛海暂代。约在下午6时太阳还没有下山，我们的会结束了，当即乘车回沪，到达上海时间虽不很晚，已是灯火万家了。接着，各地代表准备离沪，只有张国焘、李达、周佛海、包惠僧、刘仁静留在上海布署中央的工作。李汉俊住在上海，间或也参加一些写作的工作，但接触不多。

（一九五三年九月二十日）

选自中国社会科学院现代史研究室、中国革命博物馆党史研究室选编:《“一大”前后——中国共产党第一次全国代表大会前后资料选编》（二），人民出版社1980年版

回忆渔阳里六号和中国劳动组合书记部[1]

（一九五四年三月十七、十八日）

包惠僧

（一）

新渔阳里六号：

新渔阳里六号（当时的号数我记得是二十六号），在一九二〇年春，杨明斋同志、维经斯基到上海找陈独秀商量建党之初，即租定这个房子——是杨明斋经手租的，华俄通讯社就在这里发稿。接着，办了一个外国语学校，学校因为没有立案，也没有挂招牌，为我党初期的联络接洽一些事公开活动的机关，社会主义青年团（简称S. P.，即在此处，团书记是俞秀松）。一九二一年一月间我带着武汉的三个青年团员马念一（现任武汉大学法学院院长，改名马哲民）、丁勒生等到上海，即住在此。当时李汉俊代理临时中央书记，由他负责。我们到上海后，李汉俊在临时中央成立一个教育委员会指定我负责，杨明斋任副教育委员，主要的任务是选择青年团的优秀分子送莫斯科留学，团员约有二十余人，也有几个信仰无政府主义，如李中、彭湃、曾平等，约在四月间送了十几个学生赴莫斯科，我记得有刘少奇、许之桢、罗觉（当时都是团员），还有彭述之、卜士安、韩平、蒋热血等。党的公开的或不公开的集会都在这里举行，如一九二一年三八妇女节、五一劳动节等。……在第一次全国代表大会时，此处是我们的联络机关，我常到此处。我记得毛泽东同志、董必武同志、陈潭秋同志也到过这里。这个地方要称为我党临时中央时代工作部，我同意李达的建议，把这个地方作为是青年团原始组织来纪念是可以的。……或者是做为临时中央时代的工作部来纪念亦无不可。

直到第一次全国代表大会以后，党中央在韩德街附近一个里弄（好象叫新韩德里）（部位似在南城路韩德里弄十九号）租了两栋一楼一底的新房子，一栋是代理书记周佛海住，刘仁静也住在这里。一栋是张国焘住（系组织部），李达住在韩德里（系是宣传部）。这三处是第一次全国代表会议成立后的中央工作部，新渔阳里是何时退租，我记不清楚了。在一九二二年中央宣传部办了一个平民女校，是李达任校长，丁玲（蒋冰之）、王一知都是平民女校的学生，是否利用了渔阳里六号，可问问她们。韩德里即李达住所处，丁玲、王一知也常常来，她们应当也记得一些。

（一九五四年三月十七日于上海大厦）

（二）

至于中国劳动组合书记部方面：

中国劳动组合书记部约在一九二一年七月底八月初成立的。成立之先，没有经过全国代表大会讨论，也没有经过中央委员会讨论，完全是张国焘秉承马林的意见组织成立的，起草了一个劳动组合书记部组织大纲，张国焘召集我们几个工作同志提出讨论过。参加这个会的有我和李启汉（李森烈士，湖南江华县人）、李振瀛，还有的人我记不清楚，李达、周佛海是没有参加，因为这是属于组织部门的工作。我们对于（劳动组合书记部）这个名词不通俗，也可以说很费解，提出了不同意见，并提出了修正意见，张国焘不肯修改，他到了没有办法的时候，就说这是马林的意见，我们不好变更，所以就用了这样一个不中不西的名词。劳动组合书记部组织大纲也是马林用英文写了一个底稿翻译成中文，对原意修改不多，提出讨论时也没有修改，不过是宣布一下而已。劳动组合书记部的筹备，是在中央工作部进行的，地点是在韩德里附近的一个新建的里弄，我的印象好象是叫“新韩德里”，是相连的两栋一楼一底的房子，一栋是周佛海（住楼上）、刘仁静（住楼下），一栋是张国焘住（组织部）。我们开工作会议，是在张国焘住的房子里。劳动组合书记部正式成立后，在北成都路距离苏州河不远的一个里弄里，租了两栋房子，一栋是李启汉住在里面，另一栋是李振瀛住。不久，董锄平（改名董冰如，现在中央劳动部工作）、许白昊也被吸收到劳动组合书记部工作，另外在北成都路与北四川路的中间一个当街的里弄里租了一间……做为《劳动周刊》编辑部，这里只有张国焘、我及李启汉在这里工作，是比较秘密的，我们三人经常在此开会。《劳动周刊》的通讯处是在马霍路马德里一个两楼两底房屋的楼上的一个统楼（我记得是十三号，前天去勘察的象是三号），是我住的地方。柯庆施、丁勒生同志也在这个房子里住过。我在陈独秀家里（渔阳里二号）被捕时，就是住在这里。《劳动周刊》的收件与发行人是鲍一德，是我的化名。编辑人的排列是：张特立（国焘）、包晦生（惠僧）、李启汉、李振因（瀛）、董锄平。劳动组合书记部的工作对象是杨树浦一带的烟草工人、机器工人、各印刷厂的印刷工人、叉袋角纺织工人。我们在叉袋角办了一个工人夜校，李振瀛、李启汉轮流住在里面，经常与工人联系，我每星期去上两次课，我是讲政治常识和劳动组合一些有关的问题，在上海本埠的工作大体如此。在全国各地的发行计划，是确立在北京设一个支部，由罗章龙负责（名义支部主任）。中间设一个长江支部，地点在武汉，包惠僧负责（名义同前）。南方在广州设一个支部，谭平山负责。我是在渔阳里二号被捕，出来约在二十日左右，时间是在十月底，十一月初中央派武汉工作，负责建立长江支部，展开武汉工运（详见我的回忆录之二）。南方支部参加了海员罢工，北方展开了铁路工人的组合，劳动组合书记部起了一定的作用。

在一九二二年夏天，我党领导在广州召开了全国劳动代表大会，决议组织全国总工会，经过了一个相当长的准备时间，全国总工会宣告成立，所有劳动组合书记部的工作任务，转交全国总工会负责，劳动组合书记部工作即告撤销。时间约在一年半左右的光景。在一九二三年我在北京区负责及一九二三年冬至一九二四年春夏之交，我第三次在武汉负责的时候，就没有劳动组合书记部了。

（一九五四年三月十八日于上海大厦）

注释：

［1］题目是编者加的。

选自中国社会科学院现代史研究室、中国革命博物馆党史研究室选编：《“一大”前后——中国共产党第一次全国代表大会前后资料选编》（二），人民出版社 1980 年版

关于中国共产党成立有关情况的一封信（节录）

（一九六一年一月二十九日）

包惠僧

中共广州党史组负责同志：

一九六〇年十二月三十日来信由参事室转给我看了。仅就你们来信提出的问题，就我的回忆，提供一点历史上的情况。事隔三十多年，恐怕我的记忆，不够全面。仅供你们参考而已。

1. 我原在武汉工作，一九二一年一月间我带着两个青年团员（S. Y.）准备到莫斯科去学习，到了上海时陈独秀已赴广州任广东教育委员会的委员长。我们党的书记由李汉俊代理。此时第三国际代表维经斯基同志已回国，上海方面的同志很少，工作也没有展开，在小沙渡×袋角办的一个工人补习学校也暂停下来（因为没有钱），《新青年》杂志及《共产党》月刊停了好几期没有出版，可以说一切工作因为人力物力缺乏的关系都陷于停顿状况。李汉俊先是留我在上海工作，到一九二一年五一劳动节后，我们的工作部渔阳里六号被法国巡捕房搜查了，住在那里的人搬走了，李汉俊有点惊慌。他要我到广州去当面和陈独秀商量：要就是陈独秀回上海来重新部署党的工作。要就是把党（上海党事实上是临时中央的地位，不过当时无此称谓）搬到广州去。李汉俊自己是准备到武汉或是北京搞他个人的政治活动。我是一九二一年五月十日左右到广州。我就住在城内大新公司旁边昌兴马路二十三号二楼《新青年》杂志的发行部。这个发行部的经理苏新甫安徽人，是陈独秀的朋友。

我同陈独秀见了面，把上海的工作情况及李汉俊的意见告诉了他。陈独秀思索了一下说：我暂时不能回上海，我想争取把广东大学预科办起来，正在筹建校舍和筹措经费，我走了恐怕就搞不成了，那就是等于白在这里呆了几个月，所以我不能离开。我们的党也不能搬到广州来。这里的环境很复杂，一般封建学阀，同一些自命是无政府党的一群青年，如区声白、朱谦之等都是我们的敌人，我们在这里的根还没有扎稳。再说广州太偏僻了，还是上海对四方八面的联系方便，将来我总是要回上海的。目前请李汉俊暂呆在上海同各方面联系，工作能做的做一点，不能做的等等再说。维经斯基（他的中国名字吴廷康）迟早还是会来的。他特别对我说：你将来还是回武汉工作，莫斯科迟点去也可以，目前人少工作多，广州现在就人手缺乏，你既来了就暂时在广州工作，目前可以在《群报》写点文章，重庆某报还托我找一个驻广州的通讯记者可以兼着干。这一席话把李汉俊要我到广州来的目的搁起来了。我在广州住了不到一个月的时间，陈独秀又派我担任宣讲员养成所的讲学，我还没有去到差，有一天他派人来找我去开会，是我们党的广州支部开会。我是第二次参加广州支部的会议。当时广州的同志不多，计有谭平山（鸣谦）、陈公博、谭植棠、刘尔崧、还有一人姓李或是姓谭的一位同志我忘记了他的姓名，他也是广州师范学校的教员。再加上陈独秀及我共七个人。当时广州支部的书记是谭平山。开会的形式很简单，好象陈独秀是个当然主席似的。他问了问同志们的工作情况，特别是《群报》的情形。我们在《群报》上经常同无政府党打笔墨官司，陈独秀说区声白是个小鬼，朱谦之是个疯子，我们让他们去造谣言，我们不理他们了。接着他说：上海来了一封信是张国焘、李汉俊联名写的，据说第三国际和赤色职工国际派来了代表，他们建议中共应该在上海举行一次全国代表会议，他们同意这个意见，并请各支部各选出出席代表会的代表二人，特别要请陈独秀回上海去主持这次的会议。陈独秀把来信的大意说了之后，接着说：我为了广州大学预科筹备工作，我暂时不能离开广州，这里出席代表我想派陈公博、包惠僧两位同志去。公博开完了会快点回来，惠僧开完了会回武汉工作。现在是工作多人少，各方面都要照顾到。在我们党的初期，陈独秀对党的工作是有点家长统治的精神，他说了就算照做，大家也没有意见。此时大概已经是六月底七月初了，各学校都放了假，我同陈公博都把各人的工作结束了一下，即准备到上海开会。

2. 就我的记忆，中国共产党是于一九二〇年夏秋之交在上海成立的。紧接着党的成立，因为有特殊的人和事的关系先后在北京、武汉、长沙、广州、济南连上海全国共成立了六个支部。上海没有支部之称，各地党支部的成立都是由上海党发动组织起来的，各党员的物色工作的分配，党纲的拟定，工作方针的决定都由上海党负责，事实上它就形成了中央的作用。可是当时并没有中央这个名称。我为了写回忆录的方便，我常把上海党写成为临时“中央”。各地方的组织叫做支部，并无共产主义小组之称。武汉支部是一九二〇年九、十月间在武昌宣导成立的。北京可能比武汉早一点。武汉、长沙、广州这三个组织成立时间差不多。济南略为迟一点，因为济南组织是由北京支部发展起来的。

我党组织之初，第一次的党纲只有十五条，这个原件我前年由国家档案局的同志手中看到过这个原件，大概存在国家档案局。党的组织系统很简单，1. 中国共产党党部。2. 支部。支部所在地称区。如武汉区、北京区、广州区等。当时的广州支部兼广东省的组织活动、应该是属于省以上的组织。这个区的名义用了很久，一直到大革命时代才有各省市的党委会，有些地方区的名义仍存。3. 小组：是基层组织，组有组长，党员人数有数人至数十人的，视实际情况决定。

支部的名称在第一次全国代表大会以后就不用，组织系统是：1. 中央。2. 区党委。3. 特别小组（比小组大）。4. 小组。

包惠僧

一九六一年一月二十九日于北京

原载中共广东省委党校党史教研室编:《党史研究资料》第二期,
1979年7月31日版,中共广东省委党校供稿

选自中国社会科学院现代史研究室、中国革命博物馆党史研究室选编:《"一大"前后——中国共产党第一次全国代表大会前后资料选编》(二),人民出版社1980年版

中国共产党第一次代表大会的几个问题

（一九七八年八月十二日）

包惠僧

我是广州支部出席一大会议的两个代表之一。关于一大，我在《新观察》杂志一九五七年第七期上曾用栖梧老人的笔名介绍过，题目是《中国共产党成立前后的见闻》。

一大是党的发起会，由共产国际派马林来中国上海召开的。当时共产国际派来了两个代表，一个是马林，一个是赤色职工国际代表李克诺斯基。一大前，五四运动的怒潮震动了全世界。一九二〇年春，共产国际曾派维经斯基和华侨杨明斋来了解中国的政治情况。北大是五四运动的发源地，当时蔡元培任北大校长，陈独秀是中国文科学长。那时北大各种思潮都有，既有保皇派、空想社会主义者、无政府主义者，又有马列主义者。他们都是反对卖国贼曹汝霖、陆宗舆、章宗祥的。陈独秀在五四运动时因在天安门发传单被捕，经多方营救释放，放出后到上海，住法租界渔阳里二号，主编《新青年》杂志。经李大钊介绍，维经斯基在上海会见了陈独秀，又由陈独秀介绍会见了戴季陶、李汉俊、沈玄庐和《时事新报》的内负责人张东荪。在维经斯基的建议下，提出发起中国共产党的问题。维经斯基和陈独秀共同起草了一个中国共产党党纲十五条（现存中央档案馆），用来统一思想，建立中国共产党。这样首先吓倒了张东荪（张原信仰英国的基尔特社会主义），退出了这个运动。戴季陶最初还表示同意，但看到党纲中有一条规定："共产党员不做资产阶级政府的官吏，不加入资产阶级的政党，不当议员"时，则声明不能脱离孙中山，以此为借口跑回四川去了。就这样，在上海成立了中国共产党，陈独秀任书记。后又相继成立了五个支部，总共是上海、北京、广州、湖南、湖北、济南六个组织。建党工作由上海组织陈独秀等负责规划，所以上海组织起了临时中央的作用。

一九二〇年秋冬间，陈独秀接受粤军总司令陈炯明的邀请，到广州任广东省教育委员会委员长，临时中央书记职务由李汉俊代理。

约在一九二〇年九月前后，陈独秀派刘伯垂回武汉发展组织。刘伯垂回武汉后发展了我，也发展了董必武、陈潭秋。武汉支部于九月间成立，我任书记。后来维经斯基的助手马迈也夫，俄文专修馆的白俄教师鲍立维来武汉了解情况，我向他们汇报了湖北学生运动的情况。他们动员我到苏俄学习，马迈也夫还说，他也要回俄国陆军大学学习。一九二〇年年底，学校放寒假，董必武、陈潭秋回家去了，我没回家，就带了三个 C. Y. 到上海（其中一位现还活着，叫马哲民，是武汉财经学院院长，中共党员）住渔阳里五号（应是六号——编者注，下同）。当时住渔阳里五号的还有维经斯基、杨明斋、刘少奇、柯庆施、卜士奇等人。渔阳里办了外国语学校，湖南来学习的有刘少奇、罗亦农、彭湃（不是广东那个彭湃），江西有傅大庆，安徽有柯庆施，这些都是 C. Y.。之后又成立教育委员会，我是主任，杨明斋是副主任。到苏留学的刘少奇、卜士奇、彭湃、傅大庆等十余人的介绍信，都是由我签署的。

一九二一年一、二月间，上海支部又发展了沈雁冰、邵力子。张国焘的回忆录说，何叔衡不是一大代表，这是乱扯。一大没有代表资格审查的程序，会议并没有设立代表资格审查委员会，所以也就没有什么合格不合格的问题。我可以肯定，何叔衡是参加一大的。记得开会时，何叔衡与毛主席坐在一起，在我的对面。张国焘还说，毛主席马列主义水平低，与王尽美、邓恩铭差不多。这也不对，那时谁的马列主义水平高呢？

关于代表人数，一大召开时，一个地区两个代表，加上国际的代表，实际上参加大会的共有十五个人。即湖南：毛泽东、何叔衡；广东：陈公博、包惠僧（一大前夕，我在广东，陈独秀提出要我当广东代表，目的是要我回湖北工作，他认为湖北没有我不行，所以广东支部全体同意包惠僧、陈公博当一大代表）；上海：李汉俊、李达；北京：刘仁静、张国焘；济南：王尽美、邓恩铭；湖北：董必武、陈潭秋；日本东京：周佛海；共产国际代表马林；赤色职工国际代表李克诺斯基。

关于一大代表的党员人数，实际上没有五十七人，更不是七十人。当时在一大会议上曾报了一下各地的名单，我记得一共是三十人左右，具体名单如下：

湖南：毛泽东、何叔衡、夏曦（一大后发展了易礼容、郭亮等）。

湖北：董必武、陈潭秋、赵子健、包惠僧、刘伯垂。

北京：李大钊、张国焘、刘仁静、罗章龙、邓中夏、张申府、高尚德。

济南：王尽美、邓恩铭。

广东：谭平山、谭植棠、陈公博、刘尔松（学生）、李××（师范学校的教师）。

上海：陈独秀、俞秀松、李达、陈望道、李汉俊（邵力子、沈雁冰、李启汉是后来参加的）。

关于开会的时间。在我记忆中不是七月一日，而是七月半前后，那时正放暑假，不然在中学当教师的陈潭秋、董必武都不可能来出席会议的。

关于开会的地址，在上海望志路。这是李汉俊的哥哥李书城的家。在楼上开的会。李汉俊住楼下，李书城住楼上。房子是弄堂式的，开间不大，有个后门，一进后门就是厨房，通过一个很小的楼梯上楼的，街上看不到楼上。

关于会议的内容：

第一天，马林、李克诺斯基都出席了，由马林作报告。（马林大约四、五十岁，高大个子，荷兰人。李克诺斯基是俄国斯拉夫人。）他报告的题目是《第三国际的使命和中国共产党的问题》。报告的时间很长，从上午八时到十二时。

第二天，马林和李克诺斯基都没有出席。主要由各地代表汇报工作情况，都很短。因为做的工作，实际上是搞学生运动为主，工运仅仅是启蒙。湖北的报告是我做的，因我曾任湖北支部书记，董必武、陈潭秋一定要我做。

第三天，讨论问题。集中讨论两个问题，一个是中国劳动运动计划方案，另一个是党纲。讨论到建立什么样的党时有争论。马林提出向工人进军的问题，他们认为中国党工人很少，学生、知识分子、教授多，要我们发展工人。张国焘、刘仁静为一派，提出向产业工人进军，主张不发展职业工人，说是流氓无产者。（职业工人如理发工人、人力车夫、运输工人及其他手工操作的工人）。大家认为要发展职业工人，因产业工人当时估计不到二百万人，职业工人差不多有二千多万人。最后决定不管是产业工人或职业工人都要组织起来。对于党纲中提到"不做资产阶级官吏"、"不当议员"、"不作资产阶级、官僚议员办的学校校长"等问题，争论很激烈，没通过。

第四天，马林、李克诺斯基到会。我们刚坐下，突然有一个穿灰色长衫的陌生面貌的中年男子闯了进来，对我们看了一下，说："对不起，我走错了。"说着就走了。面对门口坐的马林很机警，随即问我们认识这人吗？我们说不认识。马林说这一定是个包打听，叫我们立即解散。我们就马上解散了。上海的房子前门是常关着，走后门。差不多大部分代表都到了渔阳里二号李达住的亭子间。出去后不久，张国焘要我到李汉俊家去看看。我去看时，李汉俊、陈公博尚在，未散。李汉俊对我说："你怎么又回来了？你们走后，就来了十几个包打听和巡捕，搜查了一番，我对他们说是北大几个教授在这里商量编现代丛书的问题。"侥幸的是一份党纲放在李书城写字台抽屉内，竟没有被发现。根据这情况，他认为不能再在这里开会了，必须改换地点。经商量，李达提出到嘉兴南湖去开。第二天大家就从上海南站搭火车出发到南湖。陈公博没有去，马林、李克诺斯基因不方便也没去，所以共去了十二个人。

第五天的会，就在南湖的游船上召开的。通过了党纲、劳动运动方案，还讨论了孙中山是否是军阀的问题，最后选举了中央委员会。选举的结果是：陈独秀当选为书记，张国焘为组织委员，李达为宣传委员，还有二名候补委员，是周佛海和李大钊。这是张国焘安排的，因为陈独秀不在，由周佛海代理书记，而周是日本留学生，要回日本完成学业，迟早要走，所以还是张国焘掌权的。张国焘是机会主义者，这个人是要权又要钱的。他曾对我说过：陈独秀搞的党太松弛，要有纪律严的党。张国焘所谓纪律严，实际上是法西斯式的党的纪律。当时有张国焘搞的小组织，成员有罗章龙、刘仁静、邓中夏、高尚德。一大后反对张国焘小组织的有何孟雄、谭平山、包惠僧、王尽美、项德隆（项英）等。这问题搞了很久。大约在一九二二年在一次会议上，陈独秀被张国焘包围，要陈表态，陈说，没有什么小组织，但张国焘有错误，以后不准再谈什么小组织问题。这个会议郭亮也参加的。

一大的会议实际由马林主持，但前台出面的是张国焘，开会时由张主持一切。钱由马林拿出来，张国焘用。当时我们来上海，每个代表发了一百元路费，回去时又每人给五十元。

马林在一大后曾对我们说，我们的党是无产阶级政党，任务要马上走上政治舞台，陈独秀不能在广州做官，要请他回来，要讨论国共合作问题。那时我们瞧不起孙中山，认为他是“孙大炮”。陈独秀书生气很重，他当书记时，大事是由第三国际当家做主的。

一大后，马林、张太雷赴广东访问孙中山，我在武汉恰和码头迎接他们的船，然后又送他们到武昌徐家棚乘火车，从粤汉铁路，经湖南到广州。到广州时由廖仲恺接送，转赴桂林——孙中山的北伐前线，与孙中山谈了建立国共联合战线的问题，此后才开始进行国共联合战线的部署。

翁仲二、叶心瑜访问整理，经包惠僧本人审阅修改

选自中国社会科学院现代史研究室、中国革命博物馆党史研究室选编：《“一大”前后——中国共产党第一次全国代表大会前后资料选编》（二），人民出版社 1980 年版

回忆党的创立时期 [1]

（一九七八年十一月九日）

包惠僧

在党的一大以后，党中央让我到广州接陈独秀回上海。我估计是张国焘受马林的指使要陈独秀回来的。马林认为，党的总书记不应当官而应回来搞革命运动。陈独秀回上海后，就发生了一个问题，即中国共产党与第三国际的关系。当时除张国焘一人外，我们都对第三国际特别是马林有意见，认为第三国际凌驾于中国共产党之上。马林与陈独秀谈了几次话，都谈不拢，当时张太雷是翻译，经常帮马林说话。有一次，张太雷在党中央办公的地方对陈独秀说：中共是第三国际的一个支部，要受第三国际的领导。陈独秀听后拍着桌子说：我们是独立的，每个国家都有自己的国情。陈独秀为什么生这么大的气呢？因为区声白、朱谦之曾讽刺过陈独秀是“卢布主义”即拿苏俄的钱。

一九二一年八月成立的劳动组合书记部，实际上只有一年的寿命。罗章龙回忆说，是开过会后成立的。其实并没有开过会，只是马林对张国焘说了要成立就成立了。

毛主席在一大会上，只是代表湖南作了一次简短的发言，其他没谈什么。

叶心瑜访问、整理，经包惠僧本人看过

注释：

［1］题目是编者加的。

选自中国社会科学院现代史研究室、中国革命博物馆党史研究室选编:《“一大”前后——中国共产党第一次全国代表大会前后资料选编》(二)，人民出版社 1980 年版

关于广州党组织选派参加党的“一大”代表的有关情况

（一九七九年五月）

包惠僧

广州的党员有谭平山，是支部书记，北大毕业生。陈公博，也是北大毕业生，法专的教授、宣传员养成所所长、《广州日报》总编辑。《广州日报》是陈独秀办的，我也为该报写过文章。还有谭植棠，是教书的，也是北大毕业生。刘尔崧，是个中学生。还有一个姓李的教员，加上陈独秀和我，共七个人。党员们每周开一次会。有一天，陈独秀召集我们在谭植棠家开会，说接到上海李汉俊的来信，信上说第三国际和赤色职工国际派了两个代表到上海，要召开中国共产党的发起会，要陈独秀回上海，请广州支部派两个人出席会议，还寄来二百元路费。陈独秀说第一他不能去，至少现在不能去，因为他兼大学预科校长，正在争取一笔款子修建校舍，他一走款子就不好办了。第二可以派陈公博和包惠僧两个人去出席会议，陈公博是办报的，又是宣传员养成所所长，知道的事情多，报纸编辑工作可由谭植棠代理。包惠僧是湖北党组织的人，开完会后就可以回去（会前陈独秀与我谈过，还让我回湖北工作，大概他已经接到上海的信了）。其他几个人都忙，离不开。陈独秀年长，我们又都是他的学生，他说了以后大家就没有什么好讲的了，同意了他的意见。有人说陈独秀是家长作风，当时是有一点，但以后就不行了，主要是听第三国际的，他想当家长也不行了。这样我就坐直达上海的海船到了上海，仍住在新渔阳里六号。陈公博刚刚结婚，带了新娘坐邮船到上海，住在东亚旅馆，我和陈公博见面后他叫我往广州打了个电报，报告我们平安到达了。

……

在建党方面陈独秀也是有功绩的。第三国际几次派代表来中国都是找的陈独秀，把组建中国共产党的任务交给了他。所以尽管陈独秀没有出席中国共产党第一次全国代表大会，但是大会还是选举他担任党的总书记。一大后，马林（第三国际代表）、张国焘（中委）、李达（中委）、周佛海（候补中委）和我开了一次会，讨论请陈独秀回上海的问题。马林说，陈独秀当选为中国共产党总书记就应尽到责任，要回来担任总书记职务，别人代理不行（陈独秀不在，书记职务由周佛海代理，周是日本帝国大学学生，要回日本去上学。张国焘想代理，又说不出口），国际上没有这样的先例。又说，千万不能做资产阶级的官吏，还没有一个国家的共产党领导人在资产阶级政府里做官。会议决定派我去广州接陈独秀。

……

赵春濂、高荣光访问整理

选自中国社会科学院现代史研究室、中国革命博物馆党史研究室选编:《“一大”前后——中国共产党第一次全国代表大会前后资料选编》(二)，人民出版社 1980 年版

回忆马林

（一九七九年六月）

包惠僧

一、中共建党初期与第三国际代表马林

1920年维经斯基来中国，与陈独秀、李大钊及其他有关人员联系，在上海成立了中国共产党。1921年初夏，第三国际又派了马林，与赤色职工国际尼克斯基[1]来中国，到上海与中国共产党代理书记李汉俊等计划召开中国共产党第一次代表大会。定计划，提供经费，完全是出于马林一手筹划的。当然马林是执行第三国际的命令，也就是按照列宁命令办事的。至于掌握时机、发动人员、调动力量是完全出于马林之手。

马林是荷兰人，早期即与第三国际有关系，曾奉第三国际之命在印度尼西亚搞工人运动，也在欧洲维也纳等地工作过，并参加过第三国际第二次全球共产国际会议，于1921年4月奉第三国际之命，作为常驻中国代表。他在欧洲工作了两个月之后，才于1921年6月间动身来中国，据他的回忆不止一次提到莫斯科没有给他专门指示。据他来中国的实践来看，他这次来中国有两个重要任务：第一是召集中国共产党第一次代表大会，并部署中国共产党的工作。第二是要与中国国民党领袖孙中山商讨如何完成中国民族革命的使命，并建立国共联合战线的问题。他到上海之后与李汉

俊、张国焘等人商定中共一大在上海举行会议。当时中国共产党在全国各地组织起来，连上海在内共有6个中国共产党的支部，但上海是中国共产党的发起地点，只称中国共产党不称支部，其余各地党组织都称中国共产党支部，如北京支部、武汉支部、长沙支部、广州支部、济南支部，日本有两个党员也称支部，没有共产主义小组的称号，这是历史事实。约在7月初发出举行代表大会的通知，以地区为单位，每个地区派代表2人出席会议，每个代表发给路费百元。北京代表刘仁静、张国焘，上海代表李达、李汉俊，广东代表包惠僧、陈公博，武汉代表陈潭秋、董必武，长沙代表毛泽东、何叔衡，济南代表王尽美、邓恩铭，东京代表周佛海，共13名代表；加上第三国际代表马林、赤色职工国际代表尼克斯基，共15个人。我们在上海蒲柏路打铁浜租定博文女校三间楼房，为代表住所，但事实上住博文女校的代表只有张国焘、包惠僧、毛泽东、周佛海；刘仁静、王尽美、邓恩铭住在南成都路辅德里，我们在上海的机关部；陈公博住在亚洲酒店；董必武、陈潭秋、何叔衡住在旅馆里，因吃饭茶水方便；李达、李汉俊住在家里。博文女校不起伙，用茶水到老虎灶去打取。

我们开会的会场借贝勒路与望志路之间的树德里李汉俊家里。我们在上海开了4天会，第一天是马林作报告，题目是《第三国际的历史使命与中国共产党》。马林当时是四五十岁的年纪，高大身材，连鬓胡子，他对马克思、列宁的学说有精深的素养，他声如洪钟，口若悬河，有纵横捭阖的辩才，从下午8时讲到夜1时结束。他是用英语作报告，李汉俊、刘仁静、周佛海作翻译，我们在他的词锋下开了眼界。当时我们的党员人数约计不过30余人[2]，除武汉支部有1个工人而外，其余都是知识分子。马林也指出，我们的党工人太少，今后要向工厂工人进军。

第二天仍在原地、原时间开会。各地代表作工作报告，也讲了各地的政治文化教育，及我们的工作活动和自然环境等情况。

第三天也在原地、原时间开会讨论问题。第一，讨论党纲，有些争论；第二，讨论劳动运动方案，也有争论。我们开会推了张国焘为会议主席，这也是事前得到马林同意的。我们当时发言很自由，但是发言的人并不多。对有争论的问题主席作结论时总是说：大家发言都记录下来，有争论的问题，等下次开会时马林来了再作结论。马林和尼克斯基第二三天都没有参加。第四天仍在原地、原时间开会，马林和尼克斯基来了，刚宣布开会时，一个陌生的人进来把门帘子掀开，向我们会场看了一下说："对不起，我找错了地方。"就下楼走了。马林很机警地问大家认识来人吗？都说不认识。马林说是个包打听，今天不能开会了，马上解散。我们大家一两分钟内，就从前门走了。只有陈公博和李汉俊坐在那里聊天，一会儿巡捕房来了一大群包探、巡捕，把这间房子围住，一面问你们开什么会？一面楼上楼下搜了一遍，没有发现什么可疑的人和事，李汉俊说不是开会，是北京大学有几个教授在这里谈论写现代科学丛书的问题，他们才走了。

我们先出去的代表，不约而同地到了老渔阳里 2 号陈独秀家里，李达、王会悟也住在这里。张国焘要我去李汉俊那里看看，我内心也急切想知道一个究竟，就冒冒失失地跑到李汉俊家里去，当走上楼梯时，李汉俊、陈公博正走出来看。李汉俊说，你们走了约 10 余分钟，巡捕房开了两部汽车来了一群人，楼上楼下搜了一遍没有发现什么，大概他们也知道这里是阿哥的住宅，我用法语跟那几个法国人解释了几句，他们就走了。但明天不能在这里开会，要改地方，你出去后也要注意，怕有人盯梢。我出来后，在马路上兜了几个圈子，才回到老渔阳里告诉大家。当时王会悟说可以到浙江嘉兴南湖，作为游湖去那里开会。经过大家考虑后，决定次晨到南湖尽一日之长，开完这个会。就请王会悟当向导办后勤，在南湖雇了一只大画舫，叫了一桌很丰盛的酒菜，这样我们就开会了。

我们鉴于时间的局限，大家加紧讨论大会的重要问题，如《党纲》、《劳工运动方案》，优先决定"党纲"暂不修改，交中央试行。对《劳工运动方案》作了三点决定：1. 无论是产业工人、职业工人以及一切劳苦大众都要组织起来。2. 在工人群众当中优先发展党的组织。3. 职工运动的重点放在产业工人方面，特别要向铁路工人进军。12 点钟以前，就讨论了这两个问题。大家休息了片刻即吃午饭，饭后到南湖中间的岛上看了宙宇佛堂，还看了南湖的风景，即回船上。约 2 点钟继续开会，第一讨论了大会的宣言，是会前准备好了的，主席向大家读了一遍，简单提了点意见，决定交中央与马林商讨后再作决定；第二讨论国内国际形势，有几个人不着边际地发言，也没有作决定，留给中央与马林参考；第三选举中央委员，事前张国焘与马林曾有初步决定，即是选三个中央委员，分任书记、组织委员与宣传委员，两个候补委员。根据可能与需要的原则，特别照顾第三国际马林所提的方针，进行选举时票很集中，选出陈独秀、张国焘、李达为中央委员，李大钊与周佛海为候补中央委员，并决定陈独秀任中央总书记，张国焘为组织委员，李达任宣传委员；在陈独秀没有就职以前，由周佛海代理书记。选举完毕后已是5点了，宣告大会结束。这一次的会议除陈公博缺席外，其他代表如李汉俊、李达、张国焘、刘仁静、毛泽东、何叔衡、董必武、陈潭秋、包惠僧、王尽美、邓恩铭、周佛海都出席了。我们到火车站时已是夕阳西下，回到上海时已是万家灯火了。这次会规模不大，人也不多，而在历史上的意义则很重大，向全国、全世界宣布了中国共产党正式成立了。中国共产党是在第三国际领导下，马林、尼克斯基来中国按照第三国际的方针，即列宁的方针、政策建立起来的。马林的督促指导和支援，对中国共产党的诞生具有特殊的意义。

二、马林对中共工作的建议

一大以后，中共即建立中国劳动组合书记部，创办劳动周刊，开展向工人群众进军的活动。接着马林建议要陈独秀辞去广东教育委员的职务，回上海就任中共总书记的职务。党中央商定派我去广州向陈独秀汇报一大会议的情况，并请他回上海工作。我即启程去广州，见了陈独秀，我向他汇报了情况，他也同意马林的建议。这时他在广州的工作也遇到了很多的困难，如许崇智、古应芬这些人有排外的特性，无政府党人如朱谦之、区声白等对我们肆意攻击。他也知道，对党的任务在当时情况下是无法推辞的，但陈炯明诚意挽留他，他只好作为请假，先回上海，再设法辞职。

我在广州盘桓了不到一个星期，就同陈独秀一路回上海。我们先由广州乘火车到香港，住了两天后买船票回上海。到了上海，第二天马林与陈独秀开始会谈，接连谈了两次，对中共与第三国际的关系问题有分歧。马林按照第三国际当时的体制，认为第三国际是全世界共产主义运动的总部，各国共产党都是第三国际的支部，中共的工作方针、计划应在第三国际的统一领导之下进行。陈独秀认为中国共产党尚在幼年时期，一切工作尚未开展，似无必要戴上第三国际的帽子，中国的革命有中国的国情，特别提出中共目前不必要第三国际的经济支援，暂时保持中苏两党的兄弟关系，俟我们的工作发展起来后，必要时再请第三国际援助，也免得引起中国的无政府党及其他方面的流言蜚语，对我们无事生非的攻击。此时张太雷已到上海，他奔走于马林与陈独秀之间。有一天我去陈独秀处，正遇见陈独秀与张太雷谈话，张太雷正在以马林的口气说：“全世界的共产主义运动，都是在第三国际领导之下，由发生到发展，由成长到夺取政权，实行无产阶级专政，中国不能例外。”陈独秀把桌子一拍说：“各国革命有各国国情，我们中国是个生产事业落后的国家，我们要保留独立自主的权力，要有独立自主的作法，我们有多大的能力干多大的事，决不能让任何人牵着鼻子走，我可以不干，决不能戴第三国际这顶大帽子。”说完了拿起皮包出门要走，张太雷仍然笑嘻嘻地请他坐下来谈，陈独秀不理，很气愤地走了。

大概就是这一天，马林以第三国际代表的名义，写了一封很长的信，要陈独秀再加考虑改日再谈。陈独秀接到马林来信，尚未作复，我们5个人就在陈独秀家里被法租界会审公堂逮捕了。

三、陈独秀在家里被法租界巡捕房逮捕和保释

我为马林与陈独秀的会谈很担心，也很着急，每天下午总要到陈独秀家里去打听消息。陈独秀与张太雷的谈话弄到不欢而散，我在思想上更加重了负担。

这以后，发生了陈独秀、杨明斋、高君曼（陈独秀夫人）、柯庆施和我，在陈独秀家中被捕的事。我们被捕之后，第二天会审公堂预审，陈独秀当时声明：“既然是为我的事，一切责任由我负责，高君曼是家庭妇女，家里还有孩子，请予释放。其余这3位是来看我的客人，也请予释放。”经法庭考虑，高君曼准予释放，其余3人，俟调查审理明白后再行处理。陈独秀和我们3人仍收监了。退堂以后，我们4人到牢房，陈独秀对我们说：“马林给我的一封长信如果被搜出来的话，我可能要判七八年徒刑。你们3个人大概不会有什么问题，惠僧出去后仍回武汉工作，杨明斋仍当翻译工作，柯庆施还是去上学。”他并且说马林是个热情的人，他可能帮我们的忙。第三天下午，陈独秀被保释出去。我们3个人被关到第五天黄昏时，

才来了一个陌生的人来办保释手续，把我们随身携带的东西和钱都还给了我们。出去之后我们才知道，为了我们，马林使尽了气力，请了一名法国律师名巴和，承办这个案子。马林花了很多钱，费了很多力，打通了会审公堂的各个关节。我们在外面等了20多天，法国会审公堂才开庭审讯。开庭之日，我们5名被告都到庭受审，巴和律师出庭为被告辩护。资本主义的政府，有钱能使鬼推磨，巴和律师花钱费力都做到了家，开庭时问了姓名、年龄、籍贯、职业后，特别问了陈独秀在广东的职务，回上海的情况，《新青年》杂志发行的情况，然后由巴和律师进行辩护，最后以《新青年》杂志有过激言论判罚5000元而结案，前后共用了两个多钟头。

这一次，马林和陈独秀和中国共产党算是共了一次患难。此后，陈独秀与马林和谐地会谈了两次，一切问题都得到了适当的解决：1.全世界共运总部设在莫斯科，各国共产党都是第三国际的一个支部。2.赤色职工国际与中共劳动组合书记部，是有经济联系的组织。中国劳动组合书记部的工作计划及预算，每年都要赤色国际批准施行。3.中共中央不受第三国际的经济支援，如有必要的开支，由劳动组合书记部调拨。

四、马林与张太雷到广州转桂林访问孙中山

1921年9月初，我奉中央之命到武汉，任武汉区党委书记，并兼劳动组合书记部长江支部的主任。有一天，接张太雷电报，要我到汉口怡和码头接船，到时我约陈潭秋一起去，约在下午3时左右，由上海开来的船到了，我们上船去见到张太雷与马林正在准备下船。张太雷对我说："我们不在武汉停留，我们马上过江乘粤汉铁路火车去广州。"我在上海时，便知道马林要访问孙中山，谈国共联合战线的问题。此时粤汉铁路只通到长沙，长沙与韶关间还要步行或乘轿子，马林到长沙，没有通知毛泽东，他不知经过谁的联系与湖南劳工会的成员见了面，马林还给他们讲了两个钟头的阶级斗争。马林事前与孙中山有联系，孙中山此时正在调动可以调动的军队，如黄大伟的建国第一军、广西的刘震寰部及其他有关部队准备北伐。马林经广东韶关乘火车到广州，廖仲恺接待了马林和张太雷。此时，陈炯明的部队全部在广州，马林的回忆录说他同陈炯明会见过好几次，这一次

也可能见过陈炯明。此时，孙、陈之间就有分歧，孙中山调动军队北伐，没有动用陈炯明部队，由此可见一斑了。

廖仲恺招待马林，并派员送马林一行到桂林，马林和张太雷在桂林同孙中山一起盘桓了两个星期之久。张太雷单独与孙中山谈过中国青年问题，马林与孙中山主要是谈国共两党建立联合战线问题，当然也谈了国际形势及中苏的关系问题，后来马林回忆说：维经斯基是主张联合吴佩孚建立中国的革命事业，而马林是主张联合孙中山搞国共联合战线，把中共推上中国的政治舞台，而中国共产党人对国共联合战线是抱试试看的态度，对一个大而无当的破烂的国民党，认为并不是甚么可靠联合对象。吴佩孚是北洋军阀的一派，李大钊到过洛阳与吴佩孚见过面，在李大钊的游说之后，吴佩孚发了一个劳动立法保护劳工的通电。从“二七”工潮起，吴佩孚的原形毕露，“二七”罢工失败之后，我们和维经斯基联吴的幻想才完全破灭了。

国共联合战线是马林一手搞成的。1922 年 9 月间，马林曾由海路经过法国马赛回莫斯科一次，不到 20 天的时间，马林同劳农俄国新任驻华大使越飞回到中国。后来马林回忆说，他安排越飞同孙中山见过面（可能是在上海），完成了国共联合战线工作。马林于 1923 年 9、10 月间回俄国，鲍罗廷来中国途中和他在哈尔滨见过一面，以后国共联合战线问题就由鲍罗廷负责办理。

五、西湖会议的马林

1922 年 6、7 月间，中共二大在上海召开。此时，马林专搞国共联合战线的工作，没有参加二大。二大会议，是 6 个地区，每一个地区一个代表，加上中央三个委员共 9 个人。我本来准备去出席二大，因中央来信要我派个工人作代表去出席，当时武汉区吸收了一个工人项德龙（即项英），他入党刚半年，我就派项德龙去出席。据项德龙回来说：“开了 3 天会，谈了各地区工作的情况，也谈了国共联合战线问题，未作任何决定。为了安全措施，说要到西湖继续开，又说要等甚么人，会未完就散了，可能还要再开。”约在 8 月初，马林回上海了，李大钊也来到上海，马林发起在西湖开一个中央扩大会议。据马林回忆，出席会议的有马林、陈独秀、李大钊、瞿秋白、张国焘，湖南有个代表是学生，可能是夏曦。讨论过中央的宣传工作，决定《共产党》月刊暂停出版，办一个政治评论的周刊，定名为《向导》，由陈独秀主编。另办一个理论刊物定名《前锋》，由瞿秋白负责。会议还决定联合战线的问题，共产党要派一部分同志参加国共联合战线工作。马林谈了国共联合战线与孙中山及廖仲恺等会谈的经过，谈了共产党仍保持独立，共产党的刊物仍照常发行，共产党除总书记外，其余人员视工作需要，可以个人的名义加入国民党，参加国民党及政府的各项工作，共产党员加入国民党时仍保留共产党员的身份、地位等，名曰跨党，在北京、上海、广州等地办理国民党员的登记手续。这次会议实际上是补足了中共二大未完的工作。

西湖会议结束后，马林于 1922 年 9 月下旬由海道经过法国马赛回莫斯科。莫斯科此时正准备调马林回去，派越飞来中国任驻中华民国大使，仍派马林随越飞来中国工作。

孙中山此时正派汪精卫往来于奉天与广州之间，作为夹攻北京政府的准备。马林随越飞来中国之后，曾奉命到过沈阳一次，马林曾回忆过："维经斯基与赤塔远东局主张联吴，与孙中山在北伐前准备联张作霖，是同样的错误。"马林同越飞来中国，曾安排越飞与孙中山会谈，地点可能是上海。1923 年京汉铁路二七大罢工失败之后，正是国共联合战线开始之时，马林对孙中山的评价是：孙中山仍然是中国革命不可少的人，但孙中山的革命方法始终是专靠军事投机，搞上层人物的活动，不依靠劳苦大众，不依靠工农是其所短。1923 年 9 月中，中共中央第 3 次调我回武汉任党的书记，负责整理党和工会工作。鲍罗廷来中国时，曾先在北京东交民巷苏联大使馆，约北京区党委成员范鸿劼、包惠僧、安体诚、何孟雄、张昆弟、李大钊，好象还有罗章龙等，谈国共联合战线问题。鲍罗廷对孙中山的看法与马林差不多。当时，中国共产党人对孙中山的看法，总认为他说得多、做得少，他过分地重视军事投机，不信任工农群众的力量。马林于 1923 年 9、10 月间回莫斯科，据马林回忆说，他在回莫斯科的途中在哈尔滨曾与鲍罗廷短暂地会谈过，他两人的见解是差不多的。

我见过不少的俄国人与第三国际派到中国来的工作同志，我认为马林才气横溢，对马列主义的修养有相当高的水平。他 1921 年 6 月初来中国时，在中国做了很多工作。他对中共建党和建党初期的工作，是起了促进作用的，如果不是他来，我们党的“一大”会议可能要推迟一两年，或更多一点酝酿时间。如果不是他四处奔走，国共联合战线可能推迟，或者搞不成。国共联合战线虽以蒋介石背叛革命而告终，但在那五六年的国共联合中，中国共产党在工作与斗争中学了不少的东西，锻炼了不少的人才。革命事业没有合作不能集中力量，没有斗争，不可能锻炼出如此众多的领导人物。马林在中国工作了两年半，是有成绩的。据说马林回莫斯科之后被第三国际开除了，不知因何事故，我也感到遗憾！他以后回到荷兰，与荷兰革命战士一起被德国纳粹匪徒俘获，终于死在法西斯匪徒的集中营里，也是他的光荣，我们知道这个情况也很感到悲哀和怀念！

1979 年 6 月于北京，时年 86 岁

注释：

[1] 据其他有关材料，尼克斯基是共产国际远东局代表——原编者注。

[2] 当时党员人数为 57 人——原编者注。

选自中共中央党史研究室第一研究部译：《共产国际、联共（布）与中国革命文献资料选辑》（1917—1925），北京图书馆出版社 1997 年版

（二）其他人物谈一大

陈独秀谈中国共产党第一次代表大会

濮清泉

据陈独秀告诉我[1]，中共第一次代表大会他因事留在广东，没有参加，之所以要他当总书记，是第三国际根据列宁的意见，派一个荷兰人马林来中国转达的。说是中国无产阶级还没有走上政治舞台，党的总书记一职，要找一个有名望的人，号召力要大点。实际是否如此，我不敢肯定，陈既这样说过，我就如实地把它写出来。陈独秀还告诉过我参加第一次代表大会的十三个代表的名字。我记得是，湖南代表毛泽东、何叔衡；湖北代表董必武、陈潭秋；北京代表张国焘、刘仁静；上海代表李达、李汉俊、包惠僧[2]；山东代表邓恩铭、王尽美；广东代表陈公博；东京代表周佛海。我听了非常诧异，就问他，周佛海、陈公博都在国民党当了大官，后来还当了汉奸，难道他俩从前都是共产主义者吗？他说："千真万确，一点也不奇怪，人要叛变，就象女人要嫁人一样是阻止不住的。"他对一个人的革命或叛变，没有做出阶级的分析。

从党的第一次代表大会到第五次代表大会，陈独秀在闲谈中谈得较多，不管谈的正确与否，现在我如实地把它写出来，供了解他的政治思想做参考。

他说第一次代表大会中就有"左"和右两种倾向，张国焘、刘仁静两人是倾向极"左"的，主张中国要进行社会主义革命，建立无产阶级专政。他说他俩是醉心“左”倾名词的“疯子”，简直是痴人说梦。他俩也不看看当时的中国是个什么情况，以为那样少数的无产阶级就可以单独进行社会主义革命，真是“幼稚得可笑”。李汉俊却倾向极右，他主张党只能进行研究和宣传马克思主义，不能搞实际革命工作。他认为一切都要合法，不能进行非法活动，他认为中国无产阶级太落后了，要想象俄国无产阶级那样，最少还要几十年。陈独秀说，李汉俊要搞合法的马克思主义，可惨的是蒋介石连这个合法的人，也不允许他存在，必杀之而后快。李汉俊还免不了死在蒋介石的屠刀之下。

陈说第一次代表大会，拒绝了这两种倾向，制定了党的章程（按：应为党纲）。他说这个章程是按照列宁建党的原则，即布尔什维克党组织精神而制定的，是订得好的，比欧洲各国的党章要革命得多。

注释：

[1] 即濮清泉——编者。

[2] 包惠僧应为广东代表——编者。

选自濮清泉：《我所知道的陈独秀》，《文史资料选辑》第71辑，1980年版

回忆上海共产主义小组

（一九五七年四月）

沈雁冰

一九一七——一九一九年，我在商务印书馆编四部丛刊，业余写些有关新文学的文章，翻译契诃夫等人的短篇小说，在《时事新报》副刊《学灯》上发表。这个报的俞颂华及其主编张东荪，另办有《解放与改造》杂志，讲社会主义，他们约我投稿，写各国工运书籍的书评，我曾为《解放与改造》社写过介绍美国世界产业工人工会情况方面的书评。

当时讲社会主义的人很多，大约可以分为三种，一是后来成立党组织的陈独秀等人；一是研究系的，如张东荪一些人；还有国民党的戴季陶也讲马克思主义，胡汉民在《建设》杂志上，也翻译日本河上肇有关马克思主义的文章。这三部分人，只有第一种人是真正宣传马克思主义；研究系和国民党，是想借谈社会主义拉拢些青年，等到真正行动时，他们就绝口不谈，终于离开了。

另外，上海有些无政府主义者发行过几种刊物，如《劳动月刊》，还有克鲁泡特金著作的小册子。刊物由民智书局发行，这个书局与国民党有关系。无政府主义开始在中国传播，约在民国元年间。它对中国青年是有些影响的。我和一些朋友，在接受马克思主义以前，开始时都接触过无政府主义。一九一七——一九一八年间，我也喜欢无政府主义的书，觉得它讲的很痛快。抗日战争时期，还有人相信无政府主义，对党不满，它适合小资产阶级的胃口，主张取消一切。

“五四”前后，由于我写些新文学方面的文章，当时在北京的郑振铎、王统照等人，认为我是搞新文学的同行，约我发起“文学研究会”。我同意作发起人，但那时候和他们还不认识。“文学研究会”的发起人在上海的只有我一个，其他的在北京。“文学研究会”是在《小说月报》改组的同一年成立，有宣言，主张“为人生而艺术”。我编《小说月报》，该报遂成为“文学研究会”的一个活动地盘。

《小说月报》原来属于“星期六派”，“五四”后，为新文化运动大势所趋，销路很小，商务印书馆觉得不行，要我来编。我主张不用已经购买来的一箱旧稿，进行改组，经商务印书馆同意，我才答应编辑，并约请“文学研究会”的分子撰稿。至于“文学研究会”内部，分子也是很复杂的。

和《小说月报》同时改组的，有《妇女杂志》与《东方杂志》。《妇女杂志》原来和《小说月报》由一个人编辑，这时候也换了人。《东方杂志》是政治性比较明显的刊物，对于这个杂志，商务印书馆不敢改的太狠，只是把原来反对新文化的编辑杜亚泉，换成由钱智修负实际责任。《学生杂志》当时没改组，过了一二年，才由杨贤江主持。那时候，杨还没有入党。

***

一九二〇年，《新青年》杂志迁到上海，陈独秀也来了。陈和我本来不认识，但他也来找我，约我给《新青年》写介绍苏联的文章。他给我的材料是英文的《国际通讯》。这个杂志是用好几国文字发行的，内容有苏联介绍，国际时事评论等等，它是专门对外宣传用的。

就在这年夏天，大约七月光景，陈独秀他们要我参加共产主义小组。我记得小组的成员有：陈独秀、张东荪、沈玄庐、李达、邵力子、李汉俊、周佛海，还有一些别人。小组开会在陈独秀家里。会议不是经常开，主持人多是陈独秀。开会时，有一个苏联人，中国名字叫吴廷芳，很年轻，好象是顾问，他是共产国际派来做联络工作的。小组开会的内容：交换别的小组的情况，研究发展组织，吸收新成员，研究开展宣传工作等。宣传工作主要是通过《新青年》宣传自己的主张。起初小组还利用过《时事新报》，后来张东荪退出小组，研究系的《时事新报》也跟着变了。当时小组还没有搞工人工作，后来大概是杨明斋到工人中去工作过。那时候，在萍乡安源，可能已有工人运动的工作了。那是李立三回国以前的事。

小组在当时有个名称，我忘记了，但不叫共产党，也不叫马克思主义研究会。小组没有党章，我记得在嘉兴南湖开会前一两个月，陈独秀叫我翻译《国际通讯》中很简单的《俄国共产党党章》，作为第一次党代表大会的参考。那时候，我觉得有些字不好译，例如“核心”这个名词，现在对它我们很熟悉了，在当时就不知道什么字译得易懂明瞭。我们参加小组，没有学习党章，也没有文字上的手续，只有介绍人。

小组是秘密的。党成立后，有“社会科学研究会”作为公开活动的场所。

上海小组刚成立时，沈玄庐倒是每次开会都到。“五卅”前他退出了，当时他写了一封很长的信，交给邵力子，邵又要我转给党中央。

旅欧支部给党中央的信，多半寄到商务印书馆由我转交，因为我编《小说月报》可以掩护。

***

党在上海的几个据点：

外国语学校，地址在渔阳里，和陈独秀住的地方相近。外国语学校后来成为社会主义青年团的机关。学校存在的时间很短，记得有杨明斋（华侨）在那里教俄文。

平民女学，是党成立后办的。学生都是要求革命的青年，里面可能有工人。丁玲、王剑虹都是这个学校的学生。教员都是党员兼的。平民女学不是正规的学校，是传播革命思想的场所，课程方面主要是有关社会科学常识的，我曾在那里教过英文，学生不感兴趣，以后就不去了。学生除了文化课，还有劳动，如学缝纫机。

上海大学，最初是个野鸡大学，名叫东南高等师范学校，招生时吹牛说提倡新思潮，各地青年入学后，看看不是那么一回事，就闹起风潮来了。当时，学生中的进步分子（可能有共产党员和党联系）要求党把这个大学接收过来，改名“上海大学”，作为党培养干部的据点。

那时候，由于国共统战关系，又为应付外边，让外边的人不至于觉得“上大”太红，把国民党的于右任抬出来做校长，实际上“上大”是党的学校。邓中夏是总务长，管理学校行政；瞿秋白是教务长。大学设文学、社会学两系，此外，还办了一个附中。学校经费比较困难，一部分是向国民党募捐的，校舍很简陋。教员多是党员，纯尽义务；有些课程也找外边人来教的，如俞平伯教中国文学史，主要是为了冲淡一下外边的注意，他的讲稿是鲁迅的《中国小说史略》，当时是油印的。“上大”文学系主任是陈望道，社会学系主任是瞿秋白兼。张太雷、蔡和森和我都在“上大”教过书。课程主要的有：社会革命史（讲共产主义运动史，蔡和森讲），社会学（讲政治经济学概论）、劳动运动史（讲各国工人运动），这两门都是瞿秋白教的。

“上大”学生的来源，一部分是招考的，一部分是党组织介绍来的（比较少），也有一部分是国民党介绍来的（这与于右任当校长，和国民党募捐经费有关系）。后来“上大”学生分化的很厉害，有的甚至很反动，与学生的来源很复杂有关系。“五卅”运动时，“上大”学生在工人中做了很多组织和宣传工作，学校显得很红，后来在中国政府统治区呆不下去了，才搬到法租界去。“上大”刚成立时，学生只有一百多人，这时发展到二百多人，两个学系的学生，社会学系较多，文学系一般只有二三十人，最多的时候五十来人，分作两班，有一班人很少。“上大”分系是准备当正规学校办的，比平民女学要正规的多了。社会学系在那时候相当正规，若与现在的大学比起来，当然还很差。

五卅运动时，知识分子通过报纸进行鼓吹宣传。商务印书馆里有党小组，办过一张《公理日报》，日出一张，动员工人。“上大”的教员和学生除组织工人外，还去组织爱国商人罢市，学生罢课。

《公理日报》是商务印书馆的进步知识分子办的，党小组只在幕后领导。经费也是商务的进步知识分子、进步的技术工人协助的，读者对象不仅是工人，还有一般市民。这张报纸只出了不到一个月就停刊了。

王来棣、单斌记录整理，1980 年 3 月又经沈雁冰本人审阅、修改

选自中国社会科学院现代史研究室、中国革命博物馆党史研究室选编：《“一大”前后——中国共产党第一次全国代表大会前后资料选编》（二），人民出版社 1980 年版

“一大”在南湖开会的情况

（一九五九年三月三十一日）

王会悟

一大会议在上海开了两天，因为有情况被迫休会，两天以后才决定到嘉兴南湖船上去开。决定后，李达同志叫我当晚去上海北站了解到嘉兴车的班次，第二天早上共代表十余人分两批去嘉兴。到嘉兴时已八点多钟了，先到城市张家弄鸳湖旅馆落脚，开了两个房间休息，洗脸吃早饭，叫旅馆账房给雇船。当时准备雇只大的，但他们要雇大的需提前一天预订。现在大的已没有了，只有中号船了，便雇一只中号船，船费四元五角，中饭一桌酒菜三元，连小费共花八支洋，当时把钱付清，并对旅馆账房说，给留两个好的房间，如好玩我们晚上回来住宿。九点多钟离开旅馆去南湖。到南湖，部分代表如毛主席、董必武、何叔衡、陈潭秋等同志由我陪同先到烟雨楼玩了一回，也没有坐下吃茶，主要目的是为了观察下船依靠哪里比较合适。代表们到船上开会时已快十一点钟了，约开了一个钟头，即在船上吃午饭，酒菜是由船上备的。吃饭时在八仙桌上又放了一个圆的台面，十几个人吃饭也不拥挤，代表们吃饭时，我没有一道吃，当时也还不想吃，我一个人坐在船头上。

船的式样大小，据我记忆不到 14 公尺，中间有一个大舱，大舱后面有一个小房间，内放一只铺，有漂亮的席枕，房间后面船艄住船老大夫妇，中舱和船头中间有一个小舱，可睡一个人（有栏槛和中舱隔开），船的右边有一个夹道，左边没有夹道，中舱内靠后边放有几枕俱全的烟榻一只，上边挂有四扇玻璃挂屏，两边玻璃窗上挂绿色窗帘，放大八仙桌一张，还有凳子。圆的、方的，还是椅子记不清楚了，家俱颜色是广东漆的（她指床下一只淡紫光漆的方凳说，大概是这种颜色）。

开会时非代表只有我一个人，坐在前舱放哨。

开会那天游客并不多，据记忆开会时，停放湖中的船连我们的一条一共五条船。内中一只据船大娘说是城内某商户为儿子办满月酒雇的，另一只是乡下土财携眷进城游玩的，到下午三钟以后，小游艇逐渐增多，有些小游艇油漆得很漂亮，据说是城内士绅自备的。约五点钟左右，湖中游船已有五只了，并有一只小汽艇（是城内葛姓士绅私有的），当时看到疑为政府巡逻，曾引起警惕，临时休会，后来知道是私艇才放心。到这时候，到处留声机唱京戏，湖中已热闹非常，到六点多钟，我们就离开了南湖准备回上海了。

在南湖开会的这一天是不是七月一日记不清了，这天是阴天，不大有太阳。

郭竹林记录整理

选自中国社会科学院现代史研究室、中国革命博物馆党史研究室选编：《“一大”前后——中国共产党第一次全国代表大会前后资料选编》（二），人民出版社 1980 年版

广东党的组织成立前后

（一九六四年二月—四月）

谭天度

一、广东党的组织成立前后

五四运动后，约一九二〇年（？）× 月陈炯明为了抬高自己的身价，请陈独秀来任广东省教育委员会委员长。陈独秀来广东前曾和苏联代表协议，要在中国建立和发展共产党。那时由北大回到广东的谭平山、陈公博、谭植棠、陈达材、胡琼、区声白、梁绍文、麦应昌等人，都是陈独秀的学生，谭平山、陈公博、谭植棠于陈独秀来广东之前，即已办有广东《群报》。陈到广州后，住在九曲巷一幢有三层的楼房，他住第二层，自榜其门曰“看云楼”。大概因为要展开共产主义的宣传，常找谭平山等谈话，交换在广东建党的意见，经过一个时期后，就以谭平山、陈公博、谭植棠三人为基础来组织广东党，并把广东《群报》作为党的宣传机关。他们的分工大概是书记谭平山，组织谭植棠，宣传陈公博，为了便于展开党的工作，陈独秀又派谭平山为教育委员会副委员长，派陈公博办“宣讲员养成所”，作为宣传马列主义的基地。《群报》地点在九母湾，宣讲员养成所在素波巷，两处相隔很近。《群报》经费后来由陈炯明津贴，“宣讲员养成所”作为公立的教育机关，经费是由政府出的。“宣讲员养成所”分甲乙二级，甲级班主任为谭植棠，乙级班主任为胡琼。每班有五六十人，不收学费，伙食自备，功课的内容为反帝反封建，社会主义，群众运动，阶级斗争，宣传的方式方法等，新文化也讲。谭植棠讲课最多，我也担任一些课目，约办了一年多时间，陈独秀走了才停办。与此同时在河南机器工会也办了几期机器工人夜校，夜校成立了董事会，谭平山为董事长，经费由董事会负责募捐，在当时民主气氛比较高涨的形势下广州市长孙科也支持办夜校，他心里是害怕工人运动的，又不敢公开反对，乃派他的心腹马超俊参加夜校董事会，监督夜校，马与黄焕庭、李德轩等工贼勾结以金钱或以请喝茶等手法，对一些比较活动〔跃〕的分子都进行拉拢。夜校名义上是谭平山负责，实际工作是由我与黄裕谦搞。课由各人讲，我也讲课，课程主要是学文化、国文、算术、历史、地理等，也讲阶级斗争，群众运动，劳大决议等。

当时政府还办有一间“注音字母教导团”，负责人是张毅汉，和党的关系很密切，也是一个活动的基地。

广东党建立后不久陆续便有阮啸仙、梁复然、王寒烬、谭天度、张善铭、冯菊坡、杨匏安、杨章甫、刘尔崧等人参加，时间是在一九二二年初。以后入党的大概又有罗绮园、郭瘦真、郭植生、赖玉润、杨殷等人，当时党的会议多在素波巷宣讲员养成所里开。

香港海员大罢工前在东园开过一次一万多人的大会，参加会议的多是青年人。大会主要宣传共产主义，并提出建团的号召，说明入团目的，报名手续和接头地点等。会议不久就成立了广东社会主义青年团。广东是先建党后建团的。

广东党建立前后，无政府主义分子相当活跃，记得当时有区声白、余华山、袁振英等四五个人，他们常写文章在报上发表，遇节日还散发传单以宣传它的无政府主义理论，他们初时和我们一些党员来往很密切，什么事都有谈，以后因政治主张上有分歧，彼此来往谈话间渐渐有界线了，慢慢就更疏远了。那时他们人数少，目标不大，我们还不把他们当作主要的斗争对象。

广东的劳动组合书记部广东分部也是在这个时候成立的，负责人大概有冯菊坡、张瑞成、刘尔崧、梁复然、郭植生等人。

一大广东的代表是陈公博，是推出来的，陈公博开会回来后牢骚很多，他最不满意的是张国焘，说张国焘专权，主观，个人主义严重。他比较佩服的是李汉俊、李达，说他们有学问。陈公博是乳源人，是一个实用主义者。他有一句话，给我的印象很深刻。他说，每个人的一生大概可分天堂地狱两阶段，先上天堂的就后入地狱，先入地狱的后就登天堂，我个人宁愿先登天堂了。这句话可以说是他的人生观了。

二大广东的代表，很可能是谭平山，因为那时除他以外，再也找不到合适的人。

三大广东代表是谁，不清楚，三大开会地点似乎是在大平沙通津，这条街当时有一间著名的西餐馆太平馆及著名牛肉馆太白楼。在会议期间我去过一次，看见二三十人在那里挤得满满的，多数是来自外省。瞿秋白同志替国民党起草的改组宣言，可能在那里写的。毛主席那时可能也在场，但当时我分不出，不太注意。

陈炯明叛变后，谭平山去了北京，有时也回来，但住的时间不长，他回来可能是传达中央的什么指示，平山离开后，一个时期广东工作多由冯菊坡抓，冯是负责什么名义，当时未有听说过，当时党员人数不多，没有什么大的发展，还是以前那些人，一九二三年平山回来，党的工作又由他抓。

记得陈炯明叛变后，张国焘、张椿木（太雷）曾来过广州传达中央指示。张国焘来广东时，大家觉得他行动很神秘，东住一下，西住一下，也不告诉人家，他一到就马上召开会议，架子摆得很高，以中央要人自居，对人诸多挑剔，很骄傲，大家对他很多意见。

彭湃同志由日本回来时，曾到广州找过谭平山，可能就在那个时候加入党组织的，彭在日本留学期间已受过共产主义宣传的影响，对共产主义有一定的认识，他回海丰工作不久便搞起农民运动，此事当时震动全省，因为他是大地主的儿子，所以人们特别惊奇。

林伯渠同志在广东时，大家有一种印象认为他忠厚长者，待人诚恳，他的叔父林修梅是一个军官（军长或师长），他俩叔侄和孙中山都很接近，是国民党员，他参加共产党也可能在这个时候。

二、关于广州共产党的组织和无政府主义者的活动关系问题

五四时期新文化运动，广州地区宣传各种主义很多，真是百家争鸣。

主张把帝国主义赶走，将封建主义推翻之后，中国社会应该选择那种方式去建设起来，各派都拿了一些“法宝”出来的。

当时无政府主义者是很活跃的，他们大谈无政府主义，这些人也有许多和共产党人来往。梁冰弦、黄鹃声、刘石心、区声白和谭祖荫等都是活动分子。他们相信无政府共产主义，但是不是所有的人的信仰都已很定型了呢，这很难说，因此，可能在宣传中一方面谈谈共产主义，一方面又谈谈无政府主义。

陈独秀来广州之前，是否有苏联代表来找过梁冰弦、区声白等人，不清楚；找到他们后，是否就组织起来，挂共产主义小组的招牌呢，这恐怕不可能。因为苏联当时是无产阶级专政的社会主义国家，它派代表来，不可能派些反对无产阶级专政的无政府主义者来；苏联代表来后，和他们联系，不一定就授权给他们组织共产党小组，也可能是要说服他们，信仰马克思主义，组织共产党；他们也可能一方面对苏联代表说我们建立了共产党组织，而一方面继续大谈无政府主义。如果梁冰弦等组织的是“无政府共产党”，那么，广州共产主义小组就无所谓初期为无政府主义者所把持的问题，因为这个无政府共产主义的组织始终都是他们掌握的，这样的组织同共产党人组织的共产主义小组，或者共产党小组是毫无相关的。

广东共产党的组织，最早是陈独秀来广州后，开始找到在广东办《群报》的谭平山、陈公博，他任广东省教育行政委员会委员长时，请谭平山任副委员长，并且委托谭平山建立广东共产党组织。最早参加党组织的成员有陈独秀、谭平山、陈公博、谭植棠等，这点是完全清楚的。王寒烬后来也参加了党，但是否参加党前就很定型的信仰无政府主义是很难说，但参加党之后，他的行动并没有无政府主义者之表现。陈独秀当时同梁冰弦、区声白等人是有往来的，但在组织共产党时，就说明他们是无政府主义者，党组织不给他们参加，共产党组织内部的情况也不给他们知道，这点也是清楚的。

广东共产党小组不是由李章达、黎樾廷等先搞起来的。记得当时我们党组织曾考虑李章达的参党问题，连陈公博都说：李章达是不能参加共产党的，他高兴的时候，就手往桌子一拍，说非革命不可，但说完之后，一睡下去就抽起大烟（鸦片烟）来。如果李章达是广东共产党小组最早成员之一，那么他应与党关系很好，后来也必有交代，但是他并没有交代这一事。李章达当时可能参加研究国家进行革命等问题的学习或讨论，谈谈无政府主义也谈谈共产主义。黎樾廷也是后来（一九二四年左右）才参加共产党的。

广东共产党组织建立前是否有“社会主义者同盟”的组织？不清楚，如果说谭平山、陈公博、陈独秀等都参加了，我想也不大可能，因为谭平山是和我同乡，他同陈公博、谭植棠从北京回来就与我很熟，往来甚密切，而有此事他必然会说到，我从没有听他说广州有“社会主义者同盟”的组织，但听他说过：陈独秀一到广州，不久就找到我，（谭平山）叫我任广东教育行政委员会的副委员长，委托我组织共产党在广州的组织。这点是记得清楚的。

《劳动者》是不是无政府主义者编的，是不是广东共产主义小组的机关刊物？这不一定。共产党的刊物是很严肃的，不会宣传反对无产阶级专政的观点的，看发刊词就可以清楚，如果有无政府主义的东西，就可能是无政府主义者编的。广东《群报》，在陈独秀来广州后，曾当成党的宣传刊物，但因稿件来源问题，可能有些无政府主义的文章，也登载，后来经过斗争，才逐步不登妨碍马列主义宣传的文章。无政府主义者是曾同马克思主义者合作办刊物的，但是当组织共产党，马克思主义者参加了党，便与无政府主义者分家了。《劳动者》是否是共产党小组的机关刊物，看里面的文章可以了解。

叶惠南、黄萼辉、陈登才等访问整理，经谭天度本人校阅，
由中共广东省委党校党史教研室供稿

选自中国社会科学院现代史研究室、中国革命博物馆党史研究室选编：《“一大”前后——中国共产党第一次全国代表大会前后资料选编》（二），人民出版社1980年版

袁振英的回忆（节录）[1]

（一九六四年二月—四月）

一九二一年七月一日，中国共产党在上海正式成立，当时陈独秀因在广州忙教育行政委员会的工作，没有前往参加党的一大。我因准备往法国里昂留学，也没有参加党的一大。记忆当时参加一大的广东代表，是陈独秀指定的，陈公博是参加了，谭平山是否也参加了，已记不清。

我一九二〇年在上海，参加了共产党小组，同年还被党小组派往武汉，同恽代英同志联系，劝他加入共产党小组，同时联络武汉三镇的农工学生等，和恽代英到汉阳兵工厂、铁厂、武昌纱厂等处调查劳工状况，到各学校调查学生情况。当时毛主席在湖南也建立了共产党小组。

但是，到一九二一年七月中国共产党成立后，因为我反对陈独秀而退出了党。为什么反对陈独秀而退出党呢？因为我觉得陈独秀是一个不道德主义者，他在一九一七年便抛弃了他的爱人（延年生母）和他儿子陈延年、乔年兄弟，另恋小姨高君曼，后生松年姐弟。同时陈独秀又是一个官僚主义者、家长主义者、命令主义者、投机主义者、利己主义者，后来陈独秀还成为投降主义者，变成托派，反革命，被开除了共产党的党籍。抗战时在云南被蒋介石软禁至死。陈独秀并不懂得真正的马克思主义，毛主席说他是一个不好的马克思主义者，实在是太客气了。

我自己有自知之明，知人之明，先知之明，不跟陈独秀走，如果跟着他走，那么解放后就得象李季、刘仁静一样，在《人民日报》上一同登悔过书了！

这就是我退出共产党的真实原因，日本劳动年刊，曾以为我是无政府主义而退出共产党之说，其实不是。

1964 年 2 月、4 月 5 日，钟宁羽、陈登才访问，陈登才整理，
经本人看过，由中共广东省委党校党史教研室供稿

注释：

[1] 袁振英，曾用名震瀛、无梦青年、觉情和尚、黄龙道友、仲斌旦郎等，现在省文史馆工作，我们在访问过程中，承他提供书面回忆材料多篇，这里着重将有关共产党小组的成立和无政府主义活动以及五四运动在广东等问题，作一综合整理——整理者。

本文只节录“中国共产党的成立和我退党的原因”这一部分——编者。

选自中国社会科学院现代史研究室、中国革命博物馆党史研究室选编:《“一大”前后——中国共产党第一次全国代表大会前后资料选编》(二)，人民出版社 1980 年版

中国共产党的成立 [1]

（一九五三年）

葛萨廖夫

如果要确定中国共产党的起源的日期，那末最准确的就是一九一九年五月。我们所以选定这个日期是因为在这年的五月四日，反日运动席卷了全国。运动发生的原因是，以段祺瑞为首的安福系盘踞了中央政府，正在用一切可能的方式出卖着国家。日本和他们订立极端不利于中国的条约，这个条约规定将中国的最主要命脉的几条铁路归日本掌握。条约的缔结是和中国在凡尔赛会议上受侮辱同时发生的。这就激怒了中国青年，特别是学生们，因为他们满想战后的中国是可以自由呼吸的。他们这时已经进入了“直接行动”的阶段，但是不是有组织的；他们使用了暴力手段。他们痛打了中国驻日公使，并且攻打了几个政府机关。在巴黎，中国学生还企图刺死中国公使和交通系的首脑。这时局面异常紧张，群众性的积极的革命运动可以说是从此开始。这次运动的特点是：它开始是完全由学生领导，并且只有学生参加的，不久工人也加入了。在一九一九年的六月里，北京、上海各地都不只是学生和知识阶层，工人群众也关心起来，参加了运动。工人们这种新的阶级觉悟表现在他们有成立自己的政治组织的要求。大约就在这个时期，在华北，北京和天津一带地方出现了一种新组织，叫做“十人团”，是不超过十个工人的团体。从这里可以看出工人们有成立自己的政治组织的强烈要求，但是发展得还不够，还不能组成一个政党。

当时的中国革命者们正努力研究有关中国革命方向的各种学说，但是没有人去计议或者从事实际工作。可是在一九一八年，陈独秀（这时担任北京大学文科学长）却开始了这方面的工作。他和几个朋友在北京创办《每周评论》，开始宣传有关工人阶级发展和成立工人阶级的政治组织等问题。另外，又定期出版名叫“告北京人民”的一种传单，他的活动进行不久，几个月后就被捕入狱了。出狱后因为不能在北京继续工作，他就到上海去参加戴季陶所出版的期刊工作。上海是个工业高度发展的城市，有大量的工人群众。当时中国既没有工会，也没有工人政党，陈独秀因此从事这两方面的组织工作。到一九二〇年初，陈独秀在上海集合了少数几个人为工人出版一种报纸，叫做“劳动界”，另一种专为上海本地出版的，叫做“伙友”。在那时极端反动的情况之下，他们曾经用不同的方法去吸收年轻的革命者，他们在上海成立“外国语学校”，聚集了优秀的革命者，准备把他们分配在国内工作或以后派到苏联东方大学去学习。这个学校在一九二〇年大约有六十个学生，大多数是社会主义青年团员（中国有的地方团比党先成立，有的地方同时成立）。其中分配在国内工作的学生，在陈独秀等人的指导下，形成了上海共产主义小组的基础。他们首先在上海着手工会的组织，因为上海当时还没有工会。

最先组织成功的是机器工会，接着是印刷工会和纺织工会。从这里可以看出工会组织是先在技术工人里得到成功。然而困难是经常发生的。组织工会和进行其他工作都需要经费，但是简直筹不到款。销售《新青年》杂志的收入是唯一的经费来源。

一九二〇年初，共产主义小组在上海组成了，到年中大约有七十个成员。这个小组在工人里有很大的威信，它致力于组织和指导工人运动。道理很明显，这个运动不能仅限于上海，如果仅限于上海的话，整个组织会很快的消灭掉。事实上也是如此，上海小组成立后不久，其他各大城市也成立了类似的组织。在一九二〇年九月间，北京共产主义小组成立了，组员八人，其中六个原是无政府主义者，包括无政府主义者的领袖黄凌霜。另外两个人是共产主义者，其中之一是李大钊。上海的共产主义小组也和北京的一样，是由共产主义者和无政府主义者混合组成的。这种“结合”的时间不长，北京有三个无政府主义者不久就退出了。但是由于随后就有邓中夏等四人参加，北京小组的力量反而加强了。他们马上进行印发传单、出版小册子和《劳动音》周刊等工作。

当时北京的局面反动得很厉害，进行更具体的活动是十分不可能的。经过了一些时候，北京小组才在京汉路上的长辛店建立起工人夜校。开展这个工作遇到很大的困难，特别是由于这里工人的思想比上海工人还要落后。从印刷各种鼓动性的刊物，出版报纸和开办学校来看，北京小组的工作即使不是在上海小组的直接指导之下，也是在它的建议之下进行的。当时，上海小组为建立全中国性质的共产党打下了真实的基础，上海成为中国共产党的真正中心。不论怎样，在一九二〇年下半年开始的时候已经有了两个中国共产党小组，一在上海，一在北京。

同年秋天，仍以革命家和国民党党员自居的陈炯明驱逐了广东反动督军莫荣新。陈氏占据广州之后，就把住在上海的孙中山先生请到广州来领导广东政务。同时他又邀请在上海的陈独秀到广东负责教育工作。这时在上海关于共产主义力量的聚积与组织工作已经多少有些基础，陈独秀虽然无意于教育工作，他决计趁这个机会到广州去进行组织共产主义小组的活动。

参加广州小组的有谭平山等和几个无政府主义者。陈独秀在广州较好的工作环境里，根据他在京沪长期工作中所积累的经验，为共产党草拟了一个党纲，提交广州小组研究。有些无政府主义者认为陈独秀所拟的党纲与他们的基本观点相矛盾，因此宣告脱离小组。他们的脱离和京沪两地无政府主义者的脱离一样，对党小组毫无损失，更没有发生任何恶果。中国的无政府主义者和一般的无政府主义者没有多大的区别。他们不在群众里进行任何工作。群众很少知道他们，说得更准确些，群众简直不知道他们，所以群众对他们的脱离没有任何反应。广州小组终于采纳了（虽然并没有得到全体一致的同意）这个党纲，并且开始工作，成立了训练广州及其他各地工人的宣传鼓动员学校，并且出版了《劳动声》日刊。

也许可以说，广州小组的成立，写下了中国共产党历史的第一页第一行。

上海、北京和广州差不多是包括了全中国各个方面的三个中心，中国社会革命运动的几个主要中心：上海是全中国的工商业和政治的中心，北京主要是政治生活和大学校的中心，广州长期以来是中国革命运动的中心。中国共产党的发展，自然要从这些地方开始。这些地方的共产主义运动既然打下了基础，它的继续成长和向其他地区发展自然是不可避免的。不到半年，湖北、湖南和河南各省也成立了共产主义小组。建立党组织的运动在国外留学生里也开始了，在那里个别的共产主义者不久也出现了，在东京巴黎和其他地方，甚至在学生中共产主义小组也成立起来了。

工作在发展着。可是，人们一开始就感觉到缺乏足够的和强大的力量来指导酝酿中的共产党的成长和它的活动。由于力量不够，党遇到了几种困难，其中之一是工作范围问题。党自然会首先计议到要拿如此贫乏的力量来担任整个社会运动，那简直是不可能的，因此必须将力量集中到比较容易做到的几点上去。那时认为组织工人的工作，也就是工会工作，是这样的一点，因此便把最优秀的力量投到这里。要这样做的另外一个理由，便是虽然工人阶级的人数是大大的增加了，但是工会运动却进展很慢，反动分子又开始打进工人阶级内部。因此派遣最优秀的力量到群众中去组织工会，在当时是最妥当的决定。此后的发展也证明了这个决定是正确的。

一九一八、一九一九、一九二〇三年中，集合了各个革命者，在全国几个最大的中心城市建立了小组，为出版事业奠定了比较恰当的基础，了解了群众的情况：由于做了这些事情，到一九二一年初，我们可以说中国共产党有了一个粗略的轮廓了。这三年应当认作是一个进行初步工作以便奠定党的最后的基础的时期。

由于人数不多的共产主义小组同志们三年来坚持不懈的工作，获得了以下的成绩：上海有了某种形式的组织，参加的或赞助的约七十人，这些都还不是党员，因为党还没有产生。北京约有十人，广州人数与北京相同。有三种报纸，分在北京、上海、广州出版。社会主义青年团的成员比共产主义小组人数多一倍。最后的但并非最不重要的一点就是：这些组织也获得了一些工作经验。这些经验诚然只是一些同志个人的，还不是属于整个组织的，但是总可以作为今后工作的基础。

取得了以上所说的成绩，党进入了一九二一年。

在当时中国的政治形势下获得了上述工作成绩的小组同志，要继续推进工作，便必须成立更正式的组织。一九二一年七月在上海举行了中国共产党第一次全国代表大会。当时只有六七十个和组织多少有些联系并且真正积极工作的人。其余的只能算做“同情者”。参加大会的代表有十二个，都是最积极的分子。会议是极端秘密地在上海法租界举行的；尽管警察和宪兵多方侦查集会地点，会议还是很平安地进行了。大会的发起人，希望这次大会解决一切有关共产主义运动的问题。陈独秀因为在广州事忙，没有能够参加，只把他所拟的党纲提交大会考虑。

党的第一次全国代表大会反映了当时中国共产党的真实情况。在北京、上海和广州成立小组时的成份复杂和思想分歧的情况，在这次大会上重现了。到会的十二个代表里，包括了社会主义的学术研究者、社会民主主义者、无政府主义者和共产主义者，因此意见很难一致。陈独秀草拟的党纲提交大会讨论。这个党纲特别着重于党员教育、党内民主、党纪和争取群众的必要等问题。在党纲上他提到：“党的当前问题还不是夺取政权，这是将来的问题。在处理这个问题之前，必须进行许多准备工作。”这样温和的纲领有些代表仍然嫌它过激。有的代表却主张党根本不需要什么固定的纲领。

现在举一个大会思想分歧的情况的例子。在讨论陈独秀所拟的党纲的时候，代表李汉俊提议说：“在德国和俄国都爆发了革命，但是这两个革命走着不同的道路。在苏俄是共产党掌握政权和无产阶级专政，在德国是民主制度。我们和这两国的联系很差，不知道哪一个对。对陈独秀所提的，党的纲领和策略等问题必须在透彻研究了这两种革命以后再做决定。因此必须有些同志到这两国去研究这些问题。”李汉俊就是拿这样的态度来对待党的最重大的问题。

由于大会上竟出现了这种显然的机会主义思想，要讨论中国共产党参加共产国际的问题当然是不可能的。事实上，这个问题在大会上也没有提出来。

李汉俊一班人一直发展到拒绝进行一切积极的革命工作。他们反对党干预工会运动，反对出版共产主义著作，甚至反对一切“政治”。他们只同意“研究”。这就是学院派。他们认为应该先去“研究”来求“知”，然后再去“行”。他们的口头禅是：“倘若我们研究了俄国、德国和西方的革命，领会了革命的实质，根据这些知识，选定要走的道路，然后再去实行就很容易了。”

若不是大会上多数代表抵抗了李汉俊（陈公博赞成李的主张）的机会主义倾向，党便会毁灭，更确切地说，党就不可能有任何固定的组织，已组织起来的几个共产主义小组也会垮台。当时工人群众和一般跟革命运动发生关系的群众，还没有对他们的领袖进行监督的力量，而且环境也不允许这样做。但是多数代表们深深感到这是党的存亡的关键，对这种机会主义倾向必须坚决反对，任何姑息退让都是无益的。大会根据这个观点去处理了上述问题。在大会上对这种危险倾向进行了有决定性的抵抗，并肯定了党的集中制，党纪和党的最终目的（夺取政权），以便将来作为党纲的基础。大会决定党的名称是共产党，它将按照共产主义的原则来进行工作，它的最终目标是在党的领导下组织无产阶级夺取政权。夺取政权这点是使得李汉俊、陈公博等机会主义者最为不安的。第一次大会决议：凡有保持非共产主义倾向的思想的分子应当立即退出党。这样的一个明确的纲领给了党多方面的帮助，使它能够在今后顺利地进行工作。大会选举了第一届中央委员，陈独秀当选总书记。

陈独秀当选后就离开广州，到上海去担任总书记，主持中央委员会。但是他刚到上海就被逮捕了，直到出狱后才能开始工作。陈独秀仍然按照他过去的原则，首先从加强工人运动着手，而且在上海也便于这样做。为了领导工人运动，特别成立一个“部”。接着开始组织出版工作，成立了出版社，从事出版共产主义著作，例如马克思的《共产党党纲》、《劳动与资本》、《共产党宣言》，还有《苏维埃政权制度》、《俄国共产党党纲》、《俄国革命史》等。这些著作多半是从英俄文翻译的。由于出版社负责人错误地认为这类书不好销，必须赠阅，结果弄得出版社因为财政不能支持，不久就停办了。这个错误不仅应当由出版社主持人负责，主要责任应当由领导出版社的中央委员会担负。这是一个典型例子，说明即便是当时党的领导同志也不大清楚自己的力量；共产主义著作尽管那时印行的不会是几百万本，而是很少量的，他们还怀疑能否销售。这自然是个错误的见解，这是由于过低估计自己的力量产生的错误的决定。值得注意的是：宣传鼓动工作和共产主义著作的发行工作都开展得很慢。造成这个事实的原因与其说是热心革命的读者不欢迎这些读物，毋宁说是由于出版工作处理得不好和材料选择得不适当。

虽然宣传鼓动工作开展很慢，尤其在工人阶级中很少成就，但是，工人运动在全国特别是在工业发达的地区进展很快。从前党在工人群众中只成立了些小组，这时就有了成立工会群众组织来代替这些小组的可能。大规模的工会组织在上海的机器工人里首先成立，接着在纺织和印刷等业的工人里也成立了。重要的是这时参加工会的不仅有工人群众，也有职员。这个群众性的工人运动是和工业的兴盛繁荣并行着。

尽管工业有了普遍的发展，工人境遇需要改善的地方却很多。于是以经济罢工形式出现的、纯粹经济性的，所谓“积极性的工人运动”出现了。罢工首先在上海英美烟草公司爆发。中国共产党党员积极参加组织这个运动。他们深入工人群众，到工人区宣传经济斗争和成立群众性的工会的必要。但是党在这个斗争里也遇到许多困难，尽管工人群众情绪高涨，他们仍然觉得共产党的建议太冒险了，他们认为工人运动应该不超过法律允许的范围。最落后的分子甚至怀疑罢工的建议动机不纯，并且带有煽动性。这是工人极熟悉根底的、一九一二到一九一三年的那些“工会”的影响。事实上，一般工人们对于共产党很不了解，党员的地位又不合法，不能暴露自己的“真面目”。这样，工人们就疑惑他们是资产阶级的密探，至多不过是孙中山派来的鼓动者。工人们认为不论这些人是从那里来的，他们总是要利用工人来进行武装斗争的。因此，对一些稍有常识的人都不会怀疑的问题，中国共产党也不得不进行一番宣传解释，经过相当长的时候才使工人们明白过来，表示同意。中国共产党的工作就是在这样的困难情况下进行的。

中国共产党产生在无产阶级巨大中心的上海，然后发展到北京、广州、汉口等地；中国工人运动的发展程序也是这样的。在华北的北京和天津，工人运动也差不多同时开始发展了。如前所述，在北方已经成立了工人夜校，主要是铁路工人的。上海的“外国语学校”成了党宣传共产主义思想训练工人的场所；同样，长辛店车站的夜校就成了宣传共产主义思想和吸收党员的地方。所不同的是上海外国语学校只是训练，并不吸收党员。除了学校之外，共产党员们还常常在工人休息的时候到茶馆饭铺去找他们。这也需要克服一些困难。共产党员必须首先和包工和工头们打交道，换句话说，就是要和企业里骑在工人头上的人发生关系，这件事看来虽然奇怪，却是必需的，因为除了大多数的铁路工人之外，中国工人全都受着包工的束缚。不难了解，共产党员和包工之流是不相干的，因为要想和这些人谈通是绝对不可能的。因此共产党人必须竭力使工人脱离包工和工头等人的影响。但是进行这件工作也有很多困难。经过了半年的时间，到一九二一年五月，才终于收到了一些效果。他们在长辛店车站召开了一个一千人参加的会议，讨论包工问题。这个会是共产党对个别工人和小群工人所经常小心进行的一部分工作。在这个会议上，使人明显看到工人头上的包工势力可以说差不多肃清了，共产党将群众的领导权掌握在自己手中的时机已经到了。党提出的必须成立群众性的工会的口号，得到广大工人群众的赞同。这样，一九二一年五月工人运动也就在华北开始了。

我们可以这样有把握的说，到一九二一年，群众性的工人运动已经在中国各工业中心的城市开始了。这一年上海各产业工会都成立了。全国的铁路都成立了铁路工会，工人运动逐渐扩展到河南、直隶、湖南和其他各省的矿山工人中。这次工人运动的特点是有完好的组织和十分正当的性质。所谓“正当”，指的是这次运动是由工人们和工人阶级的政党进行的，和一九一二、一九一三年间政客、投机分子所搞的各种“工人运动”不一样。有了良好的开端，随后的工作就是巩固已有的阵地，防止投机分子再度混进来。这个任务是艰巨的，所有有关的工作，从始至终都是由共产党担负，并且是在它的绝对领导之下进行的。

还有一件事标志着一九二一年这一年对于中国共产党和它的工作的重要性。由于党的努力，中国参加了一九二二年年初在莫斯科举行的远东民族会议。大会召集的目的就是组织一个远东各民族反对华盛顿会议和它的决议案的运动。党用各种方法争取中国代表参加这个会议。党通过期刊、各种会议进行了最广泛的宣传，阐明派遣代表参加大会的必要。在这方面党遇到不少反对者，他们不仅对这个建议表示消极，而且积极阻挠，不让它实现。党打破了这种顽固的抵抗，终于组成了参加大会的代表团。代表一共三十多个人，包括学生、工人和国民党的代表，另外还有共产党员。值得注意的是，它代表四个组织，更确切的说，代表中国社会结构里的三个阶层：即是工人、知识阶层（指学生）、和某种范围内的小资产阶级

（指国民党的周围群众，因为国民党在当时特别和小资产阶级有联系）。至于说到政治信仰，除少数代表以外，多数人没有什么明确的见解。出席大会的代表团既无确定的纲领，也没有一致的看法。党没有时间也不可能使代表团取得一致的见解。代表们自己也不可能完成这件工作。代表们对大会的当前任务的含义不十分明了，因此不可能在会上提出什么政治纲领来。但是这种情况并不能减低代表团的重要性，因为它所参加的是一次有国际意义的大会。华盛顿会议十分之九的工作和时间都用在“太平洋问题”上，太平洋问题又有很大的部分就是“中国问题”，这就大大增加了中国代表参加远东民族会议的重要性。我们甚至有把握这样说：如果没有中国代表来参加，大会就会失掉它全部的重要性。

以上所叙述的是党第一次代表大会到一九二二年中党所经历的与所进行的事项的梗概。

注释：

[1] 本文摘自中共中央宣传部党史资料室编《党史资料》1953年第7期葛萨廖夫《中国共产党的初期革命活动》“中国共产党的形成”。题目是编者加的。

选自中国社会科学院现代史研究室、中国革命博物馆党史研究室选编：《“一大”前后——中国共产党第一次全国代表大会前后资料选编》（一），人民出版社1980年版

四、国外有关一大资料

中国共产党成立史

（一九八〇年）

K. B. 舍维廖夫

中国共产党的建立是俄国十月革命后国际共产主义运动向全世界扩大发展的整个进程的一部分。这个进程表明，人类已进入一个从资本主义（和前资本主义关系）向社会主义和共产主义过渡的新的历史时代。

伟大的十月革命对中国革命进程所发生的影响，其最重大的成果就是科学社会主义的传播和中国共产党的建立。

传播马克思列宁主义这一认识世界和改造世界的新理论，是一个持久的，复杂的，又不时充满着矛盾的过程。当然，在中国也是这样。虽然在二十世纪初一些有关马克思和恩格斯的零星材料就已开始传进中国，但是在伟大的十月社会主义革命胜利之前，中国实际上并不知道马克思主义，只不过有极少数知识分子知道这些材料，他们感兴趣的首先是科学共产主义奠基人著作中对资本主义的科学批判。一些中国思想家认为，社会主义是一种过高的理想，中国因为经济落后，还达不到。第一次世界大战期间资本主义的发展，无产阶级队伍的壮大和罢工斗争的明显增长，以及伟大的十月革命有说服力的范例——这一切才使马克思主义的思想在中国有了生长的土壤。

十月革命后开始系统地翻译和出版马克思主义著作。尽管在一九一八年——九二一年间这项工作的规模还比较小，尽管远非所有的翻译都堪称完美，也不是所有的译文全能忠实地反映马克思主义的实质，[1]但这毕竟还是在一定程度上促进了科学社会主义思想的传播，为中国共产党的建立准备了理论思想前提。

马克思列宁主义传入中国之时，也是中国最初的工人运动和急进知识分子的积极活动之际。这些知识分子曾是反对巴黎和会关于将中国山东省的主权转让给日本的屈辱决定而爆发的五四运动的先锋。在五四运动（据同时代人的看法，这个运动的“民族主义性质大于阶级性质”）[2]中，中国的无产阶级第一次登上了政治斗争的舞台。虽然参加运动的工人还提不出本阶级的要求，而且处于资产阶级的影响之下，但是工人群众参与国家政治生活这一事实本身就具有深远的影响。

五四运动加速了马克思主义在中国的传播，这就激发了年轻的中国知识分子积极参加政治活动，为挽国难而寻找出路的热忱。一部分急进的中国知识分子逐步开始研究马克思主义，在初期他们是形成共产党干部的主要来源。

在中国，马克思主义思想的先驱当推李大钊，他是北京大学教授兼图书馆馆长，新文化启蒙运动和爱国的五四运动的积极参加者。李大钊热情地欢迎伟大的十月革命……，并且号召“研究布尔什维主义，向人民介绍布尔什维主义，宣传布尔什维主义真相。”[3]一九一九年九月，深受先进知识分子欢迎的《新青年》杂志出了一期李大钊编辑的关于马克思主义的专号。[4]这一期除登载马克思主义学说反对者的文章外，还登了李大钊《我的马克思主义观》的第一部分。这篇文章是在中国系统地阐述马克思主义理论的最早的尝试。李大钊的宣传和教育活动为在中国传播马克思主义和向进步的青年学生介绍马克思主义世界观起了巨大的作用。[5]

继李大钊之后，另一个倾向马克思主义的急进知识分子的著名领导人是陈独秀，后者是《新青年》杂志的主编，也曾一度在北京大学任教。[6]陈独秀接受马克思主义的道路并不是笔直的，平坦的，他对十月革命并无热情，但到一九二〇年春，则开始自称马克思主义的信徒。

就我们所知，在共产国际的代表于一九二〇年春到达中国之前，无论是李大钊、陈独秀，还是中国别的社会主义的拥护者，都还没有实际考虑过建立中国共产党的问题，尽管这个问题的提出迟早是不可避免的。[7]

中国的共产主义运动是在苏联共产党人的直接参加下出现的。他们在思想理论、组织和物质方面帮助了中国的马克思主义的拥护者。他们遵循列宁的指示和俄共（布）以及共产国际关于东方各国（包括中国在内）的革命运边的决议，履行了自己的国际主义义务。[8]

在国内战争和外国干涉的情况下，俄共（布）和共产国际的领导机关与中国的进步力量进行接触存在着客观困难。因此，西伯利亚和远东共产党员以及旅华俄侨左翼就受俄共（布）中央委员会和共产国际执行委员会的委托，了解中国的情况并与中国社会先进组织的代表建立联系。[9]

一九一九年三月，在鄂姆斯克秘密举行的俄共（布）第二次西伯利亚代表会议决定“在远东建立西伯利亚区委情报宣传局”，该局受托“与东方和美国的共产党人建立联系，组织交换情报的工作，进行口头和书面宣传……”。[10]一九一九年六月十八日，俄共（布）西伯利亚区委的一位负责人加蓬写了一个专门报告，说区委应下设一个有远东各国人民（包括中国）的代表参加的东方局。他认为，这样，东方局就“可望立即突出、全面地把工作开展起来”，并且能够更好地完成其促进东方革命运动的主要任务。加蓬的计划包括与远东各国的革命力量建立密切的联系和帮助这些国家建立共产党组织。一九二〇年七月—八月在伊尔库次克组成的俄共（布）中央委员会西伯利亚局辖下的东方民族部考虑了加蓬的建议。一九二一年一月，以东方民族部为基础成立了共产国际远东书记处。[11]

根据现有的材料可以看出，在一九二〇年春之前，俄共（布）的代表与中国同志的联系还是断断续续的。[12]一九二〇年一月，设在符拉迪沃斯托克的处在地下状态的俄共（布）远东地区委员会的领导人库什纳列夫和萨赫扬诺娃致函俄共（布）中央委员会，内称他们打算与中国的革命者建立经常联系。[13]一九二〇年四月，经共产国际领导的同意，俄共（布）远东局符拉迪沃斯托克处的领导人之一维连斯基—西比里亚科夫派遣苏共党员维经斯基[14]、其妻库兹涅佐娃和翻译杨明斋等一行人赴中国。他们的任务是了解中国国内的情况，与中国的进步力量建立联系，同时考察是否有可能在上海建立共产国际东亚书记处。

在北京大学教师鲍立维的协助下，维经斯基等一行首先在北京会见了李大钊和其他急进的中国知识分子的代表。但北京是反动派的堡垒，没有发达的工业，也就没有强大的无产阶级队伍，当时很难成为开展共产主义运动的基地。因此，他们就带着李大钊的介绍信去上海会见陈独秀。上海是中国最大的工业中心和无产阶级集中地，也是进步的中国知识分子的聚集地。据知，一九二〇年春季和夏季，与维经斯基一道在上海工作的还有斯托扬诺维奇、马马耶夫和佩尔林。若据工作成果判断，维经斯基等一行人在了解了中国国内革命运动的情况之后，其工作计划是：首先，协助建立共产主义（社会主义）小组，并将这些小组合并为共产主义（社会主义）政党；第二，通过知识分子组织与工人建立联系；第三，协调各革命派别的活动，包括联络无政府主义者和国民党员。

首先计划把团结在当时上海办的进步刊物《新青年》杂志、《星期评论》周刊和《时事新报》等刊物周围的力量联合起来。当时估计这些刊物的领导人陈独秀、戴季陶、沈玄庐、李汉俊和张东荪可作为建立中国共产主义政党或社会主义政党的发起人。[15]但是明确地提出这个想法之后，《时事新报》的编辑张东荪就与小组脱离了关系。不久，他又直接了当地宣布，在中国建立社会主义政党为时过早，因为国内似乎还没有真正的工人阶级。[16]

后来，《星期评论》的主编戴季陶也离去了，他不同意党纲章程草案中不准加入资产阶级政党一项。他声称他不能与孙中山和国民党决裂。[17]

一九二〇年七月十九日，在上海举行了“中国积极分子”会议。这次会议为未来的中国共产党奠定了基础。[18]会上，陈独秀、李汉俊、沈玄庐坚决赞成建立中国共产党。不久，李达、施存统、周佛海、俞秀松和其他人也同意了他们的意见。这样，上海出现了以陈独秀为首的共产主义小组。[19]

北京小组成立于一九二〇年十月。除了拥护马克思主义的李大钊、张国焘、刘仁静和章龙之外，小组中还有五个无政府主义者。但与无政府主义者的联合时间不长。李大钊提出的对无政府主义者作一些让步以保持革命团结的建议受到张国焘和小组其他成员的坚决反对。[20]一九二〇年底，无政府主义者退出了小组，因为他们不同意小组拟定的临时纲领中关于无产阶级专政的条款。无政府主义者退出后，邓中夏、何孟雄、高尚德和中国社会主义青年团地方支部的一些积极分子参加了小组。

关于广州小组。在一九二〇年九月—十月小组成立时，除共产党员斯托扬诺维奇和佩尔林外，小组中还有七名无政府主义者，他们也没有抛弃无政府主义信仰。一九二〇年底—一九二一年一月初，维经斯基前来广州，他建议小组成员赞同其中提到无产阶级专政的一份提纲，但许多成员拒绝了。小组只好解散了。[21]

一九二一年一月初，在维经斯基和应“左派”军阀陈炯明之邀去广州的陈独秀的倡议下，成立了由九个人组成的新的共产主义小组，其中有北京大学学生谭平山、陈公博和谭植棠。应当指出，身为省教育委员长的陈独秀的积极活动，特别是他在广东捍卫马克思主义的言论遭到当地反动派和许多国民党活动家的强烈反对。当地议会的代表甚至通过了一项专门议案，要求解除他的职务并把他驱逐出广东，因为“他散布反对政府、反对私有制和宗教等破坏中国社会制度的理论。”[22]看来，陈独秀在广东省的切身经验是决定他以后对以国共合作为基础在中国建立民族统一战线持消极态度的一个因素。

除上海、北京和广州的小组外，一九二〇年下半年和一九二一年初，在其他城市也成立了共产主义小组。[23]

共产主义小组的建立为中国开始有组织的共产主义运动奠定了基础。然而，“共产主义”一词于这些小组只是相对而言。这样说主要是反映了一种倾向，而不是各个小组的实际状况，因为参加小组的有无政府主义和“合法马克思主义”的信徒、偶逢的同路人和民族主义者，他们不过是暂时追求当时时髦的社会主义学说；参加组织的还有掌握了马克思主义理论的基本知识并逐步投身于实际工作的马克思主义的拥护者。各共产主义组织的成员主要是青年学生（大部分不到二十五岁）；百分之七十的成员出身是地主和绅士，百分之十是官吏。[24]

中国共产党就是以这些主要从事宣传工作而成分又相当复杂的知识分子的小组为基础而建立起来的。[25]

一九二〇—一九二一年间，共产主义小组的工作方针主要是传播马克思列宁主义思想，与无产阶级建立联系，建立中国社会主义青年团，筹备召开中国共产党成立大会。

《新青年》杂志从一九二〇年秋天开始接受共产国际的资助并逐步转

变为共产主义刊物。因此该杂志编辑部内展开了一场激烈的斗争。以胡适为首的自由主义者改变《新青年》新方向的企图没有得逞。从一九二〇年十一月到一九二一年秋，在上海半公开出版了《共产党》杂志。这个杂志中刊登了列宁《国家与革命》一书的片断、共产国际及其各支部的个别文件以及一些其他材料，向读者介绍了国际共产主义运动的纲领、策略和组织原则。其篇目中还有一些论述中国革命运动的现状及前景的文章。

为加强对马克思主义著作的收集、翻译和传播工作，在李大钊和陈独秀的积极参与下，一九二〇年底至一九二一年初在北京和广州组织了"社会主义研究会"和"马克思学说研究会"。[26]

在宣传马克思主义的同时，共产主义小组采取了一系列步骤接近中国无产阶级。

共产主义小组的一个主要活动方面是出版供工人学习的小册子和杂志。上海、北京、天津、广州和济南都出版了当地小组的定期刊物，如《劳动界》、《劳动音》、《仁声》、《来报》、《劳动者》、《劳动与妇女》、《济南劳动周刊》。但到一九二一年初，因当局查禁，经费不足，加之与无政府主义者分裂（他们负责出版《劳动音》和《劳动者》），这些刊物大部分停刊了。

据全部情况判断，共产主义小组在工人中印发的宣传品，其主要题目就是提出强烈的经济要求。陈独秀在一九二〇年夏天写道："当前工人运动的目的并不是为了追求外国的新奇思想和外国的社会主义。我不敢奢望中国的劳动人民能很快地展开一场有如国外工人运动那样的大规模的运动。如果中国工人阶级敢于组织起来争取外国工人阶级已经获得了的某些利益，这就已经很令人欣慰了。"陈独秀建议工人阶级只进行争取改善生活和建立工会的斗争。他写道："倘若夹杂着政治运动来出风头，那结果必然和民国元、二年的工党劳动党一样"。[27]陈独秀为工人们担心，这是可以理解的，因为工人群众在一九一三年就上了政客们的当，被后者所利用来达到其自私的目的。不过，从陈独秀的言论中可以看出，那时候他是要把工人运动变为工会运动，他还没有认识到建立工人阶级政党的必要性。确切地讲，他没有意识到中国共产党必须是工人阶级的政党。后来他改正了这个错误，承认"共产党底基础建筑在无产阶级上面"。[28]然而，据我们所知，在各个小组为工人出版的刊物中没有哪一种谈到过建立中国无产阶级政党的问题。

应该说，百分之九十五的工人没有文化，在这种情况下宣传品的效果当然很差。这就是为什么各小组的工作任务之一就是要为劳动人民及其子女办学。

第一个这类的学校是在一九二〇年底由北京小组的积极分子张国焘和邓中夏在北京郊区的长辛店火车站创建的，他们以北京大学“平民教育讲演团”的名义从事活动。工人们除了学习普通文化课程外，还参加讨论劳动人民的状况、罢工斗争等问题。他们向工人们介绍国际工人运动的历史并且号召工人建立自己的组织。[29]

除了长辛店，在小沙渡（上海附近）、武汉和广州都有为工人建立的学校。

各地的共产主义小组还开始尝试建立工会，即真正工人的组织，不同于当时已有的受工厂主和秘密道会门等控制的“工会”。但是组织工会一事开始时甚至遭到一部分工人的反对。这是因为“当时工人还远远没有认识到摆在他们面前的任务，而且他们对外人的每个行动都不相信（他们把共产党人也看成是外人，因为这些人多半不从事生产劳动）……但这些困难没有挡住共产党人。他们继续在工人中进行艰苦的宣传工作，向他们说明工会组织的全部重要性和意义。宣传起了作用，工人群众果然逐渐开始明白并最终理解了组织工会的想法”。[30]

一九二〇年下半年，上海小组参加了建立机器工会、印刷工会和纺织工会的工作。但这些工会的活动“进行得并不十分顺利”。[31]印刷工会并不牢靠。据斯穆尔吉斯一九二一年底所见，这个工会“在最近两年中成立过两次，而现在又在准备第三次成立[32]。纺织工会会员极少，组织相当薄弱”。

据中国的史学家说，中国共产党第一次代表大会之前，在共产主义小组的帮助下，济南和广州成立了理发工人工会，武汉成立了人力车夫工会，济南成立了印刷工人工会。但这些工会的命运如何，我们不得而知。

生命力最强的组织，恐应是长辛店车站的俱乐部，它实际上就是工会。的确，长辛店车站和修配厂的铁路工人“比上海的无产阶级还要落后”，因此北京小组在这里开展工作“遇到很大的困难”[33]。

上述史料说明，共产主义小组开始接近中国的工人。但这个过程很复杂，并且到一九二一年年中，收效甚微。从卡尔图诺娃的材料看，只消指出这一事实就够了：在中国共产党第一次代表大会之前，共产党人连一个工人都未能吸收入党。

为了加强与无产阶级的联系，一九二一年上半年，在国际工会联合会远东局的代表弗罗姆贝格的积极参加下，进行了中国劳动组合书记部——后来中国共产党领导国内工人运动的机关——的准备工作。

共产主义小组的另一个工作任务，是建立中国社会主义青年团。第一个共青团组织是上海社会主义青年团，它成立于一九二〇年八月二十二日，[34]有八人参加，俞秀松任书记。

继上海之后，北京、天津、广州、武昌和其他一些城市也出现了社会主义青年团。一九二〇年十一月，中国社会主义青年团正式成立。从保存下来的一些地方组织的章程和其他文件可以看出，团员们把研究社会主义和以社会主义方式进行改造社会的斗争作为自己的主要任务。[35]但是，参加组织的人对“社会主义”的解释却是形形色色的。当时中国把布尔什维主义、“正统的社会主义”（考茨基主义）、修正的社会主义（伯恩施坦主义）、基尔特社会主义和无政府主义，都称为社会主义的甚至马克思主义的学派，上述各学派的信仰者们以及一些没有明确信仰的人物也都加入社会主义青年团。[36]

因此，团内就存在着思想和组织上的涣散状态。为了克服这种情况，一九二一年三月，团开始“改组”。四月，临时中央局在上海建立，它倡议召开全国代表大会和把团的名称改为“中国共产主义青年团”。但是，这些建议遭到了反对，于是到一九二一年五月只好宣布团自行解散，因为临时中央局显然已不能再继续工作。[37]就这样，试图给团建立完全共产主义的领导和急于把团变为中国共产主义青年团，导致了整个组织的解体。

一九二〇—一九二一年，信仰马克思主义的人们在思想斗争战线上所谓“社会主义讨论”的过程中受到战斗的洗礼。[38]与资产阶级改良主义者和无政府主义者激烈论战的结果，信仰社会主义的人们得出了结论：马克思主义不仅仅是欧洲的学说，它具有国际性，完全适用于中国的实际条件。……

马克思学说的宣传者们认为，尽管中国经济落后，资本主义关系不够发展，但中国在苏维埃俄国和国际共产主义运动的援助下，能够顺利实现向社会主义社会的过渡。为了加速这个过渡，必须尽快实现社会革命。这场革命将把政权交给劳动人民并为实行社会主义改造创造政治条件[39]。

按照社会主义信仰者们的概念，未来的中国革命将是始终一贯地反对资本主义的。他们当时没有看到本国资产阶级和外国资产阶级之间的矛盾，错误地把本国整个资产阶级统统当作买办，而民族资产阶级参加反帝斗争，他们认为是一种空想[40]。因持有这种立场，关于联合民族资产阶级及民族统一战线等问题，对于多数社会主义信仰者来说也就没有什么意义了。

应该指出，有很多信仰社会主义的人建议，社会革命不可迟迟不举。例如，蔡和森并不排除西方资本主义制度的稳定，他认为“不如由无产阶级先发制人，取其利避其害。……若我们无产阶级不先发制人之计，则必受制于人，则必坐待资本主义之来而无可如何，则必待五大强国社会革命之后，我们才能革命，那就真闷死人，真不值，真不经济了！”[41]

在论及中国革命动力问题时，某些社会主义信仰者断言，有“少数觉悟者”就足能够实行社会革命。同时也有另外一种观点，李太钊指出，“中国社会如此腐败，极需改造，但是个人无法实现它。自然必须依靠人民群众。”[42]按照施存统的意见，“我们要干劳动运动，必须我们自己亲身跑到劳动者群里去。……总要引导多数劳动者渐渐倾向于社会革命一途才好。”[43]同时，李达强调指出，中国是农业国，没有农民群众参加斗争，不能取得革命胜利。[44]还有关于军队工作和将来建立自己的“真正的红军”的问题，也提出来了。

应当特别指出，信仰社会主义的人们已经认识到，没有共产主义政党，在中国进行革命准备是不可思议的。李大钊写道：“我们现在还要急急组织一个团体，这个团体不是政客组织的政党，……乃是平民的劳动家的政党。……C 派的朋友若能成立一个强固的精密的组织,并注意促进其分子之团体的训练，那么中国彻底的大改革，或者有所依托。”[45]在论及俄共（布）的活动时，李大钊总是把中国革命复兴的成败同劳动群众的战斗领导者——共产党的建立联系起来。

一九二一年夏天，中国共产党在第一次代表大会上从组织上建立起来了。

一九二一年三月，在筹备党代表大会的过程中，举行了一次预备会议，制定了临时纲领和目标与原则宣言（至今尚未找到这些文件）。与会者制定了下列任务：“我们的任务乃是组织和集中阶级斗争的力量，使之在向资本主义的进攻中锻炼得日益强大。通过对工人、农民、士兵和学生进行宣传，通过建立有统一中心的庞大的产业工人工会以及建立革命无产阶级的统一的政党——共产党，这一切是可以做到的”。[46]

中国共产党第一次代表大会于一九二一年七月二十三日—八月五日在上海和嘉兴秘密举行。参加会议的有来自七个共产主义小组的十二名代表，他们代表着五十三名党员。这些代表是，张国焘、刘仁静（北京），李汉俊、李达（上海）、陈潭秋、董必武（武汉），陈公博、包惠僧（广州），邓恩铭、王尽美（济南），毛泽东（长沙），周佛海（东京）。中国最著名的两位共产主义运动活动家——陈独秀和李大钊没有出席大会。共产国际执委会的代表马林（斯内夫利特）和远东书记处的全权代表尼科尔斯基参加了中国共产党人的会议。

代表们面临的任务是把分散的小组联合成由一个中心领导的政党，制定党纲、党章的原则，通过实际工作计划、宣言，并选举中国共产党的领导机关。

会上，两种主要的思潮展开了尖锐的斗争。以李汉俊为首的少数派主张建立一个先进知识分子的不定型的合法组织，从事研究和宣传马克思主义的工作。李汉俊认为不急于建立政党和工人阶级的工会组织，建议集中全力发展学生运动和文化教育工作。按照他的意见，首先应当组织知识分子，用马克思主义理论武装知识分子；尔后，当知识分子用马克思主义武装头脑之后，才能在知识分子的帮助下着手组织和教育工人群众。[47]

以张国焘为首的多数代表否决了“合法马克思主义者”的纲领，并主张组织一个有纪律的，有战斗力的，面向工人阶级并以建立无产阶级专政为目标的政党。会上的辩论还表明，多数代表虽然是捍卫了马克思主义最普遍的原则，但同时他们对中国革命的性质和动力，以及由此而产生的无产阶级及其政党的政治任务还远远认识不足。其表现为他们力图把争取无产阶级专政这一必定是相当遥远的目标当作工人运动的直接目标；再有他们把无产阶级的政治斗争与其他一切政治运动对立起来。[48]这种倾向在刘仁静的发言中表现得最突出。他认为，通过武装起义夺取政权是唯一的斗争形式，以所谓“革命的马克思主义”的态度完全拒绝一切合法的和议会的斗争形式，并且拒绝同包括国民党在内的其他政治力量结成任何同盟或联合。

中国的党史文献断言，“左倾”分子的发言在大会上遭到了多数代表的反对。但是保存下来的大会文件证明，事实恰恰与此相反。刘仁静、陈公博和其他一些人的建议，至少反映了多数人的意志，并被写进（虽然有的地方写得缓和一些）会议通过的“中国共产党第一个纲领”和“中国共产党关于（奋斗）目标的第一个决议”[49]。

这些文件记录了当时人们用马克思主义认识和理解中国实际的水平。

虽然前一个文件被称为“纲领”，但事实上并非如此，因为文件本身只是一些最泛泛的提纲（一—三条）和党章条例（四—十四条）。文件确认党的无产阶级性质、进行社会主义革命的方针、推翻资产阶级和争取无产阶级专政。政党的近期任务则包括参加政治斗争，反对军阀官僚制度，提出争取言论、出版、集会自由。事实上大会的文件还没有区分最高纲领和最低纲领的明确界限。

“第一个纲领”的规章部分，仿效了共产国际第二次代表大会通过的加入共产国际的条件。但是，关于党员资格问题的基本观点不符合布尔什维主义的精神，没有提出党员必须亲自参加党的一个组织的工作这一要求。

对当时存在的各政党的态度问题，在会上引起热烈的争论。一些代表建议联合“其他各阶级”进行反对共同敌人——军阀的斗争，因为如果没有同盟者，中国无产阶级还不能建立自己的政权。但是，这些建议没有被采纳。一些代表认为，无论是在理论上还是在实践中，无产阶级及其政党应当永远与其他党派进行斗争。这些人占了多数。[50]例如在陈公博向大会所提供的报告中，决议案记载：“对现有各政党，应采取独立、攻击、排他的态度……党应坚守无产阶级的立场，并不准与其他党派建立任何关系。”这是宗派主义的立场。列宁的《共产主义运动中的“左派”幼稚病》一书对宗派主义的批判，在此是完全适用的。在以后的年代里，宗派主义的倾向继续留在中共党内。

最后，代表们选举了陈独秀（书记）、张国焘（负责组织工作）和李达（负责宣传）组成的临时中央委员会（按：另外一些材料为中央局）。在陈独秀从广州返回上海之前，他的职务委托周佛海代理。

第一次代表大会的历史作用首先在于，它宣告了中国共产党的建立，确定了党的纲领性的奋斗目标：实现社会主义革命，建立无产阶级专政和建成共产主义社会。代表大会表达了中国共产党人在中国建立无产阶级专政的迫切愿望，它标志着科学社会主义在与中国工人运动相结合的道路上迈出了一大步。大会认为必须巩固以共产国际为中心的国际共产主义运动的团结一致。

中国共产党的建立，最集中地反映了伟大的十月社会主义革命、世界革命的进程、共产国标和俄共（布）多方面的援助对中国的影响。……

译自（苏）《远东问题》1980年第4期，К. В. 舍维廖夫：
《中国共产党成立史》，略有删节

彭宏伟　潘荣译　李玉贞校

注释：

[1] 例如，由于对“资产阶级”和“无产阶级”的范畴理解的不够准确，存在着把中国社会的阶级结构现代化，过高地估计了中国资本主义的发展水平的现象，因而助长了中国共产党党内的“左”倾情绪。

[2]《远东革命组织第一次代表大会》，彼得格勒，1922年版，第180页；蔡和森：《近期中国革命历史概要》，莫斯科，1931年手稿，未出版。

[3]《李大钊文章与言论选》，莫斯科，1965年版，第131页。

[4] 期号为5月，实际上出版较晚。参看1960年8月4日《光明日报》；《中国的社会与国家》第四次科学讨论会提纲与报告，莫斯科，1973年版，第174—179页。

[5] 参看科里夫佐夫和科拉斯诺娃合著：《李大钊·从革命民主主义到马克思列宁主义》，莫斯科，1973年版。

［6］参看《陈独秀问题批判资料》，北京，1958 年版；郅玉如《陈独秀》附《陈独秀年谱》，香港，1974 年中文版。

［7］有些材料说，1920 年 3 月在李大钊领导下北京成立了《马克思主义研究会》，见维经斯基《中国现代史（讲座）》第一册（1917—1923），莫斯科，1953 年版，第 23 页；《近代史资料》，北京，1955 年版，第 2 期，第 161—162 页。又知，1920 年 4 月，上海的《社会主义研究会》发表了陈望道翻译的马克思和恩格斯的《共产党宣言》。遗憾的是，从不久前发表的陈望道的回忆录却看不清楚是谁在什么时候创立了这个研究会以及它的任务是什么（见《复旦学报》，上海，1980 年第 3 期，第 1—4 页、第 10 页）。很明显，这两个研究会首先是从事马克思主义著作的研究。

［8］参看《列宁与共产国际》，莫斯科，1970 年版；《共产国际与东方》，莫斯科，1969 年版；列兹尼科夫：《共产国际关于殖民地问题的战略和策略、理论和历史问题》，莫斯科，1978 年版。

［9］卡尔图诺娃：《对中国工人阶级的国际主义援助（1920—1922）》，载《远东问题》，1973 年第 1 期，第 136—145 页。

［10］佩尔西茨：《旅俄的东方国际主义者和民族解放运动的若干问题（1918—1920 年 7 月）》，载《共产国际与东方》，第 64—65 页。

［11］参看佩尔西茨：《旅俄的东方国际主义者和民族解放运动的若干问题》。1920 年—1921 年加蓬任东方民族部主席团副主席，也是共产国际远东书记处的成员。见《共产党人》杂志（伊尔库次克），1921 年第 7 期，第 14 页；《苏联科学院西伯利亚分部通报社会科学版》，新西伯利亚，1973 年第 6 期，第 75—82 页。

［12］例如，1919 年夏俄共（布）中央委员会西伯利亚局东方民族部主席团未来的主席布尔特曼会见了李大钊，后来他称李大钊是“杰出的马克思主义者”。见缪勒尔《在革命烈火中》，伊尔库次克，1957 年版，第 144—145 页；关于布尔特曼的详细情况，见《远东人民》（伊尔库次克），1921 年第 2 期，第 173—178 页。

［13］参看《沿海边区争取苏维埃政权的斗争（1917—1922）文献集》，符拉迪沃斯托克，1955 年版，第 305 页。

［14］参看格鲁宁：《戈里高利·维经斯基（1893—1953）》，载《著名

的苏联共产党员——中国革命的参加者》，莫斯科，1970年版，第66—87页；道夫宾《维经斯基与中国共产党的建立》，载《匪情月报》(台北)1976年版，第19卷第5期，第83—90页。

[15]参看栖梧老人(包惠僧)《中国共产党成立前后》(加鲁尚茨发表)，载《工人阶级与当代世界》，1971年第2期，第118页。

[16]参看张东荪:《现在与将来》，载《改造》(上海)，1920年第3卷第4期;《批判中国资产阶级中间路线参考资料》第一辑，北京，1958年版，第24页。

[17]参看蔡和森:《中国共产党史的发展(提纲)》第1—67页，本段内容见第27页(载《蔡和森的十二篇文章》，人民出版社，1980年3月版——译者注);《陈公博周佛海回忆录合编》，香港，1967中文版，第114页。

[18]参看穆辛:《中国工人运动概述》，载《中国革命问题》第一卷，莫斯科，1927年版，第228页；卡尔图诺娃查明，1920年7月5日—7日在北京由维连斯基—西比里亚科夫主持召开了在华工作的苏共党员会议，会上特别指明在中国建立共产党已具备客观条件。

[19]现有的史料中，上海小组成立的时间分别算为1920年5月，7月，8月和1920年年中(见《中国共产党》伊尔库次克，1921年版，第27页;《远东人民》1921年第3期，第333页;《亚非人民》1971年第4期，第50页，1972年第6期，第151页;《七一月刊》武汉，1958年第1期，第11—12页)。新西兰汉学家宾戈认为，上海小组似乎与上海社会主义青年团同时成立，都在1920年8月22日(见《匪情月报》1976年第19卷第5期，第84、89页)，这与中国代表团向青年共产国际第二次代表大会的报告相矛盾。(见《远东人民》1921年第4期，第515—520页;《国际青年通讯》，莫斯科，1922年第11—13期，第111—112页)。

[20]参看蔡和森:《中国共产党史的发展(提纲)》第28页。

[21]参看1973年6月13日佩尔林给舍维廖夫的信。信中说，维经斯基到(广州——译者)的时间和小组解散的时间应为1921年2月—3月。现有的文献不能证实这一点。

[22]《共产国际远东书记处通讯》，伊尔库次克，1921年第6期，第

14 页。

［23］张太雷给共产国际第三次代表大会的书面报告说，到 1921 年 5 月 1 日，北京、天津、上海、广州、香港和南京都有了共产主义小组。（见佩尔西茨《中国共产党建党史》，载《亚非人民》，1971 年第 4 期，第 48 页）引人注目处是这个单子里并没有湖南省省会长沙。某些中国作者不引用史料，认定早在 1920 年 9 月毛泽东就在长沙建立了共产主义小组。如见《中国新民主主义通史》第 1 卷，北京，1962 年版，第 103 页。

［24］参看《中国现代史（1917—1970）》，莫斯科，1972 年版，第 60 页。

［25］当然，不仅仅是中国共产党有这个特点，列宁指出“到处都是这样，在运动初期，知识份子是占多数的。”（《列宁全集》俄文版第 28 卷，第 52 页）

［26］参看《共产国际远东书记处通讯》1921 年第 4 期，第 12 页；第 5 期，第 11 页；《苏维埃西伯利亚》（新尼古拉耶夫斯克）1921 年 3 月 16 日；《五四时期期刊介绍》第 2 卷，北京，1959 年版，第 232 页。

［27］引自《五四时期期刊介绍》第 2 卷，第 69 页。

［28］《陈独秀文存》第 2 卷，香港，1965 年中文版，第 128 页。

［29］参看《远东革命组织第一次代表大会》第 208—209 页。

［30］卡拉切夫（纳乌莫夫）《中国共产党简史》，载《广州》杂志，1927 年第 1 期（总第 10 期），第 22 页。

［31］《远东革命组织第一次代表大会》第 180 页。

［32］斯穆尔吉斯：《中国及其工人运动》，莫斯科，1922 年版，第 39 页。

［33］卡拉切夫（纳吾莫夫）：《中国共产党简史》，第 29 页。

［34］参看《中国社会主义青年团代表团在青年共产国际第二次代表大会上的报告》，载《远东人民》，1921 年第 4 期，第 516 页。

［35］见舒米雅茨基：《中国的青年革命运动》（工作报告述评）——载《共产国际远东书记处通讯》1921 年第 2 期，第 5—10 页。1928 年某些报告曾经再版，但有很多严重歪曲之处（见《革命东方》1928 年第 4—5 期，第 194—230 页。）

[36] 刘少奇的证明是很有趣的，1960年他说，他是1920年在上海参加中国社会主义青年团的。当时“我只知道社会主义好，知道马克思和列宁，知道十月革命和布尔什维克党，但是不清楚社会主义是怎么一回事，怎样才能实现社会主义”。(见1960年12月9日《人民日报》——译者。)

[37] 见《中国青年运动史资料》第1卷，北京，1957年版。1921年秋，团组织恢复，但直至1925年第三次代表大会始改名为中国共产主义青年团。

[38] 详见《社会主义讨论集》，1922年，广州(中文版)；捷留辛《关于社会主义的争论》，1980年莫斯科第2版。

[39] 见捷留辛:《一九二一——一九二八年中共政策中的土地农民问题》，莫斯科，1972年版，第12页。

[40] 见《社会主义讨论集》，第69—70页。

[41]《蔡和森致陈独秀的信》，见《新青年》第9卷第4期，1921年。参见《独秀文存》第三卷，第296页。

[42]《曙光》1921年第2卷，第92页。(此处俄译文与原文有出入。原文为“我们的社会腐败到这个样子，终天口说改革，实际上的改革半点没有。这总因为我们团体的训练不充足，不能表现民众的实力……”——译者。)

[43] 见施存统:《我们要怎么样干社会革命》，原载《共产党》第5号，1921年6月7日出版，第26页——译者。

[44] 见《新青年》第9卷第1期，第14页。

[45]《曙光》1921年第2卷，第93页。

[46]《共产党人》，伊尔库次克1921年第7期第4页。《远东人民》1921年第1期第65页的引文略有不同，没有用“阶级斗争”，用的是群众斗争；“向资本主义进攻”一语删略。

[47]《共产国际》杂志1936年第14期，第96—99页。

[48] 见《中国现代史(1917—1970)》，第62页。

[49]《中国共产党党史资料》第一卷，东京1970年版，第54—57页(日文)。

[50] 科瓦廖夫:《中国共产党代表大会》，见《亚非人民》1972年第

6 期，第 152—153 页。

选自中国社会科学院现代史研究室、中国革命博物馆党史研究室选编:《“一大”前后——中国共产党第一次全国代表大会前后资料选编》(三)，人民出版社 1984 年版

在寻找照片中已知晓的和还不知晓的事情

阿列克赛·布亚科夫（Алексей Буяков）

弗拉基米尔·涅伊曼·阿勃拉莫维奇的姓名对于很多人来说是陌生的，他的生平更是很少有人知晓。在他的各个生活时期，他不仅使用自己的姓名，还使用了一些化名，如瓦西里(Василий)、瓦西里耶夫（Васильев），他冒着很大危险，勇敢地工作。上个世纪二十年代，他在上海使用化名尼克尔斯基（Никодьский)，人们只知道他是尼克尔斯基同志；而三十年代上半期，同样还是在上海，他又化名弗拉基米尔·安德列耶维奇·科索夫（Владимир Андреевич Косов）；到了1936年1月，他又以另外的姓名出现在伊斯坦布尔。他1898年出生于（俄罗斯）外贝加尔州巴尔古津县奇特坎村的一个犹太人家庭里。如果当时俄罗斯没有发生1917年十月革命和国内战争，他后来的命运会怎样，可能就更无人知道了。但是，命运正好让他赶上了，他成了远东共和国人民革命军谍报处的工作人员，这个机构正是后来的苏联安全机关。他先在海参崴工作了几年，以后又在伯力和国外工作了几年。在经过很好的反间谍工作训练之后，他很快成为机智的天才的侦察员。他的主要工作任务就是保卫苏维埃国家。关于他的情况，只有很少的人知道。在他的履历当中，有一些经历至今仍然处于保密状态。

长期以来，尼克尔斯基的身份一直吸引着我。在国家联合政治局远东边疆区全权代表处的工作人员当中，他以自己独特的嗅觉和运气而与众不同。1921年，在他还没有足够生活经验和职业经验的情况下，就作为共产国际中国东北机构的全权代表参加了1921年7月在上海举行的中国共产党第一次全国代表大会。关于这次大会，中国和国外研究者们已写有很多学术研究文章，并已公开发表。但是，这个所有人都知晓的参加了中共一大会议的俄国人尼克尔斯基，同时又是一个完全不为人知的人，确切地说，是他的生平不详，他的照片一直找不到。在许多研究中共党史的学术专著中，以及在中共一大纪念馆的展品资料中，都没有尼克尔斯基的肖像照片。

评价一个人，一般是看他所做的事情，这是一个古老而平常的真理。但是，如果想知道这个人长什么样子，他的外貌（脸、眼睛、身材等）是什么样的，还是得看照片。在这方面，对于尼克尔斯基来说，仍是个谜。他的照片，不仅在苏联正式出版的资料中找不到，就是在各个国家级的档案馆里也没有。笔者用了几年的时间，花费了大量的精力，来寻找弗拉基米尔・涅伊曼・阿勃拉莫维奇的照片。

1927—1929 年，涅伊曼曾在海参崴的国家联合政治局海参崴区反间谍处工作过。我希望能在苏联共产党（布尔什维克）的当地党组织的党员登记卡中找到他的照片。我向滨海边疆区国家档案馆写去询函，但是得到的回答却并没有带来惊喜：在众多的档案资料中，国家安全部门中许多工作人员的党员登记卡都在，但就是没有涅伊曼的党员登记卡。我不得不再次向伯力边疆区国家档案馆写去询函，因为在苏联解体之后，苏联共产党伯力边疆区委员会的档案被移交到那里。过了一段时间，伯力边疆区国家档案馆给我回信，没有找到捏伊曼的党员登记卡和照片。

我没有就此停止。我又向俄罗斯联邦安全部伯力边疆区安全局发去询函，提出寻找曾经是国家安全部工作人员的涅伊曼的照片的请求。两个月之后有了回答。在伯力边疆区安全局的档案资料中只有弗拉基米尔・涅伊曼・阿勃拉莫维奇的侦讯案件档案，但在案件档案中没有发现照片。此外，他们指出，在联邦安全局的档案里没有涅伊曼的人事档案或档案照片。他们在回信中建议向俄罗斯联邦安全部提出函询。

我又写好相应的征询函，寄到莫斯科的俄罗斯联邦安全部。后来收到了他们的回信，在标准格式的信函上写着“我们这里没有涅伊曼的照片”。但是，同时又给我带来了一条有益的信息，它与涅伊曼生平的某些事情有关。回信建议我到俄罗斯联邦安全部鄂木斯克州联合档案馆看看，那里可能会有涅伊曼的照片。

于是，我向鄂木斯克州联合档案馆发去了下一个询函，过了两个月，那边的回信来了，同时还寄来一个光盘，里面有两张照片：一张是涅伊曼人事档案封面的照片，另一张是带有涅伊曼本人照片的履历表的照片。

就这样，我花了几年的时间，终于成了尼克尔斯基照片的拥有者。从照片上可以推断出，它是于1932年底在什么地方拍摄的。照片上这个人，有着一张与众不同的脸：高高的额头，微秃的额角，向左分的头发和向前突出的鼻子。原来，尼克尔斯基就是这个样子，生活在那个离我们现在很远的那个现实生活里，他的相貌也留在我们的记忆里。

很遗憾，涅伊曼的人生悲剧性地中断了。1938年，他在莫斯科被苏联内部事务人民委员会逮捕，并被押解到伯力。1938年9月21日，涅伊曼被苏联最高法院军事委员会以为日本当间谍罪判处死刑，同日在伯力被枪毙。

现在，我们对于涅伊曼这个人，只有这张照片可以回忆。现在，参观者们可以在上海的中共“一大”会址纪念馆看到这张照片。

选自中共“一大”会址纪念馆、上海革命历史博物馆筹备处编：《上海革命史资料与研究》(7)，上海古籍出版社2007年版

简述尼克尔斯基及其照片寻找过程

朝伦·达西达瓦

共产国际与蒙古问题是我近20年来研究的主要课题。围绕该问题我已撰写了不少文章并已发表。在研究过程中，我也了解到共产国际对远东的政策，特别是对中国共产党的直接指导。其中参加中国共产党第一次全国代表大会的共产国际代表尼克尔斯基、马林的资料引起我很大的兴趣。目前，马林的资料研究较全面，成果较多。但由于尼克尔斯基身份的特殊，其资料少，研究工作滞后。近来俄罗斯学者开始重视这个问题。比如，俄罗斯学者卡塔尼亚撰写文章对尼克尔斯基的个人简历作了较好的介绍。我也为大家提供在研究工作中了解和掌握的尼克尔斯基的简历和照片。同时，简述尼克尔斯基参加中共“一大”及所做的主要工作。

一、尼克尔斯基简历

尼克尔斯基全名叫弗拉基米尔·阿布拉莫维奇·涅伊曼，即维克托·阿列克谢耶维奇·贝尔格，还有瓦西里夫、瓦西里等匿名。1889年2月10日生于贝加尔州巴尔古津地区奇特坎村，犹太族，在赤塔商业学校三年级结业；1912年—1916年先后在赤塔市私人店铺和阿穆尔铁路斯贝尔格站商店当店员；1916年—1917年在第十六西伯利亚步兵预备团和第五一六乌法国家民兵团当列兵；1917年—1918年复员后，在赤塔和符拉迪沃斯托克私人商贸企业当职员；1918年—1920年先后在白军第三十一赤塔步兵团和匪首谢苗诺夫白军部队中的独立犹太人军事感化连当列兵。

1920 年 4 月他同该连一起转到红军方面。1920 年—1921 年在雅格布松红色游击队，即远东共和国人民革命军第二十四（据另一些材料说，是第十五）阿穆尔起义团第四游击队当普通战士。1921 年—1923 年先后在远东共和国人民革命军参谋部侦察科和第五军参谋部侦察科工作。

1921 年起为俄共（布）党员。1921 年在俄共远东区书记处工作。远东书记处机构内设领导委员会，有蒙藏处、中国处、朝鲜处、日本处等四个分支机构。尼克尔斯基在中国处工作。1921 年 6 月间，他代表远东国际间谍处、远东国际书记处、赤色职工国际这三个机构来到中国，使用的名字也是尼克尔斯基。他于 7 月 23 日参加中共“一大”，并在会议上讲话。1922 年—1925 年在远东书记处领导委员会所属远东边区全权代表处间谍科工作，同时在满洲里等地从事地下工作。

1925 年—1926 年，任远东边区全权代表处反间谍科全权代表；1926 年—1927 年，任远东书记处领导委员会赤塔区间谍科全权代表；1927 年—1930 年，任远东书记处领导委员会海参崴区全权代表，后被任命为首席全权代表。1930 年—1932 年，在远东边区领导委员会全权代表处反间谍第四科工作。1932 年—1933 年，在远东边区领导委员会外事处任处长。1933 年—1935 年，在远东边区内务部管理处工作，期间到上海从事过地下工作。1935 年—1937 年，为原苏联内务部国家安全领导委员会第七处全权代表，期间也在中国从事过地下工作。

1938 年 2 月 23 日，尼克尔斯基在哈巴罗夫斯克被内务人民委员部机关作为“从事日本间谍破坏活动的右倾托洛茨基恐怖组织的积极参加者”逮捕。1938 年 9 月 21 日根据苏联最高法院军事委员会巡回法庭裁决，他被认定犯有间谍罪，当日在哈巴罗夫斯克被枪决。

1956 年 11 月 8 日，根据苏联最高法院军事委员裁定，因缺乏犯罪要素，尼克尔斯基被平反昭雪。

二、尼克尔斯基参加中共一大及主要工作

1. 1921 年尼克尔斯基代表共产国际参加在上海召开的中共第一次代表

大会，并在会议上讲话。

其讲话的主要内容是：红色工人联盟的宗旨、发展情况。红色工人联盟的宗旨经验是：①在提高工人生活、工作条件而斗争的基础上，与世界工人运动联合。②各地工人组织进行联合，建立统一的领导委员会。③在革命斗争中工人运动和农民运动的相结合问题，建立被压迫民众的统一战线。

2. 尼克尔斯基、马林在中共“一大”的会前和会后多次与中共代表见面，做了大量的工作：①宣传了共产国际运动。②指出中国共产党面临的主要任务，明确指出：工人阶级夺取政权。建立工农为基础的政权。③尼克尔斯基于1921年12月离开上海。

3. 为张国焘参加1922年在莫斯科、列宁格勒召开的远东共产党和革命组织第一次代表大会给予帮助。给张国焘发通行证，制定赴俄罗斯的具体路线。

三、寻找尼克尔斯基照片的过程

2005年我在内蒙古自治区首府呼和浩特参加国际蒙古学大会，期间与内蒙古学者交流共产国际参加中共一大的共产国际代表尼克尔斯基的相关事宜，从中了解到中方很需要尼克尔斯基的照片和简历。我感觉到有条件找到尼克尔斯基的照片和简历。原因是：（一）我于1993年至1996年期间，与俄罗斯国家档案馆的领导建立友好关系。（二）我担任蒙古和俄罗斯档案馆政府协调委员会成员。

2006年4月，在莫斯科学术交流期间，我到俄罗斯社会政治历史国家档案馆、外交部档案馆查找尼克尔斯基的相关资料，工作了14天。

2006年9月到伊尔库斯克、乌兰尔德参加会议期间，到布里亚特民族档案馆、伊尔库斯克省档案馆工作了10天。

2006年10月，到俄罗斯赤塔参加会议期间，到赤塔省档案馆工作了7天。同时到过上述地区和城市的图书馆进行查找，并查阅了俄罗斯和其他国家研究人员撰写的学术文章，并与俄罗斯研究共产国际问题和研究远东中国问题的学者进行座谈。上述工作的结果，我全面掌握了尼克尔斯基的个人简历，工作情况。

在上述工作中，我也注意查找尼克尔斯基的照片。但查找照片的工作难度非常大，因为从其简历上发现他当时从事地下工作，身份特殊，其照片不知在哪个档案馆。

在俄罗斯有被害犹太人同盟名义的专门协会，其主要领导者拉·博·库尔斯给予了大力的支持，他利用自己的工作便利从俄罗斯鄂木斯克州专业档案馆里找到了尼克尔斯基的2张照片，并于2007年7月寄给我。（俄罗斯内务部领导委员会奥姆斯克省档案馆。档案编号D. 198941）我也就完成了中国朋友托付的任务。

选自中共“一大”会址纪念馆、上海革命历史博物馆筹备处编：《上海革命史资料与研究》（7），上海古籍出版社2007年版

补充尼克尔斯基在中国的活动

迄今为止，我们对这一点知之甚少。苏联和俄罗斯方面的论述也不多，只清楚他是共产国际远东书记处派遣到中国来的，参加了中国共产党的代表大会。

本文附件“关于司马温的有关资料”是我们新近发现的。他至少说明三个问题：

第一，众所周知，1921 年 1 月共产国际远东书记处成立，它的使命是向远东国家宣传苏俄革命，与远东国家建立联系。为对抗华盛顿会议 1921 年夏秋间共产国际执行委员会决定召开远东人民代表大会后，尼克尔斯基在中国为选派参加该大会的代表做了许多工作。此前我们仅仅知道马林为中国的庞大代表团的组成发挥了重要作用[1]。事实上尼克尔斯基的工作范围和马林一样，不仅限于中国。这个时期中共的经费和苏俄使华人员的经费是他带来的[2]。从马林向共产国际执行委员会的报告（1922 年 7 月 11 日）我们也能看出，尼氏因掌握着钱，所以他在中国的权限似乎比马林还要大一些。马林曾经派遣张太雷到日本去联系当地的共产主义者派遣代表与会。马林在印度尼西亚工作时认识的活动分子司马温等人，在 1921 年夏季到了中国上海，尼克尔斯基也通过马林与之接触，并为其向共产国际写信，介绍他前往莫斯科。这一点补充了尼氏在中国做的工作。

第二，除了从事军事侦察工作外，尼克尔斯基来华前后还兼做工会工作。1921 年 6 月到中国时就负有国际工会联合会的使命[3]。尼氏前来时，国际工会联合会在赤塔设有分部，他便是从那里领受了任务。此前爪哇工会联合会要求加入红色工会国际，这恰恰在尼氏工作范围之内，爪哇工会联合会的申请书就是通过他递送到红色工会国际的（见本文附件）。

第三，在中国期间，尼克尔斯基还与旅沪的朝鲜马克思主义者密切联系，并且参加他们在上海举行的代表大会。这也说明他履行了远东书记处交办的任务。

司马温不是中国代表团成员，但下面的材料说明丰富了他和马林在中国的活动，是一个难得的文件。况且司马温是从中国上海出发到苏俄的，所以俄罗斯国家政治历史档案馆把他的登记表放在中国代表团那个案卷中。在代表大会上，他做了题为《荷属印度运动情况》的报告。[4]

附件

司马温的有关资料

委任状（译文）

司马温同志是荷属印度群岛共产党中央委员会委员，确系〈远东人民〉代表大会的代表，他乃应我们向该党发出的派遣代表的邀请前来上海。此证。

马林同志很了解他。他没有委任状，因欲保证他的行程安全，事先已经通知爪哇不必给他准备委任状。

据我们在上海得到的情报，知他为参加此次大会有下列委托书：

1. 爪哇共产党委托书；

2. 伊斯兰联盟[5]左翼委托书；

3. □工会联合会委托书（这个联合会要求加入红色工会国际的信件是我代交的）。

尼克尔斯基

共产国际远东书记处值守书记　吴廷康

表上还有“享表决权〈1922 年〉1 月 19 日　吴廷康”的字样。

司马温的登记表

出生年月日及姓名	1887 年 2 月司马温
受过几年的教育	七年荷兰人居住区[6]学校，中学。自学四年
职业	印度尼西亚铁路电车工人联合会主席
社会的位置	曾为铁路工人
现有什么委任状	1. 爪哇共产党，2. 伊斯兰联盟左翼，3. 工会联合会。
委任状签署者	吴廷康
属什么党派或团体	爪哇共产党；伊斯兰联盟左翼
属什么工会	铁路电车工人联合会；伊斯兰联盟
何时到俄边何地	1921 年 12 月 15 日到满洲里，俄边界
来俄的目的	1. 代表上述三组织参加远东会议；2. 为上述三组织谋建国际联系
会说哪一国的话	荷兰语，略通英语
你已经在俄国多少日子	未有
过去是否在俄国逗留	未有

补

·

注释：

[1] 李玉贞：《马林 Henk Sneevliet 传》，中央编译出版社 2002 年版，第 187—194 页。

[2] 俄罗斯国家社会政治历史档案馆全宗 514，目录 1，案卷 43，第 98 页。

[3] 1921 年晚些时候以该组织为基础在莫斯科建立了红色工会国际，它是共产国际的一个支部。中国文献又称赤色职工国际。

[4] Первый съезд революционных организаций Дальнего Востока, сборник, 1922, Петрад. 1922 年彼得格勒，共产国际执行委员会出版社版《远东革命组织第一次代表大会》（文集），第 255—289 页。

[5] 这是马林在印尼期间参与建立的一个联盟性质的组织，是当地各派反对殖民统治，争取民族独立的势力的联合。司马温是其重要助手。这个组织名称是荷属印度国民党，当地的领袖是萨曼·胡德希，其成员多半为中等商人和资本家，其中有许多华商，因政治原因，该组织几乎停止活动，少数成员重新组织并更名“英苏林德”（“印度群岛”的缩写音译），和“印度国民党”，领袖是德克尔。再后又用伊斯兰联盟，1921 年该组织发生分裂，出现左右派之争。司马温是左派。

[6] 这是荷兰殖民当局在印度尼西亚办的学校，主要招收在此地荷兰人的子弟，后来也有部分当地人进入学。

选自中共“一大”会址纪念馆、上海革命历史博物馆筹备处编：《上海革命史资料与研究》（7），上海古籍出版社 2007 年版

俄罗斯新发现的有关中共建党的文件

[俄] K. B. 石克强 整理　李玉贞 译

奉献于读者面前的下列 9 个文件是新近从俄罗斯国家社会政治历史档案馆中发现的。它们是此前还不为专家所知的新史料，为 1994 年莫斯科出版的《联共、共产国际与中国国民革命运动（1920—1924）》一书所未收。

1920 年 4 月，Г. Н. 维经斯基（汉名：吴廷康；化名：格里戈里耶夫、格里戈里等），受俄共（布）中央委员会远东局外事处的派遣到中国，同远东国家的革命者建立联系。从有关文件中可以看出，俄共（布）特别感兴趣的是中国的革命运动，尤其是工会运动的情况（见第 1、3、5 号文件）。他们提出的任务是，克服中国革命运动的分散状况，将激进知识分子的代表集中起来，建立统一的社会主义（共产主义）的政党。为此，俄共（布）中央委员会西伯利亚局东方民族部于 1920 年 10 月中旬决议，拟于 1921 年 1 月召开中国革命者的代表会议。此次会议未能如期举行，1921 年 1 月，共产国际远东书记处成立，在此基础上继续工作。

1921 年 3 月，在上海举行的一次筹备会上，决定建立一个“统一的革命无产阶级的政党，即共产主义者的政党”。召开中国共产党的成立大会的时间定在同年 5 月。4 月中旬，吴廷康动身前来中国，准备参加会议。但是，吴廷康没有完成其使命（参见第 9 号文件）。

代表大会是 7 月 23 日至 8 月初在上海和嘉兴举行的。共产国际执行委员会派驻远东国家的代表马林和共产国际远东书记处的代表尼克尔斯基参加了大会。会前，马林致函共产国际说，希望代表大会“将大大有利于我们的工作”，通过会议，“为数不多而分散的小组将会联合起来。此后就可以开始集中统一的工作了”（参见第8号文件）。同时，马林表示，“也许过上一年就能形成一个真正组织完善的政党，届时情况定会好转”。马林的这一预言很快就实现了。

第1号文件

俄共（布）中央委员会西伯利亚局东方民族部致吴廷康的电报

（1920年9月30日，伊尔库次克）

上海全俄中央合作总社[1] 格里戈里耶夫

兹委托您行使代表权，直到作为东方民族部代表的我们的中国组织正式建立。您凭此全权应当依据我们的指示领导中国工作，给我们派往那里的党的工作人员发出指示，让他们服从您。请将所述内容通知那里的工作人员。责成您逐日报告活动情况。迄今为止还没有收到您的任何报告、预算和任何关于活动结果的材料。这里特别提醒您就所有出现的问题同我们联系。我们知道，哈尔滨[2]方面正继续往中国派遣工作人员。我们申明，请转告其他人，只有东方民族部有权这样做，至于您，我们建议您经常向我们请示。眼下这里必须收到您等翻译出来的材料。近几天我们会派遣信使，带上珠宝去卖。收不到您的报告，拟定指令之事就很难进行。希望派人来领受指令，最好派斯托杨诺维奇[3]回来。收到电报后迅即回复。N117/秘密。

全宗495，目录154，案卷22，第1页

第2号文件

吴廷康致加蓬[4]的电报

（1920年10月20日，上海）

俄罗斯苏维埃联邦社会主义共和国　伊尔库次克外交人民委员部全权代表同志[5]来北京后，鉴于您们责成我与之联系进行工作，故此所有给您们名下的情报资料就都寄给他。据他的安排，我同你们之间没有直接联系。格里戈里耶夫

全宗495，目录154，案卷22，第3页
脱密电报，手稿

第3号文件

俄共（布）中央委员会西伯利亚局东方民族部致吴廷康的电报

（不晚于1920年10月23日，伊尔库次克）

立即回电详述下列内容。第一，现有哪些工会，哪些城市为产业工人集中之地，工会组织数量的增长情况。请准备一份关于中国工会运动发展和现状的详细报告。第二，钱已经寄出。第三，在巴库已经举行了近东人民的大型代表大会[6]。相应地，一个远东人民代表大会的筹备工作正在进行之中。是否有一些革命者渴望来苏俄，望告知。请打听，中国工会代表团是否有条件、可能和愿望到俄国来。资料已经寄出：俄、英、法三种语

言的《共产国际》杂志。N163/ 秘密。

西伯利亚局东方民族部副主任
中国处副处长
秘书

全宗 495，目录 154，案卷 22，第 34 页
打印件，副本

第 4 号文件

吴廷康致俄共（布）中央委员会西伯利亚局东方民族部的电报

（1920 年 10 月 23 日收[7]，上海）

收到你们的几封电报。那个同志的名字，你们猜对了。没有任何人寻衅。关于由那位同志领导工作的通知，我是在天津同 B. И. 霍齐姆斯基[8]同志做私人会见时得到的。当时我认为没有必要予以反驳。中国有三种类型的劳工组织。第一种，欧洲中世纪的行会和同业公会式的组织，到处都有，总人数约两千万，还没有行会联合会，每年举行一二次会议，为的是提高消费品价格。第二类产生于辛亥革命后，是一些普遍性的工人联合会，各种职业的工人都参加，由一些政客会同官员和学生共同组织，其宗旨是向当地政府施加压力并取得慈善机关的资助。这类工会在上海和广州都有，会员人数约近万人。第三类组织是工人在革命知识分子的帮助下于去年刚刚开始组建的工会。计有两类，第一类纯粹是职业工人工会，第二类是机器工人即非手工业工人的工会。最大的机器工会在广州，约有 2 万会员。上海的工会有：电力工会——5 万会员，印刷工会，制袜工会，店员工会，漆匠工会，汽车夫工会——有几百会员。详见报告。

格里戈里耶夫

全宗 495，目录 154，案卷 22，第 7 页

第 5 号文件

M. H. 勃隆施泰恩[9]和 M. M. 阿勃拉姆松[10]致吴廷康的信

（不早于 1920 年 10 月 23 日）

因蒙古发生事变[11]，电报线路中断，两天前电报联络恢复。您最近的一封电报嘱我服从优林，我根本不明白，您如何理解同东方民族部的相互关系。我们已经向您详细说明，东方民族部是唯一拥有全权在东方国家进行革命工作的组织，故此我们保留直接向您请示工作的全权。您同优林的关系应当仅仅表现于他对我们工作有用时便与之接触。领取所有指示、指令，汇报全部工作和递交情报等事，他务必仅仅同您通信联络。霍齐姆斯基的声明乃因误会，不了解情况才做出的。现共〈俄共（布）中央委员会〉西伯利亚局已经向他做了相应的说明。鉴于最近东方民族部领受的任务，尽可能得到详尽的情报是很必要的。尼基弗罗夫[12]带来的报告中缺少最重要的内容——关于日本问题的附件，据他说，没有把附件交给他。一个月以前就派出了信使，因蒙古事件他被阻于途，现在另择路线动身前来。带上了俄、英、法语的文献资料。现在必须立即提供资料，哪怕通过电报发出也好：我们是否同群众组织或具体的为数不多的某些人有联系。组建统一的社会主义政党的工作情况如何？你们是否已经提出了让社会主义青年团加入青年共产国际的问题？近几天我要动身到莫斯科向共产国际和〈俄共（布）〉中央委员会汇报工作。为此最需要的是情报资料。第二，必须消除这种由优林引起的完全偶然的障碍。您是否已经收到我们责成优林带去的两千美元。翘盼回音。N214

东方民族部　副主任勃隆施泰恩

中国处处长阿勃拉姆松

全宗 495，目录 154，案卷 22，第 8 页
打印件，原件，签名手迹

第 6 号文件

阿勃拉姆松和勃隆施泰恩致吴廷康的电报

（1920 年 10 月底[13]，伊尔库次克）

上海全俄中央合作总社　格里戈里耶夫

必须立即通过电报传送关于农业问题的材料：第一，哪种土地所有制最有代表性——是大土地占有制还是小土地占有制？第二，怎样按拥有土地的多少把农民分类，例如什么叫大土地所有者或中农？第三，农村有没有无产阶级，有多少人？第四，因农村人口的减少，城市居民增长的幅度有多大？第五，有多少人兼营副业？第六，人均占地是多少？第七，有多少人租种土地？请提供有关这个问题的材料。N218

中国处处长阿勃拉姆松
东方民族部副主任勃隆施泰恩

全宗 495，目录 154，案卷 22，第 23 页
打印件，原件，签名手迹

第 7 号文件

E. З. 舒米亚茨基[14]致 M. B. 科别茨基[15]的信摘录

（1921 年 1 月 21 日，奥姆斯克）

尊敬的科别茨基同志：

由于西伯利亚军政形势不利，我觉得现在不宜离开此地去参加代表大

会[16]，行程要推迟到春天。所以我设法在这里尽快提出我现有的而且你也会感兴趣的问题。……[17]

中国的工作。中国工作的进程是：工作重心已经移到中国国内的一些地方，不得不指出，我们这里存在的那个中国共产主义组织的中央委员会[18]根本就没有威信，起不了任何作用，其成员也没有工作能力。事实上我们上海的那个三人小组——革命委员会才是领导机关。这个革命委员会目前领导着中国六个省的中国共产主义组织和规模相当的五个中国青年团组织。这些组织掌握着四种周刊，其中的《共产党》是起领导作用的，还有两家报纸。

由于远东工作已经全部转归〈共产国际远东〉书记处管辖，而迄今为止所有的人都想伸手，情况混乱，互相掣肘，又由于中国共产主义组织经费一度支绌，今年1月份后半个月，工作出现停滞。为使之重新启动并得以改善，我不得不采取大胆的办法，举借贷款和使用其他手段，这才挽回了局面，报纸和出版工作才得以维持下来（如布哈林和普里奥勃拉任斯基的《共产主义ABC》用中文印行了两万册）。……

共产主义敬礼！

致以

共产国际全权代表舒米亚茨基

又及：关于中国工作情况，我再补充一点，中国定于3月下旬举行共产主义组织的代表大会，我将派遣专人前去指导。……

全宗495，目录154，案卷97，第1—2页

打印件，原件，签名手迹

第8号文件

马林致B. M. 科别茨基的信

（1921年7月9日，上海）

亲爱的科别茨基同志：

我给〈共产国际执行委员〉小局[19]寄了一份关于在此地已做工作的

报告（几天前寄出，共 10 页，还有一件密码电报的副本）。

希望本月底我们要召开的代表会议[20]将大大有利于我们的工作。同志们那些为数不多而分散的小组将会联合起来。此后就可以开始集中统一的工作了。我认为，现阶段还不需要把太多的钱花在此地的工作上。也许过上一年就能形成一个真正组织完善的政党，届时情况定会好转。我希望过几个月就离开此地。真想到日本和菲律宾去了解当地的情况。但走之前我想把我在电报中要求的事做完。

向朋友们问好！

马林

全宗 514，目录 1，案卷 7，第 2 页

打印件，副本

第 9 号文件

【共产国际】远东书记处主席团与中国支部及杨好德同志[21]联席会会议记录第 1 号

（1921 年 7 月 20 日）

听取了：舒米亚茨基同志关于共产国际第三次代表大会和中国代表团工作情况的通报。

舒米亚茨基同志指出，远东书记处与中国代表团需要把中国工作做一个年度总结。中国工作是在非常困难的条件下进行的，没有严密的无产阶级群众，不可能从中产生核心，以开展进一步的工作。

至于代表大会，舒米亚茨基同志说，出席大会的代表并非总能反映组织的现状。比如英国就是这样。代表的产生常常是偶然的。这是由于一些资本主义国家的反动势力肆虐，联络也因之不畅而造成的。

为了与一切冒险组织划清界限和介绍中国共产党的工作，由我作为远东书记处的领导人，和张太雷同志[22]起草了一份报告。这份报告是按纯

粹的马克思主义的方式写的，没有任何陈词滥调。它的基础乃是对各种力量和形势的严肃客观的评价。代表大会将据以做出结论，并制定出对待共产主义运动的工作方法和立场。在此报告中，我们解释了中国这些共产主义小组的组织发展过程何以形同激进知识分子的运动，并论述了现在的任务和我们为之奋斗的目标。

张同志的报告中指出，备受帝国主义和本国军阀掠夺的中国，若想摆脱目前处境，唯一出路就是社会革命。张同志的报告还有一系列附件。我们写了这个报告，为的是将其纳入〈共产国际〉第三次代表大会的记录之中，使其成为下一步工作的基础，并以此证明共产党的成熟[23]。所有的前期工作都是代表团和我做的，现在只需第三次代表大会予以确认。我没有等到代表大会结束，但我完全相信，代表大会提出东方问题时，我们的论点将获得通过。

由于中国还没有集中统一的中国共产党，我们本以为，中国代表团不仅没有表决权，而且也没有发言权。但是，在我做了详尽而客观的报告之后，共产国际执行委员会小局已决定，给予中国代表团发言权。由此可见，共产国际是何等热情地对待中国共产主义者的代表团。

除去为代表大会做大量的准备工作之外，我们还为青年代表大会[24]和国际工会联合会理事会拟定了报告和提纲。在对待青年组织方面，我们的出发点是，中国的青年运动并非无产阶级青年的运动，我们从这个组织挑选出一些共产主义者，但是就阶级成分看，大多数人属于官吏和资产阶级出身的学生。因此，在中国，我们不应急于建立共青团，不过考虑到形势的需要，我们必须在社会主义青年团中工作，尽力通过在其执行机构中担任领导和建立秘密的共产主义支部的途径，抓住青年团的领导权，逐渐吸引和集聚无产阶级分子和马克思主义知识分子，将社会主义青年团转变为共产主义青年团。

迄今为止这些组织中还未能实行民主集中制，足见此项工作的艰难程度。还有，到现在为止，青年团还没有组织起来，哪个小组织想同谁打交道就去找谁。考虑到所有这些特点和这些组织还年轻，要消除这种现象，做起来必须十分谨慎。在中国开过的那次会议上[25]，总算讨论了这个问题并通过了以下决议（见《上海会议决议》）。

关于中国青年组织，我们有如下考虑。在莫斯科，有我，中国代表团和沙茨金[26]同志与其他同志参加的一个委员会反复研究过这个问题（舒米亚茨基同志读委员会会议记录）并决定组建青年〈共产国际〉的远东书记处，在共产国际远东书记处的政治领导下工作。

至于中国工会，我们过去就认为，受许许多多情况的制约，在中国建立工会并不是目的，而是聚集群众的手段。我们据此精神写了提纲，吴廷康同志已将其带给中国共产主义组织的代表大会。在莫斯科，我就此问题和洛佐夫斯基[27]同志谈过，但是由于我匆匆去了伊尔库次克，没来得及写好文件，而把这个工作交给了张同志。

舒米亚茨基同志在做总结时说道，尽管我们在中国的工作条件并不顺利，我们还是做了大量工作，格里戈里同志带着文件和今后工作的经费，他遇到了麻烦，我们在中国的工作稍微有些停顿。现在事情已解决，工作又启动了。

杨好德同志说，格里戈里同志走后，他们就没有得到来自共产国际远东书记处以及鲍立威[28]同志的任何信息。他们甚至不知道有共产国际远东书记处的存在。收到共产国际远东书记处发来的电报，并得知派遣代表团出席第三次代表大会的建议和批准张同志的委任状后，他们非常高兴。尽管张同志在他们那里什么工作也没做，他们还是批准了他的委任状。得到广州的消息后，他们决定派遣两同志前去代表大会，因经费不足，只派出了杨好德同志一人，他们也准备了一个报告，是通过霍多罗夫[29]同志寄的，伊尔库次克这里暂时还没收到。报告中讲了以下几个问题：农民问题，工人问题，知识分子问题，共产主义工作和工人运动。杨好德同志请求现在解决以下九个问题：1. 宣传和组织的规模；2. 能派多少同志到苏俄来；3. 同德国的联络；4. 不再派出未经远东书记处同意的同志；5. 经济援助；6. 军队中的工作；7. 党的工作规模；8. 与〈国际〉工会代表的关系；9. 各种工作的统一。

决定：建议杨好德同志提交一个总的报告，并就每一个问题提出单独的报告。

共产国际远东书记处主管书记

Д. 尼基简科

全宗 495，目录 154，案卷 89，第 4—5 页

打印件，副本

注释：

［1］实际上这里应当是该社设在上海的办事处。

［2］指俄共（布）设在哈尔滨的北满党委外事处。

［3］**K. A.** 斯托杨诺维奇，当时是罗斯塔通讯社和远东通讯社广州分社的记者。

［4］**Ф. И.** 加蓬（1891—1982）当时担任俄罗斯苏维埃联邦社会主义共和国外交人民委员部派驻伊尔库次克的全权代表，兼任俄共（布）中央委员会西伯利亚局东方民族部副主任。

［5］指远东共和国驻中国代表团团长 **И. Л.** 优林。

［6］1920 年 9 月 1 日—7 日召开的东方人民代表大会——译者。

［7］这是伊尔库次克收文的时间。

［8］此人当时为俄共（布）中央委员会远东局成员。

［9］**M. H.** 勃隆施泰恩，生年不详，1920 年任俄共（布）中央委员会西伯利亚局东方民族部主席团委员、俄共（布）中央委员会远东局书记——译者。

［10］**M. M.** 阿勃拉姆松（1898—1941）1920 年 8 月—1921 年 3 月任俄共（布）中央委员会西伯利亚局东方民族部中国处处长，该部主席团委员。1921 年春起任共产国际远东书记处中国支部书记和联络科长。先后在远东共和国和苏联代表处从事外交工作，在东方劳动者共产主义大学，中国劳动者共产主义大学从事科研和教育工作。遭到非法镇压，死后获平反——译者。

［11］指 1920 年由 P·恩琴男爵带领的白卫军侵入中国外蒙古的事件。

［12］**Л. M.** 尼基弗罗夫当时是俄共（布）中央委员会远东局委员。

［13］按电报的号码标示此日期。

［14］**Б. З.** 舒米亚茨基（1886—1938）化名切尔沃内，1921 年任共产国际派驻远东的全权代表。1922 年从事外交工作。1926—1928 年任东方劳动者共产主义大学校长。遭非法镇压，死后恢复名誉。

［15］米哈伊尔·科别茨基（1881—1937）是共产国际执行委员会小局（见下）的工作人员。从1920年8月7日起是共产国际执行委员会的书记。1937年苏联肃反期间被错杀，后恢复名誉。

［16］指1921年3月8—16日在莫斯科举行的俄共（布）第10次代表大会。

［17］此处内容与中国无关，故略去。下同。

［18］指俄国共产华员局，据俄文直接意译为：参加俄共（布的华人党员中央组织局）。见李玉贞：《孙中山与共产国际》，1996年台北版，第52页。

［19］“小局”Малое Бюро，该机构设立于共产国际执行委员会之下，其职能基本是处理组织方面的问题。此外还要保证与其他国家共产党中央委员会的联系——译者。

［20］指7月23日到8月初在上海和嘉兴举行的中国共产党第一次代表大会。

［21］原文件的标题。杨好德即杨明斋。当时是上海共产主义组织的成员。他未赶上出席共产国际第三次代表大会，在伊尔库斯克滞留至1921年9月中旬，之后返回中国。

［22］自1921年3月起张太雷任共产国际远东书记处中国支部书记。

［23］原文如此。据上下文看，应当是：“建立中国共产党的条件已经成熟”——译者。

［24］指1921年7月9—23日在莫斯科举行的青年共产国际第二次代表大会。中国社会主义青年团的书面报告是由张太雷、俞秀松和陈为人起草的，见俄罗斯国家社会政治历史档案馆全宗531，目录1，案卷39，第114—130页。

［25］指1921年3月在上海召开的中国共产党建党筹备会议。

［26］当时任俄国共青团中央第一书记，青年共产国际执行委员会委员。

［27］当时任国际工会联合会和生产联合会理事会主席。

［28］C. A. 鲍立威，中国文献又作包立威，他当时在北京和天津任俄语讲师。

［29］A. E. 霍多罗夫当时是罗斯塔社和远东通讯社驻北京分社的记者。

选自《百年潮》2001年第12期